■2025年度高等学校受験用

青稜高等学校

収録内容一覧

★この問題集は以下の収録内容となっています。また、編集の都合上、解説、解答用紙を省略させていただいている場合もございますのでご了承ください。

（○印は収録、一印は未収録）

入試問題と解説・解答の収録内容		解答用紙
2024年度	英語・数学・国語	○
2023年度	英語・数学・国語	○
2022年度	英語・数学・国語	○
2021年度	英語・数学・国語	○

★当問題集のバックナンバーは在庫がございません。あらかじめご了承ください。

JN004672

●凡例●

【英語】

≪解答≫

〔　〕　①別解
　②置き換え可能な語句（なお下線は置き換える箇所が2語以上の場合）
　（例）I am〔I'm〕glad〔happy〕to ~

（　）　省略可能な言葉

≪解説≫

1, 2…　本文の段落（ただし本文が会話文の場合は話者の１つの発言）

〔　〕　置き換え可能な語句（なお〔　〕の前の下線は置き換える箇所が 2 語以上の場合）

（　）　①省略が可能な言葉
　（例）「(数が) いくつかの」
　②単語・代名詞の意味
　（例）「彼（＝警察官）が叫んだ」
　③言い換え可能な言葉
　（例）「いやなにおいがするなべにはふたをするべきだ（＝くさいものにはふたをしろ）」

//　訳文と解説の区切り

cf.　比較・参照

≒　ほぼ同じ意味

【数学】

≪解答≫

〔　〕　別解

≪解説≫

（　）　補足的指示
　（例）（右図１参照）など

〔　〕　①公式の文字部分
　（例）〔長方形の面積〕=〔縦〕×〔横〕
　②面積・体積を表す場合
　（例）〔立方体 ABCDEFGH〕

∴　ゆえに

≒　約、およそ

【社会】

≪解答≫

〔　〕　別解

（　）　省略可能な語

____　使用を指示された語句

≪解説≫

〔　〕　別称・略称
　（例）政府開発援助〔ODA〕

（　）　①年号
　（例）壬申の乱が起きた（672 年）。
　②意味・補足的説明
　（例）資本収支（海外への投資など）

【理科】

≪解答≫

〔　〕　別解

（　）　省略可能な語

____　使用を指示された語句

≪解説≫

〔　〕　公式の文字部分

（　）　①単位
　②補足的説明
　③同義・言い換え可能な言葉
　（例）カエルの子（オタマジャクシ）

≒　約、およそ

【国語】

≪解答≫

〔　〕　別解

（　）　省略してもよい言葉

____　使用を指示された語句

≪解説≫

〈　〉　課題文中の空所部分（現代語訳・通釈・書き下し文）

（　）　①引用文の指示語の内容
　（例）「それ（＝過去の経験）が ～」
　②選択肢の正誤を示す場合
　（例）（ア，ウ…×）
　③現代語訳で主語などを補った部分
　（例）（女は）出てきた。

／　漢詩の書き下し文・現代語訳の改行部分

青稜高等学校

所在地	〒142-8550 東京都品川区二葉1-6-6
電　話	03-3782-1502
ホームページ	https://www.seiryo-js.ed.jp
交通案内	東急大井町線 下神明駅より徒歩1分　JR横須賀線 西大井駅より徒歩10分 JR京浜東北線・りんかい線　大井町駅より徒歩7分

普通科

男女共学

くわしい情報は
ホームページへ

応募状況

年度	募集数	受験数	合格数	倍率
2024	130名	A 292名 B 850名	196名 850名	1.5倍 1.0倍
2023	130名	A 271名 B 683名	187名 683名	1.4倍 1.0倍
2022	130名	A 223名 B 721名	130名 721名	1.7倍 1.0倍

＊A＝オープン入試，B＝併願優遇入試

試験科目 （参考用：2024年度入試）

一般入試：英語・国語・数学

沿　革

昭和13年　青蘭商業女学校開校。

平成７年　青稜中学校，青稜高等学校に校名を変更し，中学校が共学，同９年より高等学校も共学となった。

特　色

国公立・難関私立大学進学を前提としたカリキュラム

希望進路の実現に向け効率的に学習が進められるカリキュラムが組まれている。２年次よりコースが分かれ，受験科目を中心に習熟度別授業を導入するなど目標校に応じた学習が可能となっている。

また，環境学習推進校であった本校では，生物・化学などを総合的に学ぶ機会が多く，理系大学への進学志向が高いため，理系科目の充実にも力を注いでいる。

「個」に対応した進学指導の充実

生徒個々の理解度や応用力に合わせたきめ細かい指導を実現させるため，さまざまな講習や特色ある授業が展開されている。

多彩なカリキュラムが用意された放課後講習や，春・夏・冬の長期休暇中に実施される特訓進学講習，大手予備校のオンライン講座，３年生を対象とした入試直前の対策授業などがある。

経験学習

国内では，自然体験や被災地でボランティア活動などを実施，海外では，セブ島・ニュージーランドでの語学研修や，カナダ・オーストラリア・ニュージーランド短期・中期留学などを実施している。修学旅行は，平和教育の一環として「沖縄」または「アウシュビッツ」を選ぶ。

合格実績

◎2024年度・主な大学合格者数　（2024年・春）

東京工業大２名，東北大１名，九州大１名，お茶の水女子大５名，東京外国語大１名，電気通信大２名，東京都立大８名，東京学芸大２名，埼玉大２名，横浜国立大５名，横浜市立大３名，広島大１名，早稲田大34名，慶應義塾大16名，上智大20名，東京理科大31名，学習院大23名，明治大88名，青山学院大49名，立教大51名，中央大61名，法政大73名ほか

編集部注一本書の内容は2024年5月現在のものであり，変更されている場合があります。正確な情報は，学校のホームページ等で必ずご確認ください。

出題傾向と今後への対策　英語

出題内容

	2024	2023	2022
大問数	8	8	8
小問数	76	76	73
リスニング	×	×	×

◎大問は８題，小問数は70問前後である。長文読解２～４題，音声問題１～２題，対話文完成０～２題，整序結合１題のほか，適語(句)選択や誤文訂正などが出題されている。

2024年度の出題状況

1 長文読解総合―説明文
2 音声総合
3 長文読解―適語選択―説明文
4 対話文完成―適文選択
5 長文読解―適文・適語句選択―エッセー
6 適語(句)選択
7 誤文訂正
8 整序結合

解答形式

2024年度	記　述／マーク／併　用

出題傾向

問題数と英文量が非常に多いので，速読力が求められる。長文は説明文と物語が多く，設問では適文・適語(句)選択問題が数多く出題されている。この他，長文以外の音声問題，適語(句)選択・誤文訂正といった文法題や対話文完成，整序結合などは，どれも中学で学習する内容を身につけていれば解答できる問題である。

今後への対策

教科書の重要単語と構文を全て暗記して暗唱できるようになるまで何度も音読しよう。問題集は１冊決めて繰り返し解こう。単語や構文は自分でノートにまとめ手書きをしよう。テストで間違えた問題は疑問点を解消しておこう。仕上げに過去問題集を解き，問題形式と時間配分を確認しよう。間違えた問題は見直しをしておこう。

◆◆◆◆ 英語出題分野一覧表 ◆◆◆◆

分野			2022	2023	2024	2025予想※
音声	放送問題					
	単語の発音・アクセント		■	■	■	◎
	文の区切り・強勢・抑揚		●	●	●	◎
語彙・文法	単語の意味・綴り・関連知識					
	適語(句)選択・補充		★	★	★	◎
	書き換え・同意文完成					
	語形変化					
	用法選択					
	正誤問題・誤文訂正		■	■	■	◎
	その他					
作文	整序結合		■	■	■	◎
	日本語英訳	適語(句)・適文選択				
		部分・完全記述				
	条件作文					
	テーマ作文					
会話文	適文選択		■	■	■	◎
	適語(句)選択・補充			●		△
	その他					
長文読解	内容把握	主題・表題				
		内容真偽	●		●	◎
		内容一致・要約文完成				
		文脈・要旨把握				
		英問英答				
	適語(句)選択・補充		★	★	★	◎
	適文選択・補充		●	●	■	◎
	文(章)整序					
	英文・語句解釈(指示語など)					
	その他(適所選択・補充)		●	●	●	◎

●印：１～５問出題，■印：６～10問出題，★印：11問以上出題。
※予想欄　◎印：出題されると思われるもの。　△印：出題されるかもしれないもの。

出題傾向と今後への対策　数学

出題内容

2024年度　作　証　グ

大問６題，20問の出題。[1]，[2]は小問集合で，各４問。方程式を含めた数と式からの出題で，計算を主とするもの。[3]は小問集合で，確率，関数，図形の計量など計５問。図形は面積と線分の長さを求めるもの。[4]は平面図形の計量題で，円と三角形について問うもの２問。[5]は空間図形の計量題で，直方体の頂点を結んでできる図形について問うもの２問。[6]は関数で，放物線と平行四辺形に関する問題。回転体の体積を求める問題も出題された。

2023年度　作　証　グ

大問６題，20問の出題。[1]，[2]は小問集合で，各４問。方程式を含めた数と式からの出題で，計算を主とするもの。[3]は小問集合で，データの活用，確率・場合の数，数の計算，図形の計量など計５問。図形は面積を求めるもの。[4]は平面図形の計量題で，三角形について問うもの２問。[5]は関数で，半円の弧上を動く２点の位置について問うもの。[6]は関数で，放物線と正六角形に関する問題。回転体の体積を求める問題も出題された。

作…作図問題　証…証明問題　グ…グラフ作成問題

解答形式

2024年度	記　述／マーク／併　用

出題傾向

大問６題，総設問数20問の出題。[1]～[3]は小問集合で13問あり，６割以上を占める。[1]，[2]ではやや複雑な式のものが数問ある。[4]～[6]は関数，図形の出題(融合問題となることもある)。後半は標準～応用レベルで，頻出パターンの問題となることが多い。

今後への対策

まず複雑な計算問題に対応できる計算力をつけるため，計算練習は毎日欠かさずに行うこと。また，関数，図形は公式や定理，性質をしっかり覚え，それを活用できるようにすること。そのためには演習を重ねること。標準レベルの問題にできるだけ多くあたり，いろいろな解法や考え方を身につけていこう。

◆◆◆◆ 数学出題分野一覧表 ◆◆◆◆

分野		2022	2023	2024	2025 予想※
数と式	計算，因数分解	★	★	★	◎
	数の性質，数の表し方	●			◎
	文字式の利用，等式変形			●	△
	方程式の解法，解の利用	●	■	■	◎
	方程式の応用				
関　数	比例・反比例，一次関数	●		●	△
	関数 $y=ax^2$ とその他の関数	★	★	★	◎
	関数の利用，図形の移動と関数		■		△
図　形	(平面) 計　量	★	★	★	◎
	(平面) 証明，作図				
	(平面) その他				
	(空間) 計　量	■		■	◎
	(空間) 頂点・辺・面，展開図				
	(空間) その他				
データの活用	場合の数，確率	●	■	●	◎
	データの分析・活用，標本調査		●		△
その他	不 等 式				
	特殊・新傾向問題など				
	融合問題				

●印：１問出題，■印：２問出題，★印：３問以上出題。
※予想欄　◎印：出題されると思われるもの。　△印：出題されるかもしれないもの。

出題傾向と今後への対策　国語

出題内容

2024年度

論説文　小説　古文

課題文

一 近内悠太『世界は贈与でできている』
二 上林　暁『花の精』
三『今昔物語集』

2023年度

随筆　小説　古文

課題文

一 リービ英雄『日本語を書く部屋』
二 竹西寛子『市』
三『今昔物語集』

2022年度

論説文　小説　古文

課題文

一 鷲田清一「マスクについて」
二 阿部　昭『父と子の夜』
三『沙石集』

解答形式

2024年度	記　述／マーク／併　用

出題傾向

設問は，現代文の読解問題にそれぞれ10～15問前後，古文の読解問題に9～10問程度，全体で30問強の出題となっている。設問のレベルは標準的である。課題文については，内容的に比較的高度で，分量は標準的であるが，近年現代文は比較的多めである。

今後への対策

現代文については，課題文の分量が多めなので，文章を速く正確に読む力をつけておかなければならない。そのためには，問題集をできるだけたくさんこなすのがよい。国語の知識については，漢字・語句・古典の知識を中心に復習しておくこと。

国語出題分野一覧表

分野		年度	2022	2023	2024	2025予想※
現代文	論説文 説明文	主題・要旨	●		●	◎
		文脈・接続語・指示語・段落関係				
		文章内容	●		●	◎
		表現				
	随筆 日記 手紙	主題・要旨				
		文脈・接続語・指示語・段落関係				
		文章内容		●		△
		表現				
		心情		●		△
	小説	主題・要旨				
		文脈・接続語・指示語・段落関係				
		文章内容	●	●	●	◎
		表現	●	●	●	◎
		心情	●	●	●	◎
		状況・情景				
韻文	詩	内容理解				
		形式・技法				
	俳句 和歌 短歌	内容理解				
		技法				
古典	古文	古語・内容理解・現代語訳	●	●	●	◎
		古典の知識・古典文法	●	●	●	◎
	漢文	(漢詩を含む)				
国語の知識	漢字 語句	漢字	●	●	●	◎
		語句・四字熟語	●	●	●	◎
		慣用句・ことわざ・故事成語			●	△
		熟語の構成・漢字の知識				
	文法	品詞				
		ことばの単位・文の組み立て				
		敬語・表現技法				
	文学史		●			△
作文・文章の構成・資料						
その他						

※予想欄　◎印：出題されると思われるもの。　△印：出題されるかもしれないもの。

合格を勝ち取るための

本書の使い方

本書に掲載されている過去問をご覧になって，「難しそう」と感じたかもしれません。でも，大丈夫。ほとんどの受験生が同じように感じるのです。高校入試の出題範囲は中学校の定期テストに比べて広いですし，残りの中学校生活で学ぶはずの，まだ習っていない内容からも出題されているかもしれません。

ですから，初めて本書に取り組む際には，点数を気にする必要はありません。点数は本番で取れればいいのです。

過去問で重要なのは「間違えること」です。自分の弱点を知るために，過去問に取り組むのです。当然，間違った問題をそのままにしておいては意味がありません。

本書には，長年にわたって高校受験に関わってきたベテランスタッフによる詳細な解説がついています。間違えた問題は重点的に解説を読み，何度も解きなおしてください。時にはもう一度，教科書で復習するのもよいでしょう。

別冊として，抜き取って使える解答用紙を収録しました。表示してあるように拡大コピーをとれば，実際の入試と同じ条件で，何度でも過去問に取り組むことができます。特に記述問題では解答欄の大きさがヒントになる場合があります。そうした，本番で使える受験テクニックの練習ができるのも，本書の強みです。

前のページにある「出題傾向と今後への対策」もよく読んで，本校の出題傾向に慣れておきましょう。

2024年度 青稜高等学校

【英　語】（50分）〈満点：100点〉

1 次の英文を読み、以下の問いに答えなさい。

While many people do not get enough exercise, there are those who may be getting too much. How is this possible since exercise is so good for you? ①Regular exercise that is not too hard on your body is very good for you. ② [(ア) prevent / (イ) you / (ウ) it / (エ) keeps / (オ) many diseases / (カ) helps / (キ) in shape / (ク) and]. 【 A 】, there are a small number of people who exercise too much, and it may be hurting them.

Doctors typically recommend about 30 minutes a day of exercise to stay healthy. There are, however, people who feel that they need to exercise for much longer. ③They [(ア) exercise / (イ) them / (ウ) makes / (エ) think / (オ) much more / (カ) even healthier / (キ) that / (ク) may]. Other people feel that they need to be in control of their lives, and they show it by exercising a lot. [ア] Whatever the reason is, these people are exercising a lot, and this may be damaging their health.

This exercise addiction can result in serious injuries to their bodies. The human body can only do so much work or exercise in a given amount of time. [イ] If you keep pushing yourself to exercise more and more, you can pull muscles or even have a bad fall. Too much exercise can also have an effect on your blood and heart. 【 B 】, too much exercise can even affect energy. Some people end up feeling very tired because their exercise time is taking up the time they should be sleeping or resting. The human body needs to rest in order to function properly. Doctors recommend about 8 hours of sleep every night, during which the body fixes itself and stores information in our memory. [ウ] By exercising instead of sleeping, people are robbing themselves of memories and not letting their bodies get better.

The signs of exercising too much may seem a little strange. 【 C 】, one sign is that you might lose weight but have more fat on your body. [エ] It starts to try to manage the stress. You may even start feeling depressed. [オ] The body slows down other processes. You may also feel pain in your body most of the time because your body doesn't have time to get better. If you have one or more of these signs, it's time to exercise less!

注：

typically 一般的に　　whatever ～は何でも　　addiction 中毒

result in～ ～という結果になる　　injuries ＜ injury 害　　given 一定の

function 機能する　　properly 適切に

stores ＜ store ～を蓄える　　robbing ＜ rob ～ of ... ～から…を奪う

depressed 気落ちした

問1　下線部①を1ヵ所区切って読むとすればどこか。最も適切なところを、（ア）～（エ）から1つ選び、その記号をマークしなさい。

Regular exercise /(ア) that is not too hard /(イ) on your body /(ウ) is very good /(エ) for you.　①

問2　文中の【 A 】～【 C 】に入る最も適切な語句を、以下の（ア）～（ウ）からそれぞれ1つずつ選び、その記号をマークしなさい。

（ア）For example　（イ）However　（ウ）In fact　A：②　B：③　C：④

問3　下線部②が「それは多くの病気を予防する手助けとなり、体調も維持する」という意味になるように並べかえ、[　　]内の3番目と6番目に来る語句の記号をそれぞれマークしなさい。なお、文頭に来る語も小文字で始めています。

3番目：⑤，6番目：⑥

問4　下線部③が「彼らはより多くの運動でよりいっそう健康になると考えているのかもしれない」という意味になるように並べかえ、[　　]内の3番目と6番目に来る語句の記号をそれぞれマークしなさい。

3番目：⑦，6番目：⑧

問5　以下の文が入る適切な箇所を本文中の［ア］～［オ］からそれぞれ選び、その記号をマークしなさい。

(1) You may not feel like eating, either.　⑨

(2) At a certain point, exercise will no longer be good for you.　⑩

(3) This is because your body is too stressed.　⑪

問6　次の各文が本文の内容と合えば（ア）を、合わなければ（イ）をマークしなさい。

(1) Exercising too much can damage our health.　⑫

(2) Our body never fixes itself if we don't sleep for more than 8 hours.　⑬

2 【A】次の（ア）～（エ）の中から、第一アクセントの位置が異なる語をそれぞれ１つずつ選んで、その記号をマークしなさい。

① 1．(ア) pur-pose　(イ) re-gret　(ウ) tal-ent　(エ) dam-age

② 2．(ア) bal-ance　(イ) e-qual　(ウ) chal-lenge　(エ) main-tain

③ 3．(ア) or-i-gin　(イ) of-fi-cial　(ウ) gov-ern-ment　(エ) pho-to-graph

④ 4．(ア) Eu-ro-pe-an　(イ) po-lit-i-cal　(ウ) bi-ol-o-gy　(エ) in-dus-tri-al

【B】次の各組の下線部の発音が、すべて同じなら（ア）を、２つ同じなら（イ）を、すべて異なれば（ウ）をそれぞれマークしなさい。

⑤ 1． ① wool ② proof ③ blood

⑥ 2． ① daughter ② thought ③ approach

⑦ 3． ① clothing ② breathe ③ smooth

⑧ 4． ① presentation ② pleasure ③ confusion

3 次の英文を読み、以下の【 A 】と【 B 】の問いに答えなさい。

Sushi：vinegared rice topped with fish, meat, or vegetables

As hard as it is to believe, there is a theory that ***sushi*** originated in Southeast Asia. It is said that ***sushi*** was introduced into Japan during the Heian Period (794―1185) and was originally made mainly to (①) fish. Today ***sushi***, mainly ***nigirizushi*** (literally, hand-formed ***sushi***) or ***Edomae-zushi*** (Edo-style hand-rolled ***sushi***), is also a very popular dish outside of Japan. The origin of ***nigirizushi*** or ***Edomae-zushi*** is traced back to the Edo Period (1603―1867) when it was made with freshly caught fish or other seafood from Edo-***mae*** (Edo Bay or Tokyo Bay) (②) a bigger (than today's size) ball of vinegared rice and was served in ***yatai*** (street stalls) as an early form of fast food. In addition to ***nigirizushi***, there are other kinds of ***sushi*** – ***norimaki*** (literally, rolled ***sushi*** wrapped in ***nori***), a cylindrical piece of ***sushi*** with (③) ingredients rolled inside the rice and then wrapped in ***nori*** (dried seaweed); ***inarizushi*** (literally, stuffed ***sushi***), a (④) of fried ***tofu*** filled with vinegared rice; ***chirashizushi*** (literally, scattered ***sushi***), a bowl of vinegared rice mixed with other ingredients; and ***narezushi*** (literally, matured ***sushi***) as a preserved food. Each of these kinds of ***sushi*** represents the unique characteristics of the region where it originated. There are unique ***sushi***-related terms: ［　　　　］ for vinegared rice, ***gari*** for pickled ginger, ***murasaki*** for soy sauce, and ***agari*** for hot green tea.

Kaitenzushi：conveyor-belt sushi

For ordinary people, it has been (⑤) to call on regular ***sushi*** restaurants because it is often expensive and usually the menu does not list prices. The ***kaitenzushi*** restaurants, first introduced in ***Osaka*** in the 1950s, have completely overthrown that image of ***sushi***. At ***kaitenzushi*** restaurants, the plates of ***sushi*** are placed on a rotating conveyor belt that moves past every table and counter seat, and customers simply select from a steady (⑥) of fresh ***sushi*** moving by. Customers can (⑦) the price of ***sushi*** by the color or pattern of the ***sushi*** plate. Because customers know the price and can enjoy ***sushi*** at relatively low prices, ***kaitenzushi*** restaurants have become more popular than regular ***sushi*** restaurants in recent years.

注：

originated ＜ originate 始まる

traced ＜ trace さかのぼる

ingredients ＜ ingredient (料理などの)材料

overthrown ＜ overthrow ～をひっくり返す

literally 文字どおりに

cylindrical 円筒形の

call on ～を訪れる

【A】文中の（①）～（⑦）に入る最も適切な語を、あとの選択肢（ア）～（コ）からそれぞれ1つずつ選び、その記号をマークしなさい。

(ア) above	(イ) familiar	(ウ) hard	(エ) over	(オ) pouch
(カ) preserve	(キ) raise	(ク) stream	(ケ) tell	(コ) various

① ② ③ ④ ⑤ ⑥ ⑦

【B】文中の□に入る最も適切な語を、あとの選択肢（ア）～（オ）から1つ選び、その記号をマークしなさい。

(ア) ***geta***　(イ) ***gyoku***　(ウ) ***kappa***　(エ) ***namida***　(オ) ***shari***

⑧

4 Reporter（記者）が、Brandon にインタビューをしています。本文中の空所 ① ～ ⑩ に入る最も適切なものを、あとの選択肢（ア）～（コ）から1つずつ選び、その記号をマークしなさい。なお、文頭に来る語も小文字で始めています。

Reporter: Today, I'm speaking with Brandon Nelson. He survived three days in the ocean without food. Brandon, what happened?

Brandon: Well, I was on my boat alone, and there was a storm.

Reporter: ①

Brandon: I was sailing from California to Australia.

Reporter: That's a big trip. You must have experience. ②

Brandon: I've sailed since I was a child.

Reporter: ③

Brandon: I was preparing the boat for the storm, but ④
Suddenly a big wave overturned the boat. The boat broke into pieces, and I was in the water.

Reporter: ⑤

Brandon: At first, I didn't think I would survive. But ⑥

Reporter: ⑦

Brandon: I didn't eat! ⑧

Reporter: Wow! You drank only water for three days!
So finally some other sailors found you. ⑨

Brandon: Well, of course, I was very, very happy!

Reporter: Will you ever go on a boat again?

Brandon: Oh, yes. I hurt my arm, but as soon as it's better, I'll go sailing again.

Reporter: ⑩

Brandon: Well, I probably won't go alone again.

Reporter: That's a good idea! Well, Brandon, thank you for telling us your story.

(ア) what were you doing when the storm hit?

(イ) what will you do differently?

(ウ) what did you eat?

(エ) where were you going?

(オ) how did you feel then?

(カ) how did you survive?

(キ) how long have you been a sailor?

(ク) I found some bottles of water in the ocean that came off the boat in the storm.

(ケ) I found a piece of my boat in the ocean, and I held onto it.

(コ) it was too late.

5 次の英文を読み、本文中の空所 [①] ～ [⑩] に入る最も適切なものを、あとの選択肢（ア）～（コ）から１つずつ選び、その記号をマークしなさい。なお、文頭に来る語も小文字で始めています。

From a young age, I've had a really deep connection with being outside. I've been skiing since I was eight or nine years old, and [①]

I've been on expeditions in China, Pakistan, Nepal, India, Tanzania, Chad, Mali, South Africa, Borneo, and Argentina, among other places. But it was in my home country, the USA, that [②]

It was April 1, 2011. I was filming and skiing in the Tetons, a mountain range in Wyoming. I was with my friends Jeremy Jones and Xavier de la Rue, both experienced snowboarders. That day, we had finished going down a steep, narrow track, called "The Sliver," and we were descending another peak. [③] Jeremy and Xavier were watching me from a safe area. Suddenly, I heard someone scream.

[④] It was a massive avalanche. The kind of avalanche that destroys trees, cars, buses, even houses. Tens of thousands of tons of snow were coming straight down the mountain behind me. I felt the snow push me forward, hundreds of meters, and then cover me. [⑤] And then it pushed me forward again and up, out of the snowpack. I looked around, and for a few seconds I actually stopped being terrified. I had a moment to pause and to look at the power of the avalanche. Imagine snow, the same weight as a thousand airplanes, [⑥] You don't ever sense that kind of power.

[⑦] I could see trees that were 30m tall, but they looked tiny to me because I was so far away. "OK, I'm going all the way to the bottom!" I thought. Then the snow pushed me again down the mountain another 450m. I thought the force of the snow would destroy me, it was so powerful. But eventually, I felt the avalanche slow down and [⑧]

It took Jeremy and Xavier about twenty minutes to reach me. There was a pile of debris across the bottom of the mountain 300m wide. They were certain that I was dead. [⑨] I was so lucky.

Has the experience changed me? Do I think about life differently? I don't know, maybe. But I do know that [⑩] Life is a gift, so use it wisely.

注：
expeditions 探検　Chad チャド（国名）　Mali マリ（国名）　Borneo ボルネオ（地名）
Argentina アルゼンチン（国名）　the Tetons ティトン山脈　mountain range 山脈
Wyoming ワイオミング（地名）　Jeremy Jones ジェレミー・ジョーンズ（人名）
Xavier de la Rue グザヴィエ・ドゥ・ラ・リュー（人名）　steep 険しい　descending ＜ descend 降りる
massive 巨大な　avalanche なだれ　snowpack 雪の塊　being terrified 怖く思う
eventually ついに　a pile of debris がれきの山

(ア) it was so heavy that I couldn't breathe.

(イ) it's important to live your life with meaning.

(ウ) I was the last person to ski.

(エ) I looked down into the bottom of the valley.

(オ) I've been climbing since I was in college.

(カ) I just popped right out of the snow at the bottom of the valley.

(キ) I came closest to death.

(ク) I turned around and saw the whole mountain start to move behind me.

(ケ) falling like an ocean all around you.

(コ) they couldn't believe it when they saw me.

注：
valley 谷　　popped ＜ pop 飛び出す

6

次の各文の（　　）に入る最も適切な語句を、(ア)～(エ)から1つずつ選び、その記号をマークしなさい。

1. She was sick and (　　) in bed all afternoon.
(ア) laying　(イ) lying　(ウ) lie　(エ) lain　①

2. You'd (　　) make another mistake.
(ア) not better　(イ) better not　(ウ) better not to　(エ) better to not　②

3. How many children (　　) to Bob's birthday party?
(ア) invite　(イ) invited　(ウ) was invited　(エ) were invited　③

4. I (　　) my lunch just now.
(ア) ate　(イ) have eaten　(ウ) have been eating　(エ) was eaten　④

5. Don't forget (　　) your umbrella when you go out.
(ア) taking　(イ) to take　(ウ) bringing　(エ) bring　⑤

6. I hope he doesn't keep us (　　).
(ア) waiting　(イ) to wait　(ウ) waited　(エ) for waiting　⑥

7. My father likes baseball (　　) I do.
(ア) as better as　(イ) as well as　(ウ) as much as　(エ) more than　⑦

8. This is the hotel (　　) the famous singer used to stay.
(ア) at which　(イ) of which　(ウ) when　(エ) with which　⑧

9. I have no idea (　　).
(ア) what does he say　(イ) what did he say
(ウ) what has he said　(エ) what he said　⑨

10. A child of your (　　) is your cousin.
(ア) aunt　(イ) mother　(ウ) younger sister　(エ) older sister　⑩

11. I don't like this watch. Please show me (　　).
(ア) other one　(イ) an another　(ウ) each other　(エ) some others　⑪

12. I saw a lot of flowers on (　　) side of the road.
(ア) each　(イ) other　(ウ) both　(エ) same　⑫

13. Study hard, (　　) you'll fail the next exam.
(ア) and　(イ) but　(ウ) or　(エ) so　⑬

7

次の英文の下線部（ア）～（エ）の語句に語法・文法上の誤りがあれば、その記号を１つマークしなさい。ただし、誤りがなければ（オ）をマークしなさい。

1. There (ア) is a girl (イ) at the office (ウ) which name I always (エ) forget. ①

(オ) 誤りなし

2. She seemed (ア) surprising (イ) at the (ウ) news (エ) yesterday morning. ②

(オ) 誤りなし

3. I visited (ア) to Taiwan (イ) to see one (ウ) of my (エ) friends. ③

(オ) 誤りなし

4. (ア) These books you (イ) gave me are (ウ) interesting, (エ) didn't they? ④

(オ) 誤りなし

5. That novelist (ア) has been (イ) died (ウ) for five (エ) years. ⑤

(オ) 誤りなし

6. (ア) Few people were (イ) left in the room (ウ) filling (エ) with smoke. ⑥

(オ) 誤りなし

7. (ア) Last night, Keiko (イ) said (ウ) to me, " (エ) How a nice picture you have!" ⑦

(オ) 誤りなし

8. (ア) Those questions Takeshi asked at the meeting yesterday (イ) was (ウ) too difficult to (エ) answer. ⑧

(オ) 誤りなし

8 次の各文が意味の通る英文になるように［　　］内の語句 (ア) ～ (ク) を並べかえるとき、［　　］内の3番目と6番目に来るものを、それぞれマークしなさい。なお、文頭に来る語も小文字で始めています。

1. Ryoichi [(ア) high / (イ) jump / (ウ) as / (エ) could / (オ) to / (カ) in / (キ) tried / (ク) as he] that race.
3番目：①，6番目：②

2. Do you know [(ア) hand / (イ) her / (ウ) racket / (エ) the girl / (オ) with / (カ) in / (キ) a / (ク) running] ?
3番目：③，6番目：④

3. [(ア) long / (イ) to / (ウ) it / (エ) how / (オ) from / (カ) does / (キ) take / (ク) your house] the bus stop?
3番目：⑤，6番目：⑥

4. [(ア) until / (イ) book / (ウ) paid to / (エ) he / (オ) attention was / (カ) became / (キ) his / (ク) little] famous.
3番目：⑦，6番目：⑧

5. He [(ア) win / (イ) harder / (ウ) he / (エ) game / (オ) could / (カ) practiced / (キ) if / (ク) the].
3番目：⑨，6番目：⑩

6. We [(ア) four / (イ) had / (ウ) more than / (エ) for / (オ) rain / (カ) months / (キ) little / (ク) have].
3番目：⑪，6番目：⑫

7. [(ア) friends / (イ) the / (ウ) talk / (エ) no / (オ) old man / (カ) to / (キ) with / (ク) had].
3番目：⑬，6番目：⑭

8. The picture [(ア) the wall / (イ) by / (ウ) to / (エ) on / (オ) which is / (カ) was / (キ) me / (ク) given] my mother.
3番目：⑮，6番目：⑯

【数　学】　(50分)　〈満点：100点〉

注意　分数は約分して答えること。また，根号の中は最も簡単な整数で答えなさい。

1　次の$\boxed{}$に最も適する数字をマークせよ。

(1)　$-3^2\times(-2)^3-\left(-\dfrac{1}{3}\right)^2\div\dfrac{1}{6^3}=\boxed{\text{ア}}\boxed{\text{イ}}$

(2)　$\dfrac{5a-3b}{6}+\dfrac{3a-b}{4}-\dfrac{a}{3}=\dfrac{\boxed{\text{ウ}}a-\boxed{\text{エ}}b}{\boxed{\text{オ}}}$

(3)　$(-9xy^2)^4\div\left(\dfrac{3}{2}xy^2\right)^3\times\left(-\dfrac{1}{6}x\right)^2=\boxed{\text{カ}}\boxed{\text{キ}}x^{\boxed{\text{ク}}}y^{\boxed{\text{ケ}}}$

(4)　$\dfrac{(\sqrt{6}-\sqrt{2})(\sqrt{3}+1)+2\sqrt{6}}{\sqrt{3}}+\dfrac{2(\sqrt{3}-2)}{\sqrt{6}}=\boxed{\text{コ}}\sqrt{\boxed{\text{サ}}}$

2　次の□に最も適する数字をマークせよ。

(1)　底面の半径が $2r$ cm，高さが $\frac{1}{3}h$ cm の円柱の表面積を $S\ \mathrm{cm}^2$ とするとき，

$h=\dfrac{\boxed{\text{ア}}\,S}{\boxed{\text{イ}}\,\pi r}-\boxed{\text{ウ}}\,r$ である。

(2)　$(x^2-4x-6)(x^2-x-6)-10x^2$ を因数分解すると，

$\left(x^2-\boxed{\text{エ}}\,x-\boxed{\text{オ}}\right)\left(x+\boxed{\text{カ}}\right)\left(x-\boxed{\text{キ}}\right)$ である。

(3)　連立方程式 $\begin{cases}\sqrt{2}\,x+\sqrt{3}\,y=-\sqrt{6}\\ \sqrt{2}:\sqrt{3}=\left(x+2\sqrt{3}\right):\left(y+9\sqrt{2}\right)\end{cases}$ を解くと，

$x=\boxed{\text{ク}}\sqrt{\boxed{\text{ケ}}}$，$y=-\boxed{\text{コ}}\sqrt{\boxed{\text{サ}}}$ である。

(4)　2次方程式 $x^2=\dfrac{ax+b}{2}$ の解が $x=\dfrac{2\pm\sqrt{10}}{2}$ となるとき，$a=\boxed{\text{シ}}$，$b=\boxed{\text{ス}}$ である。

3　次の□に最も適する数字をマークせよ。ただし，(3)については，①〜⓪の中から選びマークせよ。

(1)　大小 2 つのさいころがある。どちらのさいころも 1，2，3 の目は赤色，4，5 の目は青色，6 の目は黄色である。この 2 つのさいころを同時に 1 回投げるとき，出る目の色が異なる確率は $\dfrac{\boxed{\text{ア}}\boxed{\text{イ}}}{\boxed{\text{ウ}}\boxed{\text{エ}}}$ である。

(2)　$-3 \leqq x \leqq 6$，$4x-3y=0$ のとき，積 xy の値の範囲は，$\boxed{\text{オ}} \leqq xy \leqq \boxed{\text{カ}}\boxed{\text{キ}}$ である。

(3)　関数 $y=-\dfrac{12}{x}$ について，A，B，C，D の 4 人が次のように発言した。

A「この関数のグラフは原点を対称の中心として点対称である。」

B「この関数のグラフは点 $(-4,\,-3)$ を通る。」

C「x の変域が $x<0$ のとき，x が増加すると y も増加する。」

D「x の変域が $x<0$ のとき，変化の割合は一定である。」

この 4 人の中から正しい発言をした人をすべて選んだものは，下の $\boxed{\text{ク}}$ である。

①　A　　②　B　　③　C　　④　D

⑤　AとB　　⑥　AとC　　⑦　AとD　　⑧　BとC

⑨　BとD　　⓪　CとD

(4)　下の図のような AB = 3cm , BC = 12cm の長方形 ABCD と , BC を直径とする半円 O がある。

このとき , 斜線部分の面積は $\left(\boxed{\text{ケ}}\boxed{\text{コ}}\,\pi - \boxed{\text{サ}}\sqrt{\boxed{\text{シ}}}\right)$ cm^2 である。

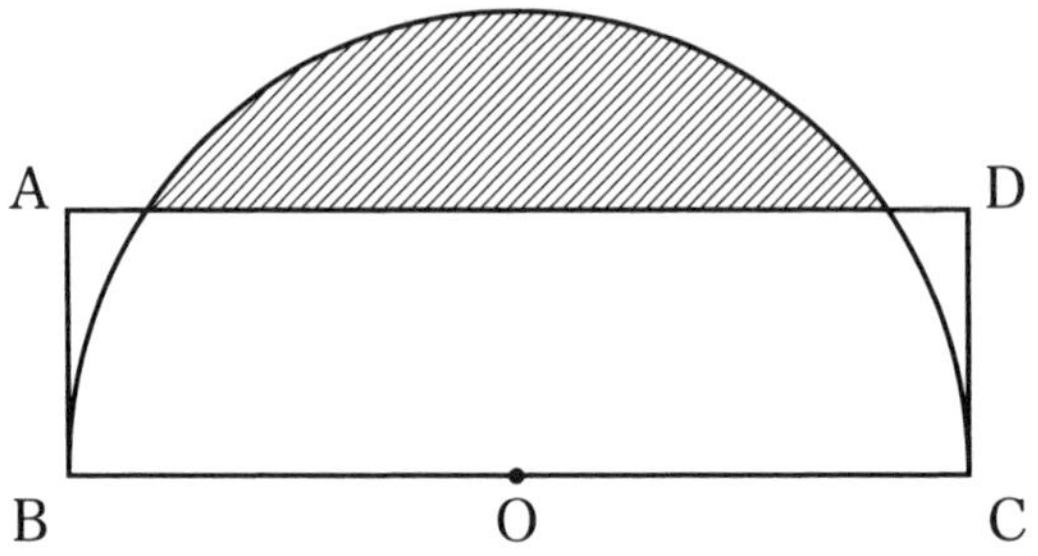

(5)　下の図は , AC = $4\sqrt{2}$ cm の△ABC である。辺 AB 上に BD = 4cm となる点 D があり , 辺 AC 上に ∠DEC= 90°となる点 E があるとき , DE = $\boxed{\text{ス}}\sqrt{\boxed{\text{セ}}}$ cm である。

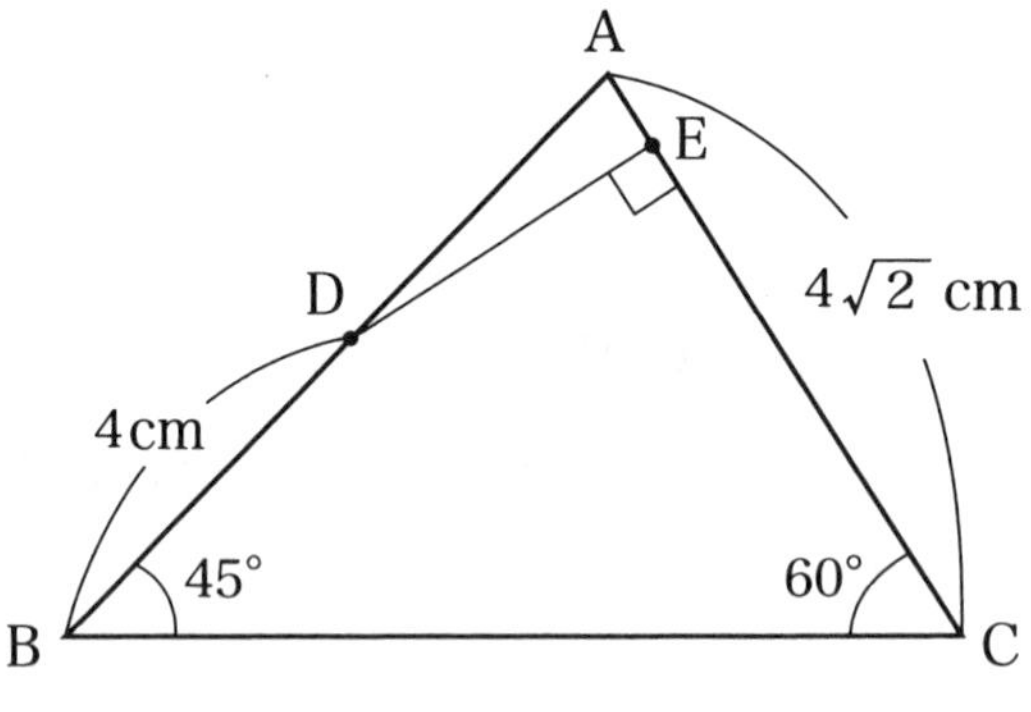

4 下の図のように，円 O の円周上に 4 点 A，B，C，D があり，AD // BC，AB = 4 cm，BC = 10cm，AD = 6cm である。また，直線 BA と直線 CD の交点を E，直線 AC と直線 BD の交点を F とする。

このとき，次の□に最も適する数字をマークせよ。

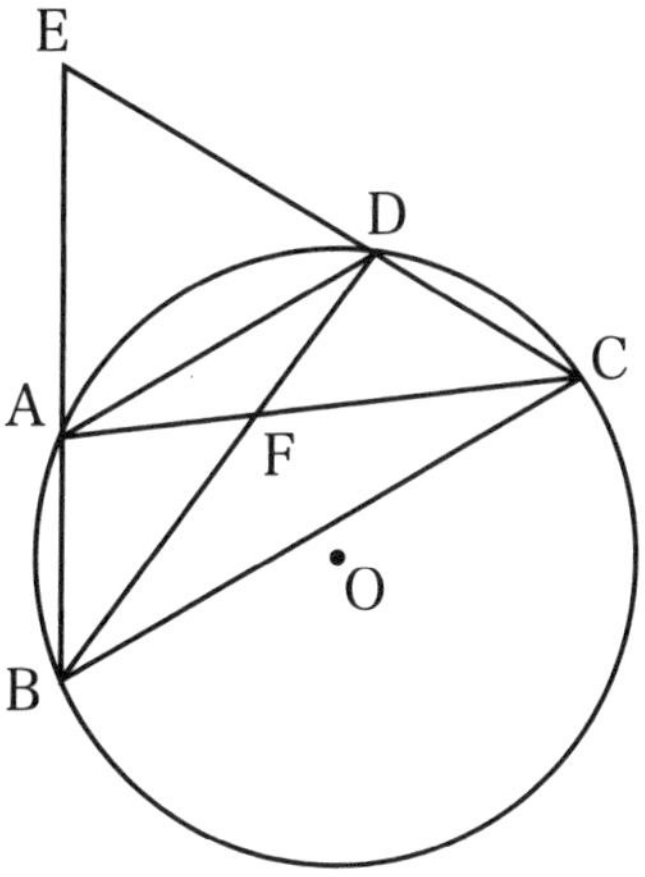

(1) AE = $\boxed{ア}$ cm であり，AF = $\dfrac{\boxed{イ}\sqrt{\boxed{ウ}\boxed{エ}}}{\boxed{オ}}$ cm である。

(2) 線分 EF の長さは，$\dfrac{\boxed{カ}\boxed{キ}\sqrt{\boxed{ク}}}{\boxed{ケ}}$ cm である。

5　下の図は，AE = 2cm, EF = $2\sqrt{5}$ cm, FG = $2\sqrt{3}$ cm の直方体 ABCD−EFGHである。また，点 B から線分 DE に垂線を引き交点を P とする。

このとき, 次の□に最も適する数字をマークせよ。

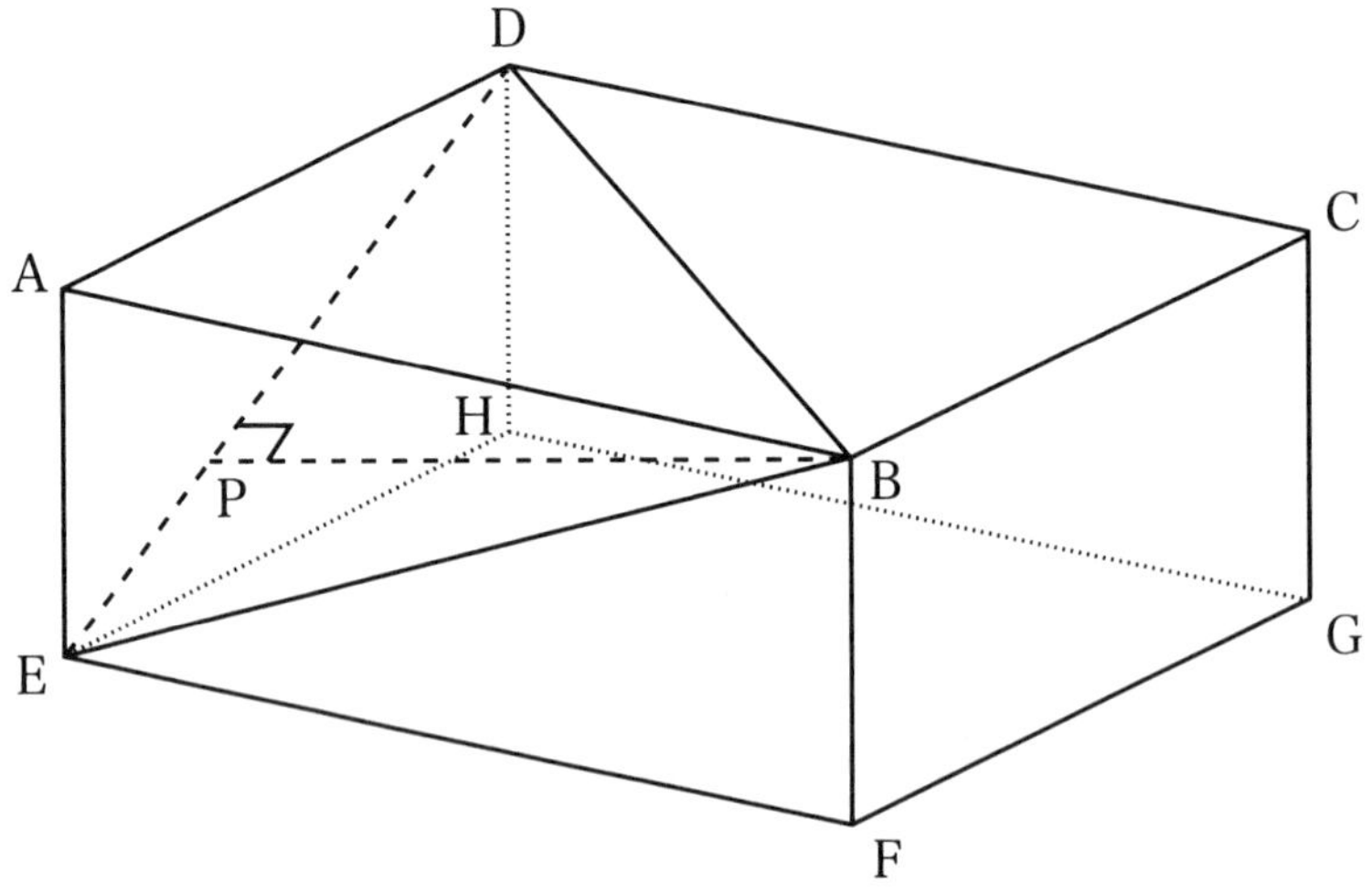

(1)　△BDE の面積は, $\boxed{\text{ア}}\sqrt{\boxed{\text{イ}}\boxed{\text{ウ}}}$ cm^2 である。

(2)　三角錐 ABDP の体積は, $\sqrt{\boxed{\text{エ}}\boxed{\text{オ}}}$ cm^3 である。

6　下の図のように，関数 $y=2x^2$ と直線 $y=2x+m$ が２点 A，B で交わっていて，点 A の x 座標は-1である。四角形 ABCD が平行四辺形になるように，y 軸上に点 C，$y=2x^2$ のグラフ上に点 D をとる。

　このとき，次の $\boxed{}$ に最も適する数字をマークせよ。

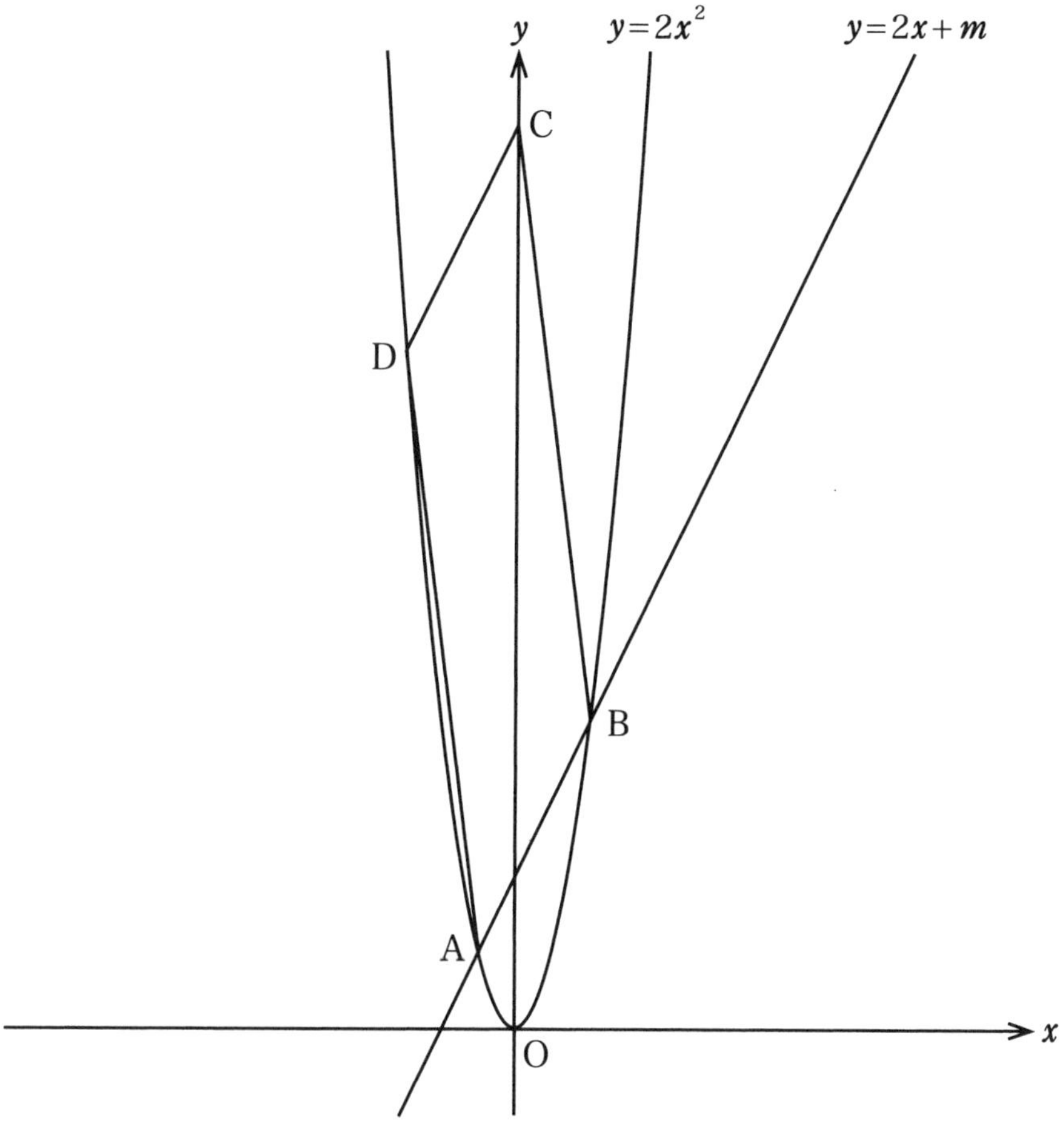

(1)　m の値は $m=\boxed{\text{ア}}$，点 D の座標は $\left(-\boxed{\text{イ}},\boxed{\text{ウ}}\boxed{\text{エ}}\right)$ である。

(2)　平行四辺形 ABCD の面積は $\boxed{\text{オ}}\boxed{\text{カ}}$ である。

(3)　△ABC を直線 AB のまわりに１回転させてできる立体の体積は，

$\boxed{\text{キ}}\boxed{\text{ク}}\sqrt{\boxed{\text{ケ}}}\,\pi$ である。

問11　～～A「心もと無かり」・B「めでたから」のここでの意味を、それぞれ次から選び、その記号をマークしなさい。**（解答番号A―11・B―12）**

A「心もと無かり」

ア　じれったく思って

イ　頼りなく思って

ウ　不安に思って

エ　分からなくなって

B「めでたかり」

ア　よくはない

イ　誇らしい

ウ　悪くはない

エ　すばらしい

問4　④――「え待ちえずして」とありますが、この現代語訳として、最もふさわしいものを次から選び、その記号をマークしなさい。**（解答番号4）**

ア　待ち切れずに　　イ　お構いなしに

ウ　待つこともなく　　エ　気に留めることもなく

問5　⑤――「撞く人も無くて十二時に鳴ることは無くて」とありますが、このようになったのはなぜですか。その理由として最もふさわしいものを次から選び、その記号をマークしなさい。**（解答番号5）**

ア　鋳師が、鐘を撞かずに帰ってしまったから。

イ　小野の篁が、鐘を埋めてしまったから。

ウ　別当が、鋳師との約束を破ったから。

エ　鐘が、違う鐘にすり替わってしまったから。

問6　⑥――「ただ有る鐘にて有るなりけり」とありますが、これは「鐘」のどのような状態を表していますか。その説明として最もふさわしいものを次から選び、その記号をマークしなさい。**（解答番号6）**

ア　もともとあった鐘が同じ所に戻されていた。

イ　そこら辺にある鐘と特に変わりはなかった。

ウ　土に埋もれて錆びついた鐘であった。

エ　そこに存在するだけの無用の長物であった。

問7　⑦――「その日掘り出だしたらましかば、撞く人も無くて十二時に鳴りなまし」とありますが、この現代語訳として最もふさわしいものを次から選び、その記号をマークしなさい。**（解答番号7）**

ア　日にちを間違えずに掘り出したので、撞く人が誰であろうと十二時に鐘は鳴るはずだ。

イ　ちょうどその日に掘り出したとしたら、鐘が十二時になることはないだろう。

ウ　決められたその日に掘り出したならば、誰もいなくても鐘が十二時になるに違いないのに。

エ　日時を違えて掘り出したので、撞く人を探せなくて鐘が鳴るはずもなかった。

問8　⑧――「口惜しき」とありますが、文中で同じ意味で使われている言葉を次の中から選び、その記号をマークしなさい。**（解答番号8）**

ア　足らしめず　　イ　言ふかひなく　　ウ　いみじく　　エ　そしり

問9　⑨――「その時の人」とありますが、ここでは誰のことを指していますか。最もふさわしいものを次から選び、その記号をマークしなさい。**（解答番号9）**

ア　小野の篁　　イ　鋳師　　ウ　別当　　エ　その当時の人

問10　⑩（けり）の正しい形を次から選び、その記号をマークしなさい。**（解答番号10）**

ア　けら　　イ　けり　　ウ　ける　　エ　けれ

三 次の古文を読んで、後の各問いに答えなさい。

今は昔、小野の篁《たかむら》といひける人、愛宕寺《おたぎでら》を造りて、その寺の料《れう》※1に、鋳師《いもじ》※2を以《もつ》て鐘を鋳《い》させたりけるに、①鋳師が言はく、この鐘をば、撞《つ》く人も無くて、十二時鳴らさむとするなり。それを、かく鋳《い》て後、土に掘り埋《うず》みて、三年あらしむべきなり。今日よりはじめて、三年《みとせ》に満てらむ日のその明けむ日、掘り出《い》だすべきなり。それを、或いは②日を足らしめず、或いは日を余して掘り開けたらむ、③しか撞く人も無くて十二時に鳴ることはあるべからず。しかる構へ※3をしたるなりと言ひて、鋳師は帰り去りにけり。

さて、土に掘り埋みてけるに、その後別当※4にてありける法師、二年《ふたとせ》を過ぎて、三年といふに、未《いま》だその日にも至らざりけるに、④え待ちえずして、A心もと無かりけるままに、言ふかひなく掘り開けてけり。しかれば、⑤撞く人も無くて十二時に鳴ることは無くて、⑥ただ有る鐘にて有るなりけり。「鋳師の言ひけむやうに、⑦その日掘り出だしたらましかば、撞く人も無くて十二時に鳴りなまし。さ鳴らましかば、鐘の音を聞き及ばむ所には、時をも確かに知り、Bめでたからまし。いみじく⑧口惜しき事したる別当なり」となむ⑨その時の人言ひそしり⑩（けり）。

（『今昔物語集』　一部改変）

（語注）
※1　料…ここではお布施《ふせ》のこと。
※2　鋳師…鋳物を作る職人。
※3　構へ…仕掛け。
※4　別当…僧官の一つ。東大寺などの大寺に置かれた長官で一山の寺務を統括した。別当は、権力を持っているのに、何かをしでかしてしまうことが多い。

問1　①――「鋳師が言はく」とありますが、この「鋳師」が言った言葉はどこまでですか。その終わりの言葉として正しいものを選び、その記号をマークしなさい。**（解答番号1）**

ア　鳴らさむとするなり
イ　三年あらしむべきなり
ウ　掘り出だすべきなり
エ　十二時に鳴ることはあるべからず
オ　構へをしたるなり

問2　②――「日を足らしめず、或いは日を余して」とありますが、これはどういうことを言っていますか。その説明として最もふさわしいものを次から選び、その記号をマークしなさい。**（解答番号2）**

ア　日の出の時間に遅れて、日の入り時間に間に合わず、
イ　日数ばかりを気にかけ、毎日を持て余してしまって、
ウ　期日を忘れてしまったり、気にかけすぎてしまったり、
エ　三年に満たなかったり、三年を過ぎてしまったり、

問3　③――「しか撞く人も無くて十二時に鳴ることはあるべからず」とありますが、この現代語訳として、最もふさわしいものを次から選び、その記号をマークしなさい。**（解答番号3）**

ア　鐘を撞く人がいないので十二時に鳴らしてはいけません。
イ　鐘を撞く人がいても十二時に鳴らすことはありえません。
ウ　鐘を撞く人なしに十二時に鳴るはずはありません。
エ　鐘を撞く人もいないし十二時に鳴らすことはできません。

問12　次の会話は、この小説を読んで先生と生徒達が話し合ったものです。これを読み、後の各問いに答えなさい。

先生…「この小説の『私』は、やはり、精神病院で長く療養している妻のことが心の憂いの種となっていますね。当時精神病院の環境はまだ差別的で苛酷なものだったようです。」

生徒A…「その長期に渡る深い憂いを、「月見草」が浄化してくれたのですね。月見草は夕暮れに幽《かす》かな灯りのように咲く花でこの小説の中心的なテーマそのもののように思えます。」

生徒B…「でも、わたしはまず、『　Ⅰ　』という言葉に、心の憂いを晴らしたい『私』の潜在意識が読み取れると思ったわ。懐かしい故郷のような風景に心の解放を求め、自分を苦しませる東京の今の暮らしを忘れたい、という無意識の願望もあるかもしれない。その証拠に、『　Ⅱ　』とあるものね。」

生徒C…「そういえば、この小説には『死』を感じさせる言葉があちこちにあるよ。例えば、『その月見草を喪ってから』の喪うの文字、多磨墓地前駅で辺りの『　Ⅲ　』に敏感に反応したり、是政のサナトリウムの灯りのついていない暗い窓を『窩《あな》を持った骸骨《がいこつ》のよう』とも言っている。妻の死の不吉な予感に苛《さいな》まれているのがわかるね。」

先生…「因みに、作品のこれより前の部分では、見舞いに行った時の妻の虚ろな眼差しが『私』の心に焼き付いて離れず、しまいに夢の中にまで現れ、どこまでも妻の幻影に付きまとわれたことが書かれています。」

生徒A…「でもちょっと疑問なんですが、普通それだけ妻の幻影に取りつかれているなら、サナトリウムの暗い窓に『窩を持った骸骨』を連想した時点で、既に妻を想起するのではないでしょうか。それを敢《あ》えて、窓に灯りがつきはじめたのを『　Ⅳ　』と言い、それを見たのがきっかけで妻のことを思い出したと書いていますよね。」

生徒B…「ということは、この小説において、『私』の「妻の死の不吉な予感」は『私』の　a　の中に抑《おさ》えられ、『私』の　b　の表面は『妻よ、安らかなれ』という祈りで一貫している、ということになるわね。」

生徒C…「つまり、その『　c　』に向かう祈りや希望の象徴が『月見草』であり、更に妻の病いからの生還が『月見草の　d　』に託されている、そうした、苦しみの中から幸福を希求する「明るさ」が、まさに闇に咲く『月見草』に象徴されているのだね。」

先生…「この作家が私小説作家でありながら、人生を破滅的に描くのではなく、最終的に明るい向日性《こうじつせい》を持っているのも彼の特徴と言われています。読者の心の奥にまさに「月見草」のような暖かい灯《ともしび》が点《とも》る作品ですね。」

＜問＞

（1）　Ⅰ　～　Ⅳ　に、次の文中の各表現からそれぞれふさわしいものを選び、記号をマークしなさい。**（解答番号17～20）**

ア　建物が生きて来た
イ　妻よ、安らかなれ
ウ　山を見るのも何年ぶりであろう
エ　石塔（＝墓石）を刻む槌の音
オ　かえりには、もう咲いているだろうな
カ　どっか山の見えるところに行きたい
キ　もう大丈夫だという感じだった
ク　もう枯れたのかと思っていた葉はたちまち生気を吹きかえし

（2）空欄　a　～　d　に、それぞれ最適な語を次の選択肢より選び、記号をマークしなさい。**（解答番号21～24）**

ア　理性　イ　感性　ウ　野性　エ　意識　オ　無意識
カ　生　キ　死　ク　成長　ケ　再来　コ　復活

問10 ⑫――「明るい省線電車の中に月見草の束を持ち込むと、少々照れ臭かった」とありますが、この時「私」はどのようなことが「照れ臭かった」のですか。原因として**適切でないもの**を次より一つ選び、記号をマークしなさい。**（解答番号15）**

ア　薄暗い夕闇の中に灯りのともるように咲くのが魅力なのに、車内の明るい電灯に照らされて白っちゃけた月見草が変に目立ってしまうこと。

イ　月見草に憑《つ》かれたように探し求めた「私」の熱狂が、ありふれた現実空間の中で場違いな感じがしてくること。

ウ　是政駅やガソリン・カーの車内で感じた月見草の幻想的な体験が、明るい省線の車内でいきおい白々しいものに思えて来ること。

エ　泥の付いた月見草を一抱えも省線の車内に持ち込み、周囲の迷惑の視線を感じて気が引けたこと。

問11 小説の末尾、⑬――～⑮――の展開の文学的意義について説明したものとして、最も適切なものを次より選び、記号をマークしなさい。**（解答番号16）**

ア　車内でどちらも目立っていながら、極大の相撲取り対極小の月見草という対比によって、横綱男女ノ川《みなのがわ》の存在感に健気《けなげ》な月見草が圧倒され月見草が矮小化《わいしょうか》されるようで「私」は落胆したが、帰宅後、「男女ノ川」とは対照的な「幼い娘」に月見草の復活を祝ってもらったことで月見草の価値が再び蘇《よみがえ》り、「私」の心は喜びに満ち、長い間の憂いも清々しく解消した。

イ　横綱男女ノ川が入ってくるまでは、月見草の可憐さが車内の関心を集めていたのに、珍しい横綱の登場に人々の視線が集まるうち、明るい車内の電灯に照らされ月見草はいつしか萎《しぼ》んでしまっていた。しかし翌朝植え直すと、わずか二、三日で花を開いた月見草の生命力に「私」は感動し、長く続いた「私」の憂鬱は消え去った。

ウ　男女ノ川は横綱らしく、派手な身形《みなり》と大仰《おおぎょう》な旅支度、二人の巨体の取的《とりてき》などが車内の空気を圧倒し、「私」は萎《しお》れたみすぼらしい月見草を抱えている自分がみじめに思え急に月見草への狂おしい愛着は冷めた。しかし数日後、家の庭に月見草が無事活着したのを無心に喜ぶ娘の言葉に、自身の心変わりの薄情さを思い知らされた。

エ　省線電車の車内の明るさ、横綱男女ノ川一行の場を占める圧倒的な量感が、貧弱な病の妻や、それを思う「私」の心の重さ、そしてそれらを慰めるはずのささやかな月見草を、全て価値のないものとしてしまうことに「私」は愕然としたが、「私」の失望を感じ取った娘のさりげない気遣いに慰められ、「私」は立ち直ることができた。

問8　⑩――の月見草の描写と、直前の『　』の中の⑥――及び⑧――の描写の関係を述べたものとして、最も適切なものを次の選択肢より選び、記号をマークしなさい。**（解答番号13）**

ア　⑥――及び⑧――のサナトリウムの「部屋々々に」「ポツリ、ポツリと」「灯がともり」出した様《さま》は「窩《あな》を持った骸骨《がいこつ》」が生きた人のように見えてきたことを表しサナトリウムに活気が出てきたことが読み取れ、⑩――の月見草の群落が病いから懸命に立ち直ろうとする患者たちの姿を暗示するものになっている。

イ　⑥――及び⑧――のサナトリウムの「部屋々々に」「ポツリ、ポツリと」「明るく灯がともり」出した様《さま》は、月見草が夕暮れにポカリポカリと花を開き始める姿を思わせ、⑩――の月見草の一面の群落の伏線《ふくせん》になっている。これらの繋がりによって「月見草」が妻の「命の灯《ともしび》」であるかのように描かれている。

ウ　⑥――及び⑧――からは、サナトリウムから連想した病院に孤独に暮らす妻の面影によって「私」がひどく感傷的になっていることが読み取れるが、⑩――の月見草の一面の群落を見てからは妻のことはすっかり忘れ感傷的な気分が一新したことから、「月見草」が「私」の心の再生を表していることがわかる。

エ　⑥――及び⑧――では、「私」は妻と同じような境遇にいるサナトリウムの患者に思いを寄せ、療養中ながらささやかな日常生活のあることにせめてもの慰めを感じているが、⑩――では一面の月見草の群落がすっかり「私」の心を奪いサナトリウムのことは忘れ、夢のような幻想に埋没している。

問9　月見草と「私」を描いた⑩――から⑪――への展開について述べた次の選択肢のうち、最も適切なものを選び、記号をマークしなさい。**（解答番号14）**

ア　⑩――では薄闇の中今開いたばかりの月見草の一群に、「私」は圧倒されいつまでも見ているほど感動し暫く佇《たたず》んでいたが、更に⑪――の帰りの車中で見た闇の中に浮かび上がっては消えてゆく月見草は、この世のものとは思えないような幻想的な景色で「私」を興奮させ妻の幻影をすっかり振り捨てることができた。

イ　⑩――の月見草の群落の圧倒的な広がりは、暗いサナトリウムを見て妻を思い出した寂しさを忘れさせてくれたが、一方⑪――の帰りの列車の動揺の中でおびただしい月見草に抱かれる体験は躍動感に満ちたものであり、妻の病いの回復という明るい未来を「私」に予感させている。

ウ　⑩――のサナトリウムの先で目にした夕暮れに咲いたばかりの月見草の群れは、果てしなく広がり「私」の感傷を吹き飛ばしたが、更に⑪――の帰りの車中から見た、三方からヘッドライトの中に現れては闇に消えてゆく月見草の幻想的な世界に「私」は圧倒され、憂いや心労に満ちた日常から解き放たれ心が癒やされた。

エ　⑩――のサナトリウムの先で見た夕暮れに咲き始めた月見草の群落は、遠くまで一面に広がって「私」を迎えるように優しく咲き揃っていたが、⑪――の帰りの車中で見た月見草の、ヘッドライトの光の中に現れては「火に入る虫」のように闇に消えてゆく姿に死後の世界をイメージし、「私」は失望と共に妻の死を覚悟した。

問6　⑤——「暗い窓をもった建物は、窩《あな》を持った骸骨《がいこつ》のように見え」とありますが、この直前の是政駅周辺の描写にも「暗い」「寒い」「寂しい」が多く見られます。これら一連の描写から「私」のどのような意識あるいは無意識を読みとることができますか。最も適切なものを次より選び、記号をマークしなさい。**（解答番号11）**

ア　⑤——のような不吉な思いは、直前にサナトリウムを見たことが引き金になっており、「私」がこのような小旅行の中でも妻の存在をいつも意識し続けていることを示している。

イ　この直後でサナトリウムに灯がつき始めてから「私」は病院にいる妻のことを思い出した（意識化した）ことをふまえると、この部分は「私」の無意識に妻の死への不安が潜在していることの反映と読み取れる。

ウ　サナトリウムを見て⑤——のように骸骨を連想してしまうほど、「私」は病いの妻の存在を疎《うと》ましく感じ、その死を無意識にも願っていることを表している。

エ　月見草を求めて期待して来た多摩川だったが、夕暮れになると是政駅の周辺はあまりにも暗く寂しく、そのわびしさが「私」にサナトリウムに⑤——のような印象を感じさせている。

問7　『　』の⑥——～⑨——の一連の表現から読み取れる「私」の気持ちについて説明したものとして、最もふさわしいものを次の選択肢より選び、記号をマークしなさい。**（解答番号12）**

ア　⑥——の暗いサナトリウムの姿から、精神病院の部屋で孤独に過ごす妻の姿が突然思い出され、この小旅行でせっかく忘れることができていた妻の幻影に再び襲われた。その不安を払拭すべく「私」が一心に妻の健康を祈っているところに「私」の苦しみが読み取れる。

イ　ふと思いついて友人と訪れた多摩川の月見草の景色に魅せられ、妻のことをすっかり忘れ清々した気持ちになっていたことに後ろめたさを感じ、その罪の意識から妻の住む病院のイメージがサナトリウムに重なった。妻と苦しみを共有しようとする「私」の心の優しさが読み取れる。

ウ　⑥——のサナトリウムの暖かな灯が妻不在の「私」の人恋しさを刺激し、サナトリウムで自炊生活する人々の姿に、元気な頃の妻の姿が重なった。死に瀕する妻の無事をひたすら祈るしかない「私」の切羽詰まった心情が読み取れる。

エ　⑦——の「私」の「寂しさ」は確かに妻の病いと不在がもたらす孤独ではあるが、それを意識させたものはサナトリウムに暖かな灯が入った様《さま》であることが繰り返し語られ、更に、遠くの妻の息災《そくさい》を祈ることにつながっていることから、「私」の心情が基本的に前向きで暖かいものであることが読み取れる。

問3 ①――「私はことさら月見草を愛したのだ」とありますが、

（1）「私」は月見草の、特にどのようなところに惹《ひ》かれているのですか。

（2）またそれはなぜですか。

それぞれの選択肢より、答えとして最も適切なものを選び、記号をマークしなさい。

（解答番号（1）―7、（2）―8）

（1）ア　月見草が、ほったらかしてあっても二ヶ月間次々と花をつけ、「私」を飽きさせないところ。

イ　葉も茎も蕾も、一秒も休むことなく一様の力と速さで成長していても肉眼で見ることができないのに、花を開く時だけ肉眼に映るところ。

ウ　小さな月見草が、予想外のたくましさで咲きつづけ、植物の成長の力をつぶさに観察できるところ。

エ　楚々とした月見草が、どんな逆境にあってもたくましい生命力を見せ、夕暮れの暗がりの中に明るい灯をともすように咲くところ。

（2）ア　初め興味のなかった月見草に興味を持ったことで家族が一つになれたから。

イ　月見草の可憐に咲く姿が、病気の妻のイメージを忘れさせ元気な若い頃の妻を思い出させてくれるから。

ウ　病いに苦しむ弱った妻を思う「私」の心の重苦しさを、健気《けなげ》な月見草の姿が励まし慰めてくれるから。

エ　妻不在の「私」の孤独を、月見草の目まぐるしい変化を観察することが紛らしてくれるから。

問4 ②――「もう大丈夫だという感じだった」とありますが、この時の「私」の気持ちを述べたものとして最も適切なものを次より選び、記号をマークしなさい。

（解答番号9）

ア　もうこれで、月見草の在りかは確保できた。

イ　もうこれで、家の庭でまた月見草を見て安らぐことができる。

ウ　もうこれで、月見草への偏愛から抜け出すことができる。

エ　ここの月見草を見られただけでもう十分心は癒《い》やされた。

問5 ③――および④――から読み取れることとして最も適切なものを次より選び、記号をマークしなさい。**（解答番号10）**

ア　憂鬱を抱えた「私」が、初めて来た多摩川・是政の生き生きとした初夏の景色に心を癒やされ、懐かしささえ感じている。

イ　故郷への郷愁を持ち続けていた「私」が、故郷とよく似た景色に出会ってすっかり心が癒え、月見草のことは忘れてしまっている。

ウ　久々に山や川の自然に触れた「私」は、そこが武蔵野の多摩川であることなど忘れ、すっかり故郷の記憶の中に自己を解放している。

エ　心の憂鬱に苦しむ「私」は、美しいはずの初夏の山の緑を見ても感傷的になり、涙が込み上げてきてしまう。

（語注）

※1　妻が病いで入院し…「私」の妻は、精神を病んで精神病院に入院していた。当時のこのような病院の病室は、管理のため錠《じょう》と鉄格子で閉じられていた。

※2　バットの吸い口…紙巻きたばこ「ゴールデンバット」の吸い口。昔の紙巻きたばこは吸い口にフィルターが付いておらず、吸う部分の葉を少し取り除き、空洞にして吸った。

※3　省線《しょうせん》…かつて存在した日本政府が運営する鉄道を指す呼称。この当時は鉄道省（現在の国土交通省）が運営していた。尚、文中の「省線」は中央線を指す。

※4　ガソリン・カア…ガソリンエンジンを動力として走る鉄道車両。非電化の路線に使われた。文中の「ガソリン・カア」は、武蔵境駅～是政駅間を走る旧多摩鉄道（後に旧西武鉄道が買収）のこと。明治時代に多摩川の砂利を運搬する目的で引かれた。現在の西武多摩川線。

※5　麦が熟れ…麦秋《ばくしゅう》。麦の熟れる季節は初夏。

※6　ドイツ軍の巴里《ぱり》肉薄…作品の時代は昭和十五年頃。第二次大戦が徐々に深刻さを増していた時期。

※7　サナトリウム…郊外や高原の新鮮な空気や日光の中で、当時「死の病」であった結核などの長期療養をするための施設。

※8　岐阜提灯《ちょうちん》…岐阜特産の提灯。細い竹骨に花鳥草木の色彩を施した薄い美濃紙をはったもの。お盆に仏前に供えたり、夏、軒先に吊るしたりした。盆提灯。

※9　ソフト…ソフト帽。中折れのハット。

※10　取的《とりてき》…関取り。転じて最も下級の力士。ふんどしかつぎ。

問1　＝＝（ア）～（ウ）の、文中における意味として最もふさわしいものをそれぞれの選択肢より選び、記号をマークしなさい。**（解答番号1～3）**

（ア）　物色
① 好みの物にあらかじめ目をつけること。
② あてもなく探すこと。
③ 多くの物の中から適当なものを探し出すこと。
④ あて推量で値踏みすること。

（イ）　徐《おもむ》ろに
① いきなり出し抜けに何かを始める様子。
② 落ち着いてゆっくりと動作を始める様子。
③ うやうやしく慇懃《いんぎん》にふるまう様子。
④ 体が重く大儀《たいぎ》そうにふるまう様子。

（ウ）　よそながら
① 遠く離れていても陰ながら、
② 他人事のような気持ちで、
③ さりげなく自然な感じで、
④ 直接関係はないものの、

問2　[a]～[c]にそれぞれふさわしい体の一部を表す文字を、次の選択肢より選び記号をマークしなさい。**（解答番号4～6）**

＜選択肢＞　① 頭　② 顔　③ 胸　④ 肚《はら》　⑤ 腰　⑥ 脚

物に向って突き進んでいった。⑧部屋々々には、もう明るく灯がともり、蚊帳《かや》の影も見える。炊事室らしく、裏手の方からは皿や茶碗を洗う音が聞えた。二階の娯楽室らしい広間には、※8岐阜提灯《ちょうちん》に灯が入り、水色の光のなかを、あちこち動いている患者の姿も見えた。私は、それらの光景を、ゆっくりと眼や耳に留めながら、サナトリウムの前を通り過ぎた。通りすぎながら、またしても、妻が直《す》ぐそこの病室にいるかの如き気持になって、⑨妻よ、安らかなれ、と（ウ）よそながら、胸のなかで、物言うのであった。私は感傷的で、涙が溢れそうであった。』

ほとんど涙を湛《たた》えたような気持で、サナトリウムを後に、乾いた砂路をポクポク歩いていると、ふと私は吸いつけられたように足を停《と》めた。⑩眼の前一面に、月見草の群落なのである。涙など一遍に引っ込んでしまった。薄闇の中、砂原の上に、今開いたばかりの月見草が、私を迎えるように頭を並べて咲き揃《そろ》っているのである。右にも左にも、群れ咲いている。遠いのは、闇の中に姿が薄れていて、そのため却《かえ》って、その先一面どこまでも咲きつづいているような感じを与えるのであった。私は暫《しばら》く佇《たたず》んで目を見張っていたが、いつまで見ていても果てしがない。O君のことも思い出したので、急ぎ足にそこを立ち去った。

七時五十五分、最終のガソリン・カアで、私たちは是政の寒駅を立った。ガソリン・カアはまた激しく揺れた。私は最前頭部にあって、吹き入る夜風を浴びながら、ヘッドライトの照らし出す線路の前方を見詰めていた。是政の駅からして、月見草の駅かと思うほど、構内まで月見草が入り込んでいたが、驚いたことには、⑪今ガソリン・カアが走ってゆく前方は、すべて一面、月見草の原なのである。右からも左からも、前方からも、三方から月見草の花が顔を出したかと思うと、火に入る虫のように、ヘッドライトの光に吸われて、後へ消えてゆくのである。それがあとからあとからひっきりなしにつづくのだ。私は息を呑《の》んだ。それはまるで花の天国のようであった。毎夜毎夜、この花のなかを運転しながら、運転手は何を考えるだろうか？

うっかり気を取られていると、花のなかへ脱線し兼ねないだろう。

花の幻が消えてしまうと、ガソリン・カアは闇の野原を走って、武蔵境の駅に着いた。是政からかえると、明るく、花やかで、眩《まぶ》しいほどだった。網棚の上から月見草の束を取り下ろそうとすると、是政を出るときには、まだ蕾を閉じていた花々が、早やぽっかりと開いていた。取り下ろす拍子に、ぷんはとかぐわしい香りがした。私は開いた花を大事にして、月見草の束を小脇に抱え、陸橋を渡った。

⑫明るい省線電車の中に月見草の束を持ち込むと、少々照れ臭かった。私が入り込むと同時に、車内に明るい光が射したかのごとく、私の方を向いたひとが、二、三人あったからである。

三鷹駅で、まだ見たこともない巨人が、背をかがめて車内に入ってきた。驚いて、中央に近い座席に座を占めた男の顔を見ると、どっかで見たことのあるような顔である。⑬横綱男女ノ川《みなのがわ》であった。男女ノ川はソフト※9に背広で、小さな細君と、学校服を着た少年を連れていた。坊主頭の、大きな図体《ずうたい》をした取的《とりてき》※10がふたり、トランクを提げて吊革《つりかわ》にぶら下がっている。男女ノ川の家は、三鷹にあるのである。地方巡業にでも出かけるところだろう。乗客は総立ちで、男女ノ川を取り巻き、男女ノ川の一挙一動に目を注いだ。男女ノ川は、大きな、怒ったような声で、弟子を呼んだりした。——

⑭私の月見草がその時くらい見窶《みすぼ》らしく見えたことはない。

その夜は、月見草は仮植えにして土をかぶせ、翌《あく》る朝正式に植え直した。橋番の老人の言ったのに反し、二、三日すると、早や黄色な花を開いた。川原の荒地に咲く月見草は、生命力が強いのである。

⑮それを見ると、女の子が縁側《えんがわ》に出て独りごとのように叫んだ。

「めでたく月見草が咲きました」

めでたく——まさにその通りである。私は、花の精が還ってきたようで嬉《うれ》しかった。大穴のあいていた私の心はもとに近く満たされ、私は自足《じそく》した気持でそれを眺めた。久しく、久しく病んでいた私の精神の秩序は癒《いや》されたのだった。

（上林暁『花の精』。作問の都合上、本文を一部省略・改変してあります。）

なだれている。一体に痩《や》せた感じで、葉色も悪く、うちにあったのが盛んであったさまを思い、私は少し物足りなかった。しかし私は安心した。そこいらいっぱいの月見草を見ると、②もう大丈夫だという感じだった。

「月見草には二種類あるんだね。匂いのするのと、しないのと。」

　そう言えば、私のうちの庭にあったのは、葉が密生していて、匂いのしないのであった。

　線路に別れると、除虫菊《じょちゅうぎく》の咲いた畠《はたけ》の裾《すそ》を歩いたり、桑《くわ》の切株のならんだ砂畠を通ったりして、荒地野菊《あれちのぎく》の間を分け、私達は多摩川の土手にあがって行った。眼のまえは、多摩川の広い川原である。旱天《かんてん》つづきで、川筋は細々と流れている。③川のむこうは直《す》ぐ山で、緑が眼に沁《し》みた。南武線の鉄橋を、二輛《りょう》連結の電車が渡って行った。

　川原に降りると、また月見草がいっぱいだった。

「かえりには、もう咲いているだろうな。」

「咲いているとも。いいのを見つくろって、引いてゆくといいよ。」

　O君は瀬の中へ入って、毛針《けばり》を流しはじめた。私は上衣《うわぎ》を脱いで、川原に坐った。帽子が風に吹き飛ばされるので、脱いで、石を載せておいた。O君が流れを下ると、それにつれて、私は魚籠《びく》を提《さ》げて、川原を下った。時々靴をぬいで、水を渉《わた》らねばならなかった。④川原に坐って流れを見ていると、眼先が揺れはじめ、眼を上げて見ると、山も揺れるのであった。緑の濃い夏山のたたずまいは、ふと私に故郷の山を思い出させた。山を見るのも何年ぶりであろう。時々千鳥が啼《な》いた。魚がかかると、O君は腰を一寸《ちょっと》うしろに引き、釣針を上げた。すると私は魚籠を差し出した。O君が中流に出るため魚籠を腰につけると、私は閑《ひま》になったので、砂利を採《と》ったあとの凹《くぼ》みに入って寝ころがった。人差し指ほどの鮠《はや》を八匹、それがO君の獲物だった。

　夕翳《ゆうかげ》が出て、川風が冷えて来た。

「もうあと十分やるから、君は月見草を引いててくれない？」

　私はO君を残し、川原で手頃な月見草を（ア）物色《ぶっしょく》した。匂いのあるのを二本と、匂いのないのを二本、新聞紙にくるんだ。蕾はまだ綻《ほころ》びていない。振りかえってみると、O君はまだ寒そうな恰好《かっこう》をして瀬の中に立っている。川原の路を、夜釣の人が自転車を飛ばしてゆく。

（中略）

　是政の駅は、川原から近く、寂しい野の駅だった。古びた建物には、駅員のいる室だけに電灯が点《つ》いていて、待合室は暗かった。私達は、そこの、暗いベンチに腰をおろした。疲れていた。寒かった。おなかが空いていた。カアが来るまでにはまだ一時間ある。七時五十五分が終発なのだ。

「寒いことはない？」

「いや。」そう言ったが、水からあがったばかりのO君は脛《すね》まで濡《ぬ》れ、寒そうに腕組みしていた。

　二時間に一度しか汽動車の入って来ない閑散な駅なので、駅員はゆっくりと新聞を読んでいた。その新聞には※6ドイツ軍の巴里《ぱり》肉薄が載っているはずであった。駅員は七時になると（イ）徐《おもむ》ろに立ち上がって待合室の電灯をつけた。

　私はベンチを離れ、待合室の入口に立って、村の方を見ていた。村は暗く、寂しい。畑のむこう、林を背にして、※7サナトリウムの建物が見えた。私が待合室の入口に立った時には、どの部屋にもまだ灯《あかり》がついていなかったので、⑤暗い窓をもった建物は、窩《あな》を持った骸骨《がいこつ》のように見え、人の棲《す》まぬ家かと思われた。

『そのうちに⑥ポツリ、ポツリと、部屋々々に灯がつきはじめ、建物が生きて来た。それを見ていると、突然私は病院にいる妻のことを思い出した。今日家を出てから、妻のことを思い出すのは初めてである。妻は今ごろどうしているだろうか。もう疾《と》っくに晩飯をすませ、独り窓のそばに坐っているだろうか。廊下にでも出て立っているだろうか。それとも、もう電燈を消して、寝床に入っているだろうか。

⑦寂しさがこみあげて来た。私はO君を一人残して、サナトリウムの方へ歩いて行った。恰《あたか》も自分の妻もこのサナトリウムに住んでいるかの如《ごと》き気持ちで、私はその建

二　次の文章を読み、後の各問いに答えなさい。

太平洋戦争が徐々に生活を脅かし始めた昭和十五年頃、※1妻が病いで入院し長期不在である「私」にとって（「私」は文筆家である）、庭の花々、とりわけ月見草が心のよりどころだった。ところがある日庭師が、雑草だと思ってその月見草をすべて抜いてしまった。「私」は怒りを表せないまま、落胆したうつろな重苦しい気持ちで日々を送っていた。

それは、小さな苗の時分《じぶん》、子供が近所からもらって来たものであったが、私も月見草ということを知らないから、植えもせず、ほったらかしてあった。根も茎《くき》もほとんど干からびた時分になって、これ、夕方になると黄色い花が咲く草だって、と子供が言うものだから、そんなら月見草だろうと言って、植えてやると、もう枯れたのかと思っていた葉はたちまち生気を吹きかえし、ぐんぐん茎が伸び、はたして月見草の花を開いた。六月のおわりの、糠《ぬか》のような梅雨の降る晩であったが、その薄い花弁に雨の霧が小さな粒になってかかっていた。

その後二カ月ばかりの間、二本の月見草は、倦《う》むことを知らず毎晩咲きつづけた。一番多く咲いた晩は、一本に十二だった。夕方花が開く頃になると、私は蕾《つぼみ》に顔を近づけて眺めていた。見る見る蕾がふくらんで、やがて蕾を包んでいた萼《がく》がはねかえり、花弁の一つが弾《はじ》け、瞬《またた》く間に完全に開花するのであった。その時くらい、植物の成長力を肉眼で見たような気持になることはなかった。葉も茎も蕾も、一秒も休むことなく、一様の力と速さで成長しているはずなのに、それは肉眼で見ることができない。ただ花を開く時だけ、肉眼に映るのを私は面白く思った。

こんなこともあった。ある晩、一つの蕾の色が他の蕾と少し違うようだと思ったので、そばに寄ってみると、小さな小指ほどの蕾に、※2バットの吸い口がすっぽりとかぶせてあるのであった。昼間、客の残して行った吸い口を、男の子がかぶせたのだ。蕾は締《し》めつけられて、花を開くことができないでいた。吸い口を取りのけてやると、月見草はすぐ花を開いた。

そのような、二年前のことが[a]にあるものだから、①私はことさら月見草を愛したのだ。

（中略）

然《しか》るに、その月見草を喪《うしな》ってから十日と経たぬうちに、私の家の庭には、ふたたび新しい月見草が還《かえ》ってきて、私の精神の秩序も回復されることとなるのである。

それは、六月の中旬。友人のO君が来たとき、どっか山の見えるところへ行きたいと私がいうと、多摩川べりの是政《これまさ》というところへ行けば、すぐ川のむこうへ山が迫っているという。O君は是政へ鮠《はや》を釣りに行くから、一緒に行ってもいいということだった。山を見たいとは言ったものの、それだけでは[b]を上げる気のしなかった私は、そのあとでまた、月見草のことをO君に訴えたのである。すると、是政へ行けば、月見草なんか川原に一杯咲いているという。私は忽《たちま》ち[b]を上げる気持になった。O君が釣りをしている間じゅう、私は川原で寝そべったり、山を見たりして遊び、かえりには月見草を引いて来ることに、[c]を決めたのである。

その日の午後、私達は※3省線《しょうせん》武蔵境駅から※4ガソリン・カアに乗った。是政行《ゆき》は二時間おきにしか出ないので、仕方なく北多摩《きたたま》行に乗った。そこから多摩川まで歩くのである。ガソリン・カアは動揺激しく、草に埋《うも》れたレエルを手繰《たぐ》り寄せるように走って行った。風が起って、両側の土手の青草が、サアサアと音を立てながら靡《なび》くのが聞こえた。私達は運転手の横、最前頭部の腰掛《こしかけ》に坐《すわ》っていた。

「富士山が近く見えるよ。」とO君が指さすのを見ると、成る程雪がよく見える。

多磨墓地前《たまぼちまえ》で停車。あたりは、石塔を刻む槌《つち》の音ばかりである。次が北多摩。そこで降りて、私達は線路伝いに、多摩川へ向って行った。※5麦が熟《う》れ、苗代《なわしろ》の苗が伸びていた。線路は時々溝や小川の上を跨《またが》っていて、私達は枕木伝いに渡らねばならなかった。

「もう、ここから月見草が、いっぱいだよ。」とO君が、釣竿《ざお》で指すのを見ると、線路のふちに、月見草が一杯並んでいる。昨夜の花は萎《な》え凋《しぼ》み、葉は暑さのためにう問8　⑤――「資本主義とは経済システムのことではなく、一つの人間観です」とありますが、資本主義とはどのような「人間」像を前提としたシステムだといえますか。最もふさわしいものを次から選び記号をマークしなさい。**(解答番号19)**

ア　「お金で買えないもの」を切望しながらも「等価交換」システムに順応した結果、金銭以外の交渉がもはや不可能となった存在としての人間。

イ　人間関係のわずらわしさやしがらみから解放されるために、問題を金銭で解決することを厭《いと》わず、他者を「手段」として認識する存在としての人間。

ウ　本来「お金で買えないもの」を「買える」と信じ込むことで機能する資本主義という「幻想」に気づいていながら抜け出すことのできない存在としての人間。

エ　本来金銭換算できるはずもない有形無形のあらゆるものが「サービス」の名のもとに金銭と引き換えに提供されると信じて疑わない存在としての人間。

問9　⑥――の「交換し続けることができるのであれば」という「自由」の条件は資本主義システムにおける〝負の側面〟を浮き彫りにしているといえますが、それはどのようなことですか。最もふさわしいものを次から選び記号をマークしなさい。**(解答番号20)**

ア　長期にわたる「交換」の継続によって、本来人間にとって不可欠な他者とのつながりを媒介する「贈与」の価値を人々が忘れているということ。

イ　交換し続けることはすなわち競争に勝ち抜くことと同義であり、現代の競争社会の中で人々が神経をすり減らし、精神的に疲弊してしまうということ。

ウ　無限に「交換」を続けるための「貨幣」を所有していない者は、社会においていかなるサービスも「自由」に享受する権利を持たないということ。

エ　資本主義社会において貨幣交換で得られる「選択の自由」は、「他者の自由」と衝突するため、このまま継続する限り確実に機能不全に陥るということ。

問10　次の中から本文【A】・【B】で述べられる「贈与」の例として**ふさわしくないもの**を**二つ**選び記号をマークしなさい。**(解答欄21・22　※順不同)**

ア　初めて大きな仕事を成功させ、上司に認められた記念にスーツを新調した。

イ　退職時、可愛がっていた部下に自分が愛用していた高級万年筆を譲った。

ウ　誕生日に千円の品物をもらったお返しに、相手の誕生日に同額の品を贈った。

エ　試合後、互いの健闘を称えて相手チームの選手とユニフォームを交換した。

オ　息子には将来医者になって親孝行してほしいので、教育に巨額を投資する。

問11　本文【A】・【B】について説明したものとしてふさわしいものを次から選び記号をマークしなさい。**(解答番号23)**

ア　【A】は「贈与」について説明し、【B】はその対極にある「交換」について説明するとともに「自由」とは何かというテーマへと発展している。

イ　【A】は「贈与」という行為の本質について説明し、【B】は「交換原理」で成り立つ現代社会の問題点について言及している。

ウ　【A】は「贈与」・「交換」がそれぞれいかなる行為であるかについて双方を比較し、【B】は「贈与」が社会において果たす役割について説明している。

エ　【A】は人との「贈与」に裏打ちされた関係性について説明し、【B】はビジネスシーンを中心にした人間関係について言及している。

問3　②――「『自分へのごホウ美』という言葉の空虚さ」とありますが、本文【 A 】文全体をふまえ、「空虚」だということの理由としてふさわしいものを次から**二つ**選び記号をマークしなさい。**（解答番号13・14　※順不同）**

ア　本来「贈与」は、他者から与えられることで固有の価値を持つはずで、自分で購入した「ごほうび」は単なる「モノ」としての価値を超えないから。

イ　本来「ごほうび」とは称賛に値する行為と「モノ」との対価交換であるはずだが、「買う」という行為は金銭と「モノ」との対価交換であるから。

ウ　本来「贈与」は他者からなされるものであるはずなのに、それを自分で代行する行為は「贈与」が可能な関係にある「他者」の不在を意味するから。

エ　本来「評価」は他者からなされるものなのに、高い自己評価でもって「ごほうび」を与える行為は正確な評価とはかけ離れたものに違いないから。

オ　本来「贈与」は「受ける」より「する」方が幸福を感じるため、贈与を受ける立場である存在が「する」幸福感も同時に味わおうとする欲深さを感じるから。

問4　③――「プレゼントを買って渡すのではなく、使うはずだった現金を渡すべきである」という意見に対し、筆者はどのように考えていますか。最もふさわしいものを次から選び記号をマークしなさい。**（解答番号15）**

ア　「現金」はそれそのものが贈り物ではなく、あくまで贈り物を購入するための媒介であるため「贈り物」として良いものとはいえない。

イ　自分の欲しいものを一番分かっているのは本人であるため、贈った現金で本人が品物を購入するのが合理的である。

ウ　直感的には金品を贈る行為に嫌悪感を抱くが、本音としては現金が最も望ましい贈りものであるというほかない。

エ　「贈与」はものに託《たく》される人の思いが本質であり、それは市場価値とは相いれないため「現金が最適」という意見には賛同しかねる。

問5　X にあてはまる語として最もふさわしいものを次から選び記号をマークしなさい。本文中二か所の X には同じ語が入るものとします。**（解答番号16）**

ア　返礼　　イ　関係性　　ウ　等価交換　　エ　「余剰」

問6　X――部「贈与」を「創造的行為」と表現する理由として筆者の考えに最も近いものを次から選び記号をマークしなさい。**（解答番号17）**

ア　「贈与」は単なる「モノ」に人の思いをのせた「贈り物」を他者へと託《たく》す行為であり、それは人と人との「関係性」を新たに創り出していく営みだから。

イ　「贈与」は「モノ」を単なる物体としての価値にとどまらない「世界でただひとつ」という付加価値を創造する行為といえるから。

ウ　「創造」とはゼロから新たなものを創り出す行為であり、価値のないものを価値のあるものへと変換させる「贈与」はまさに創造に他ならないから。

エ　「創造」とは神が万物を形成する行為であり、「贈与」は関係性の構築されていない人と人をあたかも神が結びつけるかのような行為だから。

問7　④――「僕らはこの数十年、そんな状態を『自由』と呼んできました」とありますが、「自由」な状態の説明として最もふさわしいものを次から選び記号をマークしなさい。**（解答番号18）**

ア　社会を構成する個人がそれぞれ経済力を身につけ、人とのつながりも重んじることで生活のすべてが不足なく完結する状態。

イ　対価を支払いさえすればそれと等価の援助を受けることができ、他者のために自分の貴重な時間や労力を費やすこともない状態。

ウ　他者との関わりを断つことで「友人」などという聞こえの良い言葉を使って自分に依存してくる煩《わずら》わしい人間関係から解放された状態。

エ　自分の代わりはいくらでもいるという環境下で、過度な責任やプレッシャーを感じることもなく心穏やかに過ごすことが可能な状態。

e　オウ酬
ア　こどもは好奇心がオウ盛だ。
イ　遺留品をオウ収する。
ウ　無線にオウ答する。
エ　オウ州に移住する。

f　無ジャ気
ア　大ジャを山の神として崇める。
イ　目玉焼きにソースはジャ道だ。
ウ　神ジャにお参りに行く。
エ　民族紛争をジャッ起する。

g　ギ理
ア　便ギをはかる。
イ　遊ギに夢中になる。
ウ　虚ギの証言をする。
エ　ギ足を装着する。

h　エン
ア　資金面でエン護する。
イ　人の心の深エンに触れる。
ウ　企業のエン革を調べる。
エ　エン起が良い日に引っ越す。

i　コ立
ア　「先生」というコ称を好む。
イ　内容をコ張して話す。
ウ　彼はコ高の人である。
エ　コを描いて飛んだ。

j　テツ底
ア　同じテツを踏む。
イ　先テツの教えを生かす。
ウ　テツ夜で勉強する。
エ　規制のテツ廃を目指す。

問2　①――「誰からプレゼントとして手渡された瞬間に、『モノ』がモノでなくなる」について、次の各問いに答えなさい。

(1) ここでいう『モノ』を言い換えた言葉としてふさわしいものを、次の形式段落以降の「腕時計」の具体例にある波線部㋐～㋓のことばの中から選び記号をマークしなさい。**(解答番号11)**

ア　腕時計
イ　世界にただ一つしかない特別な時計
ウ　「商品」
エ　「贈り物」

(2) 『モノ』がモノでなくなる」とはこの場合どういうことをいうのですか。その説明として**ふさわしくないもの**を次から選び記号をマークしなさい。**(解答番号12)**

ア　他の同じ商品とは代替不可能な唯一無二の存在となること。
イ　贈り主との合理的関係の構築手段としての価値が生じること。
ウ　贈り主の存在と不可分となって固有の意味を有すること。
エ　金銭に換算することのできない「余剰」が付加されること。

ムを資本主義というのです。

だからそのシステムの中では、あらゆるものが「商品」となり、あらゆる行為が「サービス」となり得る。その可能性を信じ切る態度を資本主義と呼ぶのです。それは言い換えれば、もし仮に金で買えないものがあったとするならば、それは、「買えない」と思い込んでいる僕らのほうが間違っていると主張する立場のことです。だとするならば、⑤資本主義とは経済システムのことではなく、一つの人間観です。

そして、その思想はたしかに「自由」と相性がいい。あらゆるもの、あらゆる行為が商品となるならば、そこに競争を発生させることができ、購入という「選択」が可能になり、選択可能性という「自由」を手にすることができます。

ただし、その自由には条件があります。

――⑥交換し続けることができるのであれば、という条件が。

（近内悠太『世界は贈与でできている』一部改変）

（語注）

※1　ウィンーウィンの関係…ビジネスの場面において、取引を行う両者がお互いに利益を得ることができる関係。

※2　ドグマ…ある思想体系の原理のこと。

問1　ⓐ～ⓙのカタカナ部分を漢字に改めた場合、同じ漢字を用いるものをそれぞれ後の選択肢から選び記号をマークしなさい。**（解答番号1～10）**

a　後カイ

ア　病人をカイ護する。
イ　父の遺カイを心に刻む。
ウ　ケ訝な顔をされる。
エ　教会で懺《ざん》ゲする。

b　ごホウ美

ア　功労者にホウ賞を授与する。
イ　ホウ満な肉体の美。
ウ　コーヒー豆のホウ醇な香り。
エ　日本の市場はホウ和状態だ。

c　コウ用

ア　文書をオオヤケにする。
イ　殺人事件の時コウが成立する。
ウ　遠コウ農業で高原野菜を育てる。
エ　ワクチン接種でコウ体が作られる。

d　セン言

ア　国威をセン布する。
イ　変センをたどる。
ウ　過去をセン索する。
エ　職業に貴センなし。

見込みが薄い場合などでは、協力や援助を取りつけることは難しくなります。だから大人になると、ギブ&テイクの関係、ウィンーウィン※1の関係（交換的なつながり）以外のつながりを持つことが難しくなるのです。

「助けてあげる。で、あなたは私に何をしてくれるの?」

これがギブ&テイクの論理を生きる人間のドグマ※2です。要するに「割に合うか合わないか」で物事を判断する態度です。割に合うなら助けるし、仲良くする。割に合わないなら、ⓗエンを切る。他人を「手段」として遇する態度です。

問題は、僕らは、自分のことを手段として扱おうとして近づいてくる人を信頼することができないことです。親切にされればされるほど、何か裏がある、打算があるはずだと感じてしまう。

「割に合うかどうか」という観点のみにもとづいて物事の正否を判断する思考法を「交換の論理」と呼びたいと思います。

（中略）

交換の論理は「差し出すもの」とその「見返り」が等価であるようなやり取りを志向し、貸し借り無しのフラットな関係を求めます。ですから、交換の論理を生きる人は打算的にならざるを得ません。

それゆえ、交換の論理を生きる人間は、他人を「手段」として扱ってしまいます。そして、彼らの言動や行為には「お前の代わりは他にいくらでもいる」というメッセージが透けて見えます。なぜなら、この〈私〉はあくまでも利益という目的に対する手段でしかないからです。だから信頼できないのです。

つまり、贈与が無くなった世界（交換が支配的な社会）には、信頼関係が存在しない。裏を返せば、信頼は贈与の中からしか生じないということです。

だとすると、交換的な人間関係しか構築してこなかった人は、そのあとどうなるのか? 周囲に贈与的な人がおらず、また自分自身が贈与主体でない場合、僕らは簡単にⓘコ立してしまいます。

僕らが仕事を失うことを恐れるのは、経済的な理由だけではありません。仕事を失うことがそのまま他者とのつながりの喪失を意味するがゆえに恐れるのです。仕事を失い、かつ頼れる家族や友人知人などがいない場合、僕らは簡単にコ立する。

（中略）

誰にも依存しないスタンドアローンな存在として生きていける主体だけから成る社会というのは、いざというときに助けてくれる他者を必要としません。その社会の中の誰一人、「いざというとき」をそもそも持ちえないのですから。もし仮に、この社会のメンバー全員がそのような主体となったとき、というよりも、そのような主体でなければならないと強制されたとき、そもそもそれは「社会」と呼べるでしょうか。誰にも頼ることのできない世界とは、誰からも頼りにされない世界となる。

④僕らはこの数十年、そんな状態を「自由」と呼んできました。頼りにされるというのはたしかにときに面倒くさい事態となります。僕らはそれを「しがらみ」や「依存」と呼んで、できる限り排除しようとしてきました。その代わり、ありとあらゆるものを自前で買わなければならなくなりました。いざというときに備えて、保険に入ったり、貯蓄をしたり。なぜそれが備えになるかというと、生きるために何かを買い続けなければならないからです。誰にも迷惑をかけられることがないという自由を得るために、死ぬその瞬間まで一瞬たりとも休むことなく商品を買い続ける運命となりました。資本主義というシステムに「資源の分配を市場に委ねる」という側面があるのだとすれば、資本主義は、ありとあらゆるものを「商品」へと変えようとする志向性を持ちます。市場の拡大、資本の増殖。そのためには、あらゆるものが「商品」でなければならない。したがって、資本主義のシステムの内部では「金で買えないもの」はあってはならないことになります。資本主義をⓙテッ底し、完成させようとするのならば、僕らは金で買えないものを排除し続けなければなりません。「金で買えないものはない」のではありません。そうではなく、「金で買えないものはあってはならない」という理念が正当なものとして承認される経済システ

「人は一般に、自分の好みを最もよく知っている」という前提を認めるならば、他人がプレゼントを購入して渡した場合、支払った金額と同額のものを受取人自身が購入した場合よりもⓒコウ用が必ず小さくなる。そして、そこに「プレゼントの目的は、その受取人を幸せにすること（受取人のコウ用を最大化すること）である」という前提を付け加えるならば、③プレゼントを買って渡すのではなく、使うはずだった現金を渡すべきであるということになる。

もらって困るもの、気持ちはありがたいが正直いらないものをプレゼントされることはたしかにあります。ですが、「正しいプレゼント、つまりプレゼントの正解は現金である」という主張は僕らの直感に反します。やはり贈与には、市場価値には回収できない何らかの余剰が隠されていると感じるはずです。

（中略）

お金で買えないものは、贈与として僕らのもとへやってくる。お金で買えないものの一切は、誰かから手渡されることによって、僕らの目の前に立ち現れる。

さて、贈与の不可解な点はまだあります。

それは、贈り物はもらうだけでなく、贈る側、つまり差出人になることのほうが時として喜びが大きいという点にあります。たしかに、自分の誕生日を誰にも祝ってもらえないとしたら寂しい。でもそれ以上に、もし自分に「誕生日を祝ってあげる大切な人」「お祝いさせてくれる人」がいなかったとしたら、もっと寂しい。

なぜもらうことよりも、あげることのほうがうれしいのでしょうか。なぜ自分が祝われる以上に、誰かを祝うことが自身の喜びになるのか？

恋愛の場面が一番分かりやすいと思いますが、気になる相手に何かプレゼントを渡そうとしたとき、受け取ってもらえないという悲劇が起こることがあります。

贈与の受取の拒否。それは何を意味するかというと、[X]の拒否です。つまり「私はあなたと特別なつながりを持つつもりはない」というⓓセン言となります。

なぜ贈与がつながりを生み出すかというと、贈与には必ず返礼が後続するからです。「この前もらったお礼に……」そのお礼はまたお礼を促します。そして、その返礼は再び贈与として相手に手渡され、さらに再返礼、再々返礼……と、その関係性は「贈与のⓔオウ酬」に変貌します。つまり、贈与を受け取ってくれるということは、その相手がこちらと何らかの[X]、つまり「つながり」を持つことを受け入れてくれたことを意味します。

こちらの好意や善意は、必ずしも相手に受け入れられるとは限りません。だから、プレゼントを受け取ってくれたり、こちらの祝福を受け入れてくれたりしたとき、僕らはうれしく感じるのです。

お金で買えないものが贈与である以上、与えた側はそこに見返りを求めることはできません。もし何らかの対価を求めるのであれば、それは経済学的に計算可能な「交換」となります。

これをあげるから、それをくれ。これをしてあげるから、それをしてくれ。これは等価交換であり、計算可能です。それに対し、贈与は計算不可能なのです。

【B】

子供のころ、僕らは誰とでも友人になることができました。

たまたま教室で席が隣になったというだけで、たまたま好きなミュージシャンが一緒だったというだけで、僕らはⓕ無ジャ気に友人になることができました。それなのに、大人になると、新しい友人を作ることが難しくなってしまいます。どうして「仕事上の知り合い」とは友人関係になりにくいのでしょう？

それは、互いを手段として扱うからです。「ビジネスパートナー」という言葉がありますが、これはあくまで利害が一致している限りでの関係や、共通の目的を持った者同士の（一時的な）協力関係を指します。逆に言えば、相手が使い物にならなくなった場合や目的を果たした後は、助けるⓖギ理はない、というドライな関係に他なりません。ビジネスの文脈では、相手に何かをしてほしかったら、対価を差し出すしかありません。相手が認める対価を持ち合わせていなかったり、「借りを返す」

二〇二四年度　青稜高等学校

【国　語】（五〇分）〈満点：一〇〇点〉

一　次の【A】・【B】の文章を読んで後の問題に答えなさい。

【A】

どうして私たちは互いにプレゼントを贈り合うのでしょうか。

誕生日、クリスマス、バレンタインデー、母の日、父の日、あるいは何かの記念日。ほしいものがあるなら各々が自分で買えばいいのに、なぜか私たちはプレゼントという慣習を持っています。

プレゼントという慣習の理由。それは、①誰かからプレゼントとして手渡された瞬間に、「モノ」がモノでなくなるからです。もし自分で買ってしまったら、どれほど高価なものであっても、それはあくまでも「モノ」としての存在を超え出ることができません。

どういうことか。親しい人から誕生日に㋐腕時計をプレゼントされたとしましょう。その腕時計がどこかのお店で購入されたものならば、それ自体はただの「モノ」にすぎません。この㋑世界にただ一つしかない特別な時計などではなく、他の誰でも対価さえ支払えば購入できる、交換可能な㋒「商品」でしかありません。

ところが、その腕時計が㋓「贈り物」として手渡された瞬間、事態は一変します。

たとえば、その時計を壊してしまったり、あるいは無くしてしまったりしたとき、僕らは何を感じるでしょうか。もらった相手にその事実を隠したまま、同じモノを自分で購入してそしらぬ顔でやり過ごす、というようなことはしないと思います。

多くの人は、相手に対して申し訳ないと感じたり、「なんでもっと丁寧に扱わなかったんだろう」とひどくⓐ後カイしたり、落としたと思われる場所まで探しに行ったりするはずです。他人からすれば「たかが時計だろ？　何十万円もするものでもないし」と思っても、本人にとっては非常にショッキングな出来事です。もし仮に、まったく同じ型の時計をこっそり購入して、相手にそのことを黙ったままやり過ごすとしたら、僕らの多くはその後ろめたさに耐えられないはずです。

プレゼントされた時計も、無くした後に自分で購入した時計も、モノとしては等価なはずなのに、僕らはどうしてもそうは思うことができません。そこには、モノとしての価値、つまり商品としての価値からはみ出す何かがあると無意識に感じるのです。商品価値、市場価値には回収できない「余剰」を帯びると言ってもいいかもしれません。そしてその余剰が、単なる商品だったその腕時計に唯一無二性、言い換えれば固有名を与えることになるのです。

重要なのは、「その余剰分を自分自身では買うことができない」という点です。なぜなら、その余剰は誰かから贈られた瞬間に初めてこの世界に立ち現れるものだからです。

モノは、誰かから贈られた瞬間に、この世界にたった一つしかない特別な存在へと変貌します。X贈与とは、モノを「モノではないもの」へと変換させる創造的行為に他ならないのです。

だから僕らは、他者から贈与されることでしか、本当に大切なものを手にすることができないのです。「②自分へのⓑごホウ美」という言葉の空虚さの理由がここにあります。ごホウ美は本来、誰かから与えられるものです。だからそれは買うことのできないもの、すなわち贈与なのです。

マイケル・サンデルは「経済学者は贈り物が好きではない。より正確に言えば、合理的な社会的慣行としての贈り物の意味を理解するのに苦労している」と述べています（『それをお金で買いますか』、１４６頁）。

経済学的視点に立てば、プレゼントを買ってはならない、現金を渡すべきだと結論付けられてしまいます。それは以下のような市場の論理から導かれるものです。

2024年度／青稜高等学校

英語解答

1 問１ (ウ)
問２ Ａ…(イ) Ｂ…(ウ) Ｃ…(ア)
問３ ３番目…(ア) ６番目…(エ)
問４ ３番目…(キ) ６番目…(ウ)
問５ (1)…オ (2)…イ (3)…エ
問６ (1)…(ア) (2)…(イ)

2 【Ａ】 １…(イ) ２…(エ) ３…(イ) ４…(ア)
【Ｂ】 １…(ウ) ２…(イ) ３…(ア) ４…(イ)

3 【Ａ】 ①…(カ) ②…(エ) ③…(コ) ④…(オ)
⑤…(ウ) ⑥…(ク) ⑦…(ケ)
【Ｂ】 (オ)

4 ① (エ) ② (キ) ③ (ア) ④ (コ)
⑤ (カ) ⑥ (ケ) ⑦ (ウ) ⑧ (ク)
⑨ (オ) ⑩ (イ)

5 ① (オ) ② (キ) ③ (ウ) ④ (ク)
⑤ (ア) ⑥ (ケ) ⑦ (エ) ⑧ (カ)
⑨ (コ) ⑩ (イ)

6 １ (イ) ２ (イ) ３ (エ) ４ (ア)
５ (イ) ６ (ア) ７ (ウ) ８ (ア)
９ (エ) 10 (ア) 11 (エ) 12 (ア)
13 (ウ)

7 １ (ウ) ２ (ア) ３ (ア) ４ (エ)
５ (イ) ６ (ウ) ７ (エ) ８ (イ)

8 １ ３番目…(イ) ６番目…(ク)
２ ３番目…(オ) ６番目…(カ)
３ ３番目…(カ) ６番目…(オ)
４ ３番目…(ウ) ６番目…(ア)
５ ３番目…(ク) ６番目…(ウ)
６ ３番目…(キ) ６番目…(ウ)
７ ３番目…(ク) ６番目…(カ)
８ ３番目…(ア) ６番目…(ウ)

1 〔長文読解総合―説明文〕

≪全訳≫❶多くの人が十分に運動していない一方，運動しすぎているかもしれない人もいる。運動はとても体に良いのだから，こんなことがどうしてありえるのだろうか。体にきつすぎない定期的な運動は，体にとても良い。それは多くの病気を予防する手助けとなり，体調も維持する。しかし，運動しすぎている人たちが少数いて，それはそうした人に害を与えているかもしれない。❷医者は一般的に，健康を維持するために１日約30分の運動を推奨している。しかし，もっとずっと長い時間運動する必要があると感じている人もいる。彼らはより多くの運動でよりいっそう健康になると考えているのかもしれない。自分の生活をコントロールする必要があると感じている人もおり，そうした人はたくさん運動することによって，それを示している。理由は何であれ，こうした人たちはたくさん運動しており，これが健康を損なっているかもしれない。❸この運動中毒は，体への深刻な害という結果になることがある。人間の体がそんなに多くの仕事や運動ができるのは一定の時間内においてだけである。イある時点で，運動はもはや体に良くなくなる。無理をしてよりいっそう運動し続けると，筋肉が引っ張られたり，さらには，ひどく転倒したりすることもある。運動のしすぎは，血液や心臓にも影響する。事実，運動のしすぎは，エネルギーにも影響する。中には，運動時間が寝たり休んだりすべき時間を奪っているので，最終的にとても疲れを感じている人もいる。人間の体は適切に機能するために休息を必要とする。医者は毎晩約８時間の睡眠を推奨しており，この間に，体は自己修復し，情報を記憶に蓄えている。寝ないで運動することによって，人々は自分自身から記憶を奪っており，体を回復させていないのだ。❹運動しすぎの兆候は，少し奇妙に思えるかもしれない。例えば，１つの兆候として，体重が減っているのに，体脂肪が増えているかもしれない。エこれは，体がストレスを感じすぎているからだ。体はストレスに対処しようとし始めている。さらには気落ちし始めるかもしれない。オ食べる気にもならないかもしれない。体は他のプロセスを遅らせている。さらに，体が回復する時間がないので，ほとんどの時間，体に痛みを感じるかもしれない。これらの兆候が１つ以上ある場合は，運動を減らすべき時期である。

問1＜文の区切り＞主語の Regular exercise「定期的な運動」に，that is not too hard on your body という関係詞節がついており，文の述語動詞は is である。このように主語が長いときは，主語の後で区切る。

問2＜適語(句)選択＞A．前の病気の予防・体調の維持という内容と，後ろの害を与えるという内容が対立する‘逆接’関係になっている。　B．前の「運動のしすぎは，血液や心臓にも影響する」と後ろの「運動のしすぎは，エネルギーにも影響する」が似た内容になっていることに着目する(have an effect on ～≒affect「～に影響する」)。in fact「実際は」は前の内容を補足するときの表現。　C．直後の内容が，前文の The signs「兆候」の具体例になっている。 for example「例えば」

問3＜整序結合＞「それは～する手助けとなり，…も維持する」という文になるので，It helps ～ and keeps …. という形をつくる(helps，keeps と，どちらも3単現の -s がついていることに着目)。you は keeps の目的語として必要なので，前半を help (to) ～「～する手助けとなる」の形で helps prevent many diseases とする。keep ～ in (good) shape で「～を良い状態に保つ」＝「～の体調を維持する」という意味。　It helps prevent many diseases and keeps you in shape.

問4＜整序結合＞They may think (that) ～「彼らは～と考えているのかもしれない」で文を始める。「より多くの運動でよりいっそう健康になる」は，make があるので‘make＋目的語＋形容詞’「～を…(の状態)にする」の形を使って「より多くの運動が，彼らをよりいっそう健康にする」と読み換える。ここでの much と even はどちらも比較級を強調する用法。　They may think that much more exercise makes them even healthier.

問5＜適所選択＞(1)「食べる気にもならないかもしれない」という文意から，食欲がないと同じような好ましくない内容を探す(文末の either「…も(～ない)」に着目)。オの前に，You may even start feeling depressed. という似た内容がある。　(2)at a certain point は「ある時点で」という意味。イの直後の文が，運動が体に良くなくなる時点の具体的な内容になっている。　no longer ～「もはや～でない」　(3)This is because ～は「これは～だからだ」という意味なので，空所の前には，体がストレスを感じている結果となる内容があると考えられる。エの前にある，体重が減っているのに体脂肪が増えている，という内容がこれに該当する。直後の文に the stress とあることからも判断できる。

問6＜内容真偽＞(1)「運動のしすぎは健康を害するかもしれない」…○　第2段落最終文に一致する。　damage「～を害する，～にダメージを与える」　(2)「8時間以上寝なければ，体は決して自己修復しない」…×　第3段落終わりから2文目参照。「決して自己修復しない」とは書かれていない。　fix ～self「自己修復する」

2〔音声総合〕

【A】＜単語のアクセント＞

1．(ア) púr-pose　(イ) re-grét　(ウ) tál-ent　(エ) dám-age

2．(ア) bál-ance　(イ) é-qual　(ウ) chál-lenge　(エ) main-táin

3．(ア) ór-i-gin　(イ) of-fí-cial　(ウ) góv-ern-ment　(エ) phó-to-graph

4．(ア) Eu-ro-pé-an　(イ) po-lít-i-cal　(ウ) bi-ól-o-gy　(エ) in-dús-tri-al

【B】＜単語の発音＞

1．① wool[u]　② proof[uː]　③ blood[ʌ]

2．① daughter[ɔː]　② thought[ɔː]　③ approach[ou]

3．① clothing[ð]　② breathe[ð]　③ smooth[ð]
4．① presentation[z]　② pleasure[ʒ]　③ confusion[ʒ]

3〔長文読解―適語選択―説明文〕

≪全訳≫寿司《すし》：魚，肉，または野菜が上にのった酢飯／信じがたいことだが，寿司は東南アジアで始まったという説がある。寿司は日本に平安時代(794～1185年)に入り，もともとは主に魚を保存するためにつくられていたといわれている。今日，寿司，主に握り寿司《ずし》(文字どおりに，手で形をつくった寿司)や江戸前寿司(江戸式の手巻き寿司)は，日本以外でも非常に人気のある料理である。握り寿司や江戸前寿司の起源は，江戸時代(1603～1867年)にさかのぼり，当時のつくり方は，江戸前(江戸湾，すなわち東京湾)からのとれたての魚や魚介類を，(今日のサイズよりも)大きな酢飯のかたまりの上にのせた状態で，屋台(露店)で初期の一種のファストフードとして提供されていた。握り寿司に加えて，他の種類の寿司もある。「海苔《のり》巻き」(文字どおりに，海苔で包んで巻いた寿司)は，円筒形の寿司で，さまざまな材料をご飯の中に巻いてから，海苔(乾燥させた海藻)で包んだものである。「稲荷《いなり》寿司」(文字どおりに，詰め物をした寿司)は，油で揚げた豆腐の袋を酢飯で満たしたもの，「ちらし寿司」(文字どおりに，散らした寿司)は，お椀に盛った酢飯に他の材料を混ぜたもの，そして，「なれ寿司」(文字どおりに，熟成させた寿司)は保存食品である。こうした寿司の種類のそれぞれが，それが始まった地域の独特な特徴を表している。寿司関連の独自の用語があり，シャリは酢飯，ガリは生姜の漬け物，紫は醤《しょう》油《ゆ》，上がりは熱い緑茶を表している。／回転寿司：コンベアーベルトにのった寿司／一般人にとっては，値段が高いことが多く，たいていはメニューに価格が載っていないので，普通の寿司屋を訪れるのは難しかった。1950年代に大阪で登場した回転寿司店は，そうした寿司のイメージを完全にひっくり返した。回転寿司店では，寿司の皿は全てのテーブルとカウンター席を通過して回転するベルトコンベアーの上に置かれ，客は一定の流れで通過している新鮮な寿司から選ぶだけでよい。客は寿司の値段が，寿司皿の色や模様によってわかる。客は値段がわかり，比較的安価で寿司を楽しめるので，回転寿司店は近年，普通の寿司屋より人気がある。

【A】①to preserve fish で「魚を保存するために」となる。　preserve「～を保存する」　② with freshly caught fish or other seafood … over a bigger … ball of vinegared rice「とれたての魚や魚介類を，大きな酢飯のかたまりの上にのせた状態で」は‘with＋名詞＋前置詞句’「～を…の状態で」という‘付帯状況’を表す形。above は「(接触せずに)～の上にある」という意味なので不適。　③various「さまざまな」は，名詞の複数形を修飾する。　④稲荷寿司の説明部分。a pouch of fried tofu「油で揚げた豆腐の袋」とは「油揚げ」のこと。　pouch「小袋，ポーチ」　⑤‘it is ～ to …’「…することは～だ」の構文(ここでは現在完了形になっている)。because 以下の理由から判断できる。　⑥a stream of ～で「～の流れ，連続する～」といった意味を表す。a steady stream of fresh *sushi* moving by で「通過している新鮮な寿司の一定の流れ」→「一定の流れで通過している新鮮な寿司」といった意味になる。　⑦tell には「～がわかる」という意味がある。

【B】unique *sushi*-related terms「寿司関連の独自の用語」の具体例が，コロン(:)の後に‘*A* for *B*’「*B*を表す*A*」の形で列挙されている(この for は‘交換’を表す)。vinegared rice「酢飯」は一般に「シャリ」という。

4〔対話文完成―適文選択〕

≪全訳≫❶記者(R)：今日はブランドン・ネルソンさんとお話しします。彼は海の中で3日間，食べ物なしで生き延びました。ブランドンさん，何が起こったのですか？❷ブランドン(B)：ええと，1人でボートに乗っていたら，嵐になったんです。❸R：①どこに向かっていたのですか？❹B：カリフォルニアからオーストラリアまで航海していました。❺R：それは大きな旅ですね。あなたは経験があるのに違いない。②航海をするようになってどれくらいたちますか？❻B：子どものときから航海をしています。❼R：③嵐が直撃したとき，あなたは何をしていましたか？❽B：嵐に備えてボートを準備していましたが，④遅すぎました。突然，大波がボートをひっくり返したんです。ボートは粉々になり，私は水の中でした。❾R：⑤どうやって生き延びたのですか？❿B：最初は，私は生き延びるとは思いませんでした。でも，⑥ボートの破片を海の中に見つけて，それにしがみついたんです。⓫R：⑦何を食べていたんですか？⓬B：何も食べていませんよ！　⑧嵐でボートから落ちた水のボトル数本が，海の中にあるのを見つけたんです。⓭R：へえ！　３日間水しか飲まなかったんですね！　それでやっと他の船員たちがあなたを発見したのですね。⑨そのときはどんな気分でしたか？⓮B：ええ，もちろん，とても，とてもうれしかったです！⓯R：また船に乗ることはありますか？⓰B：ええ，乗りますよ。腕を痛めましたが，良くなったらすぐに，また航海に出るつもりです。⓱R：⑩何を違ったふうにやりますか？⓲B：そうですね，たぶん再び１人では行かないでしょう。⓳R：それはいい考えですね！さて，ブランドンさん，お話しいただきありがとうございました。

＜解説＞①直後で行き先を答えている。　‘from *A* to *B*’「*A*から*B*まで」　②直後で I've sailed since I was a child. と，航海をしている期間を答えている。how long have you been a sailor? は，how long have you sailed? と同様の意味である。　③直後で嵐がきたときにしていたことを答えている。　④直後でボートが転覆，大破したことを述べているので，嵐への準備はしていたが，手遅れだったとわかる。　⑤直後でブランドンが At first, I didn't think I would survive. と答えていることに着目。質問で使われたのと同じ単語を使ったと考えられる。　survive「生き延びる」　⑥「生き延びるとは思いませんでした。でも」に続く部分なので，生き延びた方法が入る。　hold onto ～「～にしがみつく」　⑦直後で，I didn't eat! と答えている。　⑧この発言を受けて記者が You drank only water for three days!「３日間水しか飲まなかったんですね！」と言っている。　⑨直後で，I was very, very happy! と，当時の気持ちを答えている。　⑩直後の返答が won't を使った未来の内容になっている。

5〔長文読解―適文・適語句選択―エッセー〕

≪全訳≫❶私は幼い頃から，外にいることと本当に深い関係を築いてきた。８歳か９歳のときからスキーをやっており，①大学のときからは山登りをやってきた。❷私は中国，パキスタン，ネパール，インド，タンザニア，チャド，マリ，南アフリカ，ボルネオ，アルゼンチンなどを探検してきた。しかし，②私が最も死に近づいたのは，生まれ故郷であるアメリカでだった。❸それは2011年４月１日のことだった。私はワイオミング州のティトン山脈で撮影とスキーをしていた。私はどちらもベテランのスノーボーダーである，友人のジェレミー・ジョーンズとグザヴィエ・ドゥ・ラ・リューと一緒だった。その日，私たちは「スライバー」と呼ばれる険しく狭いコースを滑り終え，別の山頂から降りていた。③最後にスキーで滑ったのは私だった。ジェレミーとグザヴィエは安全な場所から私を見ていた。突然，誰かが叫ぶのが聞こえた。❹④私が振り返ると，山全体が私の背後で動き始めているのが見えた。それは巨大ななだれだった。木々や車，バス，さらには家をも破壊する種類のなだれだった。数万トンの雪が，私の背後の山を一直線に下ってきた。雪が私を数百メートル前方に押し出し，そして私を覆い隠すのを感じた。⑤雪はとても重く，私は息ができなかった。そして，そのとき雪が再び私を前方に押し出し，私を雪の塊の外に出した。私は周囲を見回し，数秒の間，私は実際には怖く思わなくなった。立ち止まって，なだれの力を目《ま》の当たりにする瞬間が私にはあったのだ。飛行機1000機分の重さの雪が，⑥海のようにあなたの全周囲に落ちてくるのを想像してみてほしい。そのような力はそもそも感じることはできない。❺⑦私は谷底を見下ろした。高さ30メートルの木々が見えたが，私はあまりにも遠くにいたので，木々は私には小さく見えた。「よし，谷底までずっと行こう！」と私は思った。そして，雪が再び私をさらに450メートル山の下へと押し流した。雪の力が私を破壊してしまうだろう，力が強すぎる，と私は思った。しかしついに，なだれの勢いが衰えるのを感じ，⑧私は谷底でちょうど雪の外へと飛び出した。**6**ジェレミーとグザヴィエが私の所に来るのに約20分かかった。がれきの山が，山のふもとに300メートルの幅であった。彼らは私が死んだと確信していた。⑨私を見たとき，彼らは信じられなかった。 私は本当にラッキーだった。**7**その経験は私を変えたのだろうか。私は人生を違うふうに考えているのだろうか。ひょっとすると，私はわかっていないのかもしれない。しかし，⑩意味ある人生を生きることが大切だということは，私は本当にわかっている。人生は贈り物だから，賢く使うべきなのだ。

＜解説＞①直前の I've been skiing since I was eight or nine years old と and で並列される内容が入る。　②この部分の具体的な内容が，直後の第３段落以降で説明されている。なお，この文は‘it is ～ that …’「…するのは～だ」の強調構文である。come close to death は「死に近づく，死にかかる」という意味。　③直後の文から，友人２人は先に安全な場所まで下りていることがわかる。つまり，筆者が最後に滑ったということである。‘the last ～ to …’「…する最後の～」　④直後の It が(ク)の the whole mountain start to move behind me という内容を受けていると考えられる。　⑤前文で雪に埋もれてしまった様子が描写されている。その雪が重く息ができなかったという文脈である。‘so ～ that＋主語＋cannot …’「とても～なので―は…できない」　⑥動詞の原形 Imagine で始まる命令文。‘imagine＋目的語＋～ing’で「…が～しているのを想像する」という意味を表す。　⑦谷底を見下ろした結果，高さ30メートルの木々が見えたのである。　⑧文頭に But「しかし」があるので，その前の「雪の力が私を破壊してしまうだろうと私は思った」と対立する，助かったという内容が入る。 pop (right) out of ～「～の(まさに)外に飛び出す」　⑨(コ)の主語 they は直前の They were certain that I was dead. と同じく友人の２人を指し，内容上も関連している。　⑩最後のまとめとして，死を間近にした経験に基づく人生観を述べた部分である。

6 〔適語(句)選択〕

1．lie「横になる」は，lie－lay－lain－lying と活用する。なお，lay「～を横にする」の活用は，lay－laid－laid－laying。本問は前にある was とともに過去進行形となっている。　「彼女は気分が悪く，午後ずっとベッドで横になっていた」

2．‘had better＋動詞の原形’「～した方がよい」の否定形は，‘had better not＋動詞の原形’である。　「もう間違わない方がよい」

3．How many children「何人の子ども」が主語の疑問文。‘invite＋人＋to＋物事’「〈人〉を〈物事〉に招待する」の受け身である‘人＋be動詞＋invited to＋物事’「〈人〉が〈物事〉に招待される」の形。children は複数なので‘be動詞’は were になる。　「何人の子どもがボブの誕生会に招待されましたか」

4．just now は過去(進行)形とともに使われると，「ついさっき」という意味を表す。原則として現在完了形とは一緒に使えない。　「私はついさっき昼食を食べました」

5．forget to ～は「(これから)～することを忘れる」という意味。forget ～ing「(過去に)～したことを忘れる」との意味の違いに注意。　Don't forget to ～.「～することを忘れるな，忘れずに～しなさい」　「出かけるときは，忘れずに傘を持っていきなさい」

6．‘keep＋目的語＋分詞’「～を…(の状態)に保つ」の形。この形では‘目的語’と‘分詞’が主述関係になるので waiting が入る。　「彼が私たちを待たせ続けないことを願う」

7．like ～ very much「～がとても好きだ」の比較表現は‘like ～ as much as …’「…と同じくらい～が好きだ」と‘like ～ better than …’「…よりも～が好きだ」が一般的である。　「父は私と同じくらい野球が好きだ」

8．‘stay at＋場所’で「〈場所〉に泊まる」となる。the famous singer used to stay at the hotel「その有名な歌手がそのホテルに泊まっていた」という文を関係詞節にすると，the hotel which the famous singer used to stay at となるが，最後にある前置詞は関係代名詞の前に置くこともできる。　「ここは，その有名な歌手が泊まっていたホテルです」

9．空所部分は文の中に組み込まれた間接疑問なので，‘疑問詞＋主語＋動詞...’の語順になる。なお，have no idea of ～で「～がわからない」という意味を表すが，本問のように of の目的語が疑問詞で始まる節の場合，of は省略可能。　「私には彼の言ったことがわからない」

10．cousin は「いとこ」。aunt は「おば」。　*cf.* uncle「おじ」　nephew「おい」　niece「めい」　「おばの子どもは，いとこである」

11．this watch「この腕時計」に対して，「他のもの」を指す表現は，複数あるうちの１つなら another (one) (another は an＋other ということなので an はつかない)，残り１つしかなければ the other (one)，複数ならば(some) others を使う。each other は「お互い」。　「私はこの腕時計は好きではありません。いくつか他のものを見せてください」

12．on each side of the road で「道の両側に」。both を使う場合は on both sides of the road となる。each は単数形の名詞，both は複数形の名詞を修飾する。なお，on the other side of the road であれば「道の反対側に」となる。　「私はたくさんの花が道の両側にあるのを見た」

13．‘命令文, or ～’「…しなさい。さもないと～」の形。　*cf.* ‘命令文, and ～’「…しなさい。そうすれば～」　fail (in) ～「(試験など)に落ちる〔落第する〕」　「一生懸命勉強しなさい。さもないと次の試験に落ちますよ」

7〔誤文訂正〕

1．a girl と name の間に「少女の名前」という‘所有’の関係が成り立つ。所有格の関係代名詞は whose である。　「職場にある女子がいるのだが，私は彼女の名前をいつも忘れてしまう」

2．be surprised at ～で「～に驚く」。本問では be動詞の代わりに seem「～のように見える」が使われている。surprising は「(物事が)驚かせるような」という意味。　「彼女は昨日の朝のニュースに驚いたようだった」

3．visit は「～を訪れる」という意味の他動詞なので，to は不要。　「私は友人の１人に会うために台湾を訪れた」

4．文の述語動詞は are なので(books と you の間に目的格の関係代名詞が省略されている)，付加疑問は，aren't they? となる。　「あなたが私にくれたこれらの本は，おもしろいんですよね」

5．‘主語＋have/has been dead for＋期間’で「〈主語〉が死んでから〈時間〉がたつ」という意味になる。That novelist has been dead for five years. は，That novelist died five years ago.／It is〔has been〕five years since that novelist died.／Five years have passed since that novelist died. と書き換えられる。dead は「死んでいる」という意味の形容詞。　「あの小説家がなくなって５年になる」

6．(be) filled with ～で「～で満たされた」という意味を表すので，the room filled with smoke とすれば「煙で満ちた部屋」となる。これは‘名詞＋過去分詞＋その他の語句’の形。「煙で満たされた部屋には，ほとんど人が残っていなかった」

7．感嘆文には‘How＋形容詞＋主語＋動詞...!’または‘What (a/an)＋形容詞＋名詞＋主語＋動詞…!' という2つの形がある。本問はa nice pictureとあるので，HowをWhatに直す。「昨夜，ケイコが私に『なんてすてきな写真を持ってるの！』と言った」

8．主語はThose questionsなので，述語動詞はwereが正しい(questionsとTakeshiの間に目的格の関係代名詞が省略されている)。なお，この文は'*A* is difficult〔hard〕to ～'「*A*を～するのは難しい」と'too ～ to …'「…するには～すぎる，～すぎて…できない」が組み合わさった形になっている。　「昨日の会議でタケシが尋ねた質問は，難しすぎて答えられなかった」

8〔整序結合〕

1．主語の後にはtry to ～「～しようとする」を過去形で用いる。その後はjump high「高くジャンプする」と，'as ～ as＋主語＋can/could'「できるだけ～」を組み合わせる。　Ryoichi tried to jump as high as he could in that race.「リョウイチはそのレースでできるだけ高くジャンプしようとした」

2．knowの目的語を'名詞＋現在分詞＋その他の語句'の形にまとめる。'その他の語句'の部分を'付帯状況'を表す'with＋目的語＋前置詞句'「～が…の状態で」の形でwith a racket in her handとまとめる。　Do you know the girl running with a racket in her hand?「ラケットを手に持って走っている女の子を知っていますか」

3．疑問詞How longで文を始め，残りは一般動詞の疑問文を続ける。'It takes＋時間＋from *A* to *B*'「*A*から*B*に行くのに〈時間〉がかかる」の'時間'の部分が疑問詞how long「どれくらい長く」となって前に出た形。　How long does it take from your house to the bus stop?「あなたの家からバス停までどのくらいかかりますか」

4．語群より，attention was paid to his bookという受け身の形ができる(pay attention to ～「～に注意を払う」のattentionを主語にした受け身形)。littleは「ほとんど～ない」の意味の形容詞として使ってlittle attentionとする。他にhe became famousとまとまり，最後に残ったuntilは文の意味からheの前に置く。　'until＋主語＋動詞…'「～が…するまで(ずっと)」　Little attention was paid to his book until he became famous.「彼が有名になるまで，彼の本にはほとんど注目が払われなかった」

5．'If＋主語＋動詞の過去形～，主語＋助動詞の過去形＋動詞の原形…'という形で「もし～なら…だろう」という'現在または未来についての可能性の低い想像'を表せる(仮定法過去)。本問はif節が後半にきている。　He could win the game if he practiced harder.「彼はもっと練習すれば，試合に勝てるかもしれないのに」

6．主語Weの後は'have/has＋過去分詞'の現在完了('継続'用法)で，We have had little rainとまとめる。残りはforを使って'期間'を表す語句にまとめる。　We have had little rain for more than four months.「4か月以上雨がほとんど降っていない」

7．The old man「その老人」を主語，hadを動詞，その目的語をno friendsとする。残りはto talk withとまとめ，friendsの後ろに置くと「一緒に話す(べき)友達」という意味になる(to不定詞の形容詞的用法)。　The old man had no friends to talk with.「その老人は一緒に話す友達がいなかった」

8．主語のThe pictureに，whichを主格の関係代名詞として用いて，which is on the wallと説明を加える。動詞部分は，'give＋物＋to＋人'「〈物〉を〈人〉に与える」を，受け身の'物＋be動詞＋given to＋人'の形で表す(give－gave－given)。最後に'by＋名詞'の形を置く。　The picture which is on the wall was given to me by my mother.「壁に掛かっている絵は，母が私にくれた」

2024年度／青稜高等学校

数学解答

1 (1) ア…4　イ…8
(2) ウ…5　エ…3　オ…4
(3) カ…5　キ…4　ク…3　ケ…2
(4) コ…3　サ…2

2 (1) ア…3　イ…4　ウ…6
(2) エ…6　オ…6　カ…3　キ…2
(3) ク…2　ケ…3　コ…3　サ…2
(4) シ…4　ス…3

3 (1) ア…1　イ…1　ウ…1　エ…8
(2) オ…0　カ…4　キ…8　(3) ⑥
(4) ケ…1　コ…2　サ…9　シ…3
(5) ス…2　セ…2

4 (1) ア…6　イ…3　ウ…1　エ…9
オ…4
(2) カ…1　キ…5　ク…3　ケ…4

5 (1) ア…2　イ…2　ウ…3
(2) エ…1　オ…5

6 (1) ア…4　イ…3　ウ…1　エ…8
(2) オ…6　カ…0
(3) キ…8　ク…0　ケ…5

1 〔独立小問集合題〕

(1)＜数の計算＞与式$=-9\times(-8)-\dfrac{1}{9}\times\dfrac{216}{1}=72-24=48$

(2)＜式の計算＞与式$=\dfrac{2(5a-3b)+3(3a-b)-4a}{12}=\dfrac{10a-6b+9a-3b-4a}{12}=\dfrac{15a-9b}{12}=\dfrac{5a-3b}{4}$

(3)＜式の計算＞与式$=9^4x^4y^8\div\dfrac{27x^3y^6}{8}\times\dfrac{x^2}{36}=\dfrac{9^4x^4y^8\times8\times x^2}{27x^3y^6\times36}=54x^3y^2$

(4)＜数の計算＞与式$=\dfrac{\sqrt{2}(\sqrt{3}-1)(\sqrt{3}+1)+2\sqrt{6}}{\sqrt{3}}+\dfrac{\sqrt{2}\times\sqrt{2}(\sqrt{3}-2)}{\sqrt{2}\times\sqrt{3}}=\dfrac{\sqrt{2}(3-1)+2\sqrt{6}}{\sqrt{3}}+$
$\dfrac{\sqrt{2}(\sqrt{3}-2)}{\sqrt{3}}=\dfrac{2\sqrt{2}+2\sqrt{6}+\sqrt{6}-2\sqrt{2}}{\sqrt{3}}=\dfrac{3\sqrt{6}}{\sqrt{3}}=3\sqrt{2}$

2 〔独立小問集合題〕

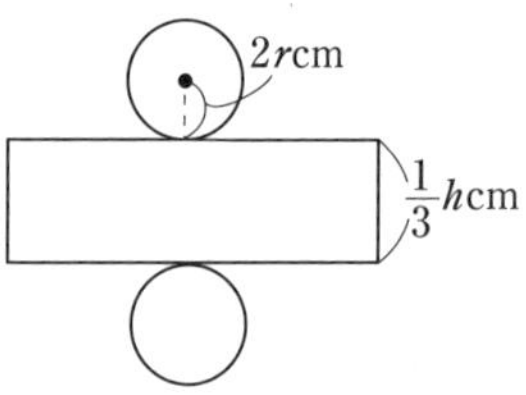

(1)＜文字式の利用―等式＞底面の半径が$2r$cm，高さが$\dfrac{1}{3}h$cmの円柱を展開すると，右図のようになる。側面は長方形となり，横の長さは底面の円の周の長さと等しいから，$2\pi\times2r=4\pi r$である。よって，表面積は，$\dfrac{1}{3}h\times4\pi r+\pi\times(2r)^2\times2=\dfrac{4}{3}\pi hr+8\pi r^2$となるから，$\dfrac{4}{3}\pi hr+8\pi r^2=S$である。これを$h$について解くと，$\dfrac{4}{3}\pi hr=S-8\pi r^2$，$h=S\times\dfrac{3}{4\pi r}-8\pi r^2\times\dfrac{3}{4\pi r}$，$h=\dfrac{3S}{4\pi r}-6r$となる。

(2)＜式の計算―因数分解＞与式$=\{(x^2-6)-4x\}\{(x^2-6)-x\}-10x^2$として，$x^2-6=A$とおくと，与式$=(A-4x)(A-x)-10x^2=A^2-5xA+4x^2-10x^2=A^2-5xA-6x^2=(A-6x)(A+x)$となる。$A$をもとに戻して，与式$=(x^2-6-6x)(x^2-6+x)=(x^2-6x-6)(x^2+x-6)=(x^2-6x-6)(x+3)(x-2)$である。

(3)＜連立方程式＞$\sqrt{2}x+\sqrt{3}y=-\sqrt{6}$……①，$\sqrt{2}:\sqrt{3}=(x+2\sqrt{3}):(y+9\sqrt{2})$……②とする。②より，$\sqrt{3}(x+2\sqrt{3})=\sqrt{2}(y+9\sqrt{2})$，$\sqrt{3}x+2\times3=\sqrt{2}y+9\times2$，$\sqrt{3}x+6=\sqrt{2}y+18$，$\sqrt{3}x-\sqrt{2}y=12$……②′
①$\times\sqrt{2}$より，$2x+\sqrt{6}y=-2\sqrt{3}$……①′　①′＋②′$\times\sqrt{3}$より，$2x+3x=-2\sqrt{3}+12\sqrt{3}$，$5x=10\sqrt{3}$
$\therefore x=2\sqrt{3}$　これを①に代入して，$2\sqrt{6}+\sqrt{3}y=-\sqrt{6}$，$\sqrt{3}y=-3\sqrt{6}$　$\therefore y=-3\sqrt{2}$

(4)＜二次方程式―解の利用＞二次方程式$x^2=\dfrac{ax+b}{2}$を解くと，$2x^2=ax+b$，$2x^2-ax-b=0$，解の公

式を用いて，$x=\frac{-(-a)\pm\sqrt{(-a)^2-4\times2\times(-b)}}{2\times2}=\frac{a\pm\sqrt{a^2+8b}}{4}$となる。この解が，$x=\frac{2\pm\sqrt{10}}{2}$となるとき，$\frac{a\pm\sqrt{a^2+8b}}{4}=\frac{2\pm\sqrt{10}}{2}$が成り立つ。これより，$a\pm\sqrt{a^2+8b}=4\pm2\sqrt{10}$，$a\pm\sqrt{a^2+8b}=4\pm\sqrt{40}$となるので，左辺と右辺を比較して，$a=4$……①，$a^2+8b=40$……②が成り立つ。①を②に代入して，$4^2+8b=40$，$8b=24$，$b=3$となる。

3〔独立小問集合題〕

(1)**＜確率―さいころ＞**大小2つのさいころの目の出方は，全部で$6\times6=36$(通り)ある。このうち，出る目の色が同じになるのは，大小どちらも1，2，3の目が出る$3\times3=9$(通り)，4，5の目が出る$2\times2=4$(通り)，6の目が出る$1\times1=1$(通り)の，$9+4+1=14$(通り)ある。よって，出る目の色が異なるのは，$36-14=22$(通り)だから，求める確率は$\frac{22}{36}=\frac{11}{18}$である。

(2)**＜関数―xyの値の範囲＞**$4x-3y=0$より，$-3y=-4x$，$y=\frac{4}{3}x$となる。これをxyに代入すると，$xy=x\times\frac{4}{3}x=\frac{4}{3}x^2$となる。よって，$-3\leqq x\leqq6$のとき，$\frac{4}{3}x^2$は，$x$の絶対値が最小の$x=0$で最小となるから，最小値は，$\frac{4}{3}\times0^2=0$であり，$x$の絶対値が最大の$x=6$で最大となるから，最大値は，$\frac{4}{3}\times6^2=48$である。したがって，積$xy$の値の範囲は，$0\leqq xy\leqq48$である。

(3)**＜関数―反比例の式＞**A…正。関数$y=-\frac{12}{x}$のグラフは双曲線であり，原点を対称の中心とした点対称のグラフである。　B…誤。$x=-4$のとき，$y=-\frac{12}{-4}=3$であり，点$(-4,\ 3)$を通る。
C…正。関数$y=-\frac{12}{x}$は比例定数が-12で負なので，$x<0$のとき，xが増加するとyも増加する。
D…誤。双曲線は，変化の割合は一定ではない。以上より，正しい発言をした人はAとCである。

(4)**＜平面図形―面積＞**右図1のように，線分ADと$\overset{\frown}{BC}$の交点をそれぞれE，Fとし，点Oから線分ADに垂線OGを引く。$OE=OF=OB=\frac{1}{2}BC=\frac{1}{2}\times12=6$であり，$OG=AB=3$である。これより，△GOEは，$OE:OG=6:3=2:1$，$\angle OGE=90^\circ$だから，3辺の比が$1:2:\sqrt{3}$の直角三角形で，$\angle GOE=60^\circ$である。同様に$\angle GOF=60^\circ$だから，$\angle EOF=60^\circ+60^\circ=120^\circ$となる。また，$EG=FG=\sqrt{3}OG=\sqrt{3}\times3=3\sqrt{3}$より，$EF=2EG=2\times3\sqrt{3}=6\sqrt{3}$となる。よって，斜線部分の面積は，〔おうぎ形OEF〕$-$△$OEF=\pi\times6^2\times\frac{120^\circ}{360^\circ}-\frac{1}{2}\times6\sqrt{3}\times3=12\pi-9\sqrt{3}$(cm²)となる。

図1
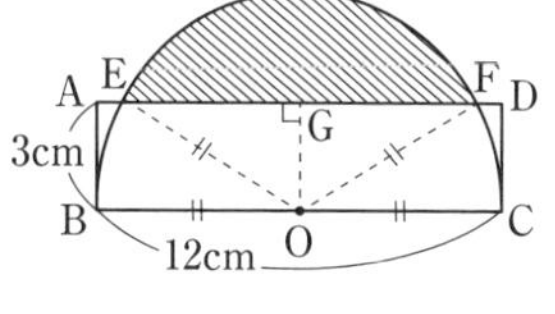

(5)**＜平面図形―長さ＞**右図2のように，2点A，Bから辺BC，ACにそれぞれ垂線AF，BGを引く。△ACFは，$\angle ACF=60^\circ$，$\angle AFC=90^\circ$より，3辺の比が$1:2:\sqrt{3}$の直角三角形だから，$FC=\frac{1}{2}AC=\frac{1}{2}\times4\sqrt{2}=2\sqrt{2}$，$AF=\sqrt{3}FC=\sqrt{3}\times2\sqrt{2}=2\sqrt{6}$である。また，△ABFは，$\angle ABF=45^\circ$，$\angle AFB=90^\circ$の直角二等辺三角形だから，3辺の比が$1:1:\sqrt{2}$であり，$BF=AF=2\sqrt{6}$，$AB=\sqrt{2}AF=\sqrt{2}\times2\sqrt{6}=2\sqrt{12}=4\sqrt{3}$であり，$AD=AB-BD=4\sqrt{3}-4$である。△ADEと△ABGにおいて，∠Aは共通，$\angle AED=\angle AGB=90^\circ$であり，2組の

図2
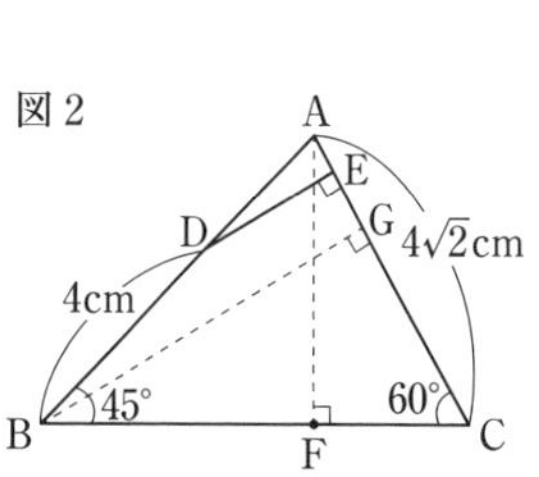

角がそれぞれ等しいから，△ADE∽△ABG となる。よって，AD：AB＝DE：BG が成り立つ。△BCG は，∠BCG＝60°，∠BGC＝90° より，3 辺の比が 1：2：$\sqrt{3}$ の直角三角形だから，BG＝$\frac{\sqrt{3}}{2}$BC で，BC＝BF＋FC＝$2\sqrt{6}+2\sqrt{2}$ より，BG＝$\frac{\sqrt{3}}{2}\times(2\sqrt{6}+2\sqrt{2})=3\sqrt{2}+\sqrt{6}$ である。したがって，$(4\sqrt{3}-4):4\sqrt{3}$＝DE：$(3\sqrt{2}+\sqrt{6})$ が成り立ち，これを解くと，$4\sqrt{3}$DE＝$(4\sqrt{3}-4)\times(3\sqrt{2}+\sqrt{6})$，$4\sqrt{3}$DE＝$4(\sqrt{3}-1)\times\sqrt{2}(3+\sqrt{3})$，$\sqrt{3}$DE＝$(\sqrt{3}-1)\times\sqrt{2}\times\sqrt{3}(\sqrt{3}+1)$，DE＝$\sqrt{2}(3-1)$＝$2\sqrt{2}$(cm) である。

4 〔**平面図形―円**〕

≪基本方針の決定≫(1)　△EBC が正三角形であることに気づきたい。

(1)<**長さ**>右図で，△EAD と△EBC において，AD∥BC より，同位角は等しく，∠EAD＝∠EBC，∠EDA＝∠ECB だから，△EAD∽△EBC である。これより，AE：BE＝AD：BC となり，AE＝x(cm) とおくと，BE＝AE＋AB＝$x+4$ と表せるので，$x:(x+4)=6:10$ より，$x\times10=(x+4)\times6$，$10x=6x+24$，$4x=24$，$x=6$ となる。よって，AE の長さは 6 cm である。次に，BE＝6＋4＝10 より，△EBC は BE＝BC の二等辺三角形であり，∠BEC＝∠ECB である。また，$\overset{\frown}{AD}$ の円周角より，∠ABD＝∠ACD であり，$\overset{\frown}{CD}$ の円周角より，∠DAC＝∠DBC，AD∥BC より，錯角は等しく，∠DAC＝∠ACB で，∠DBC＝∠ACB となるから，∠EBC＝∠ABD＋∠DBC，∠ECB＝∠ACD＋∠ACB より，∠EBC＝∠ECB である。よって，∠EBC＝∠ECB＝∠BEC となるので，△EBC は正三角形である。図のように，点 C から線分 BE に垂線 CH を引くと，点 H は線分 BE の中点になり，EH＝BH＝$\frac{1}{2}$BE＝$\frac{1}{2}\times10=5$ である。また，△CHE は，∠CHE＝90°，∠CEH＝60° より，3 辺の比が 1：2：$\sqrt{3}$ の直角三角形なので，CH＝$\sqrt{3}$EH＝$\sqrt{3}\times5=5\sqrt{3}$ である。△CHA は，∠CHA＝90° の直角三角形であり，HA＝AE－EH＝6－5＝1 より，三平方の定理を用いて，AC＝$\sqrt{\mathrm{CH}^2+\mathrm{HA}^2}=\sqrt{(5\sqrt{3})^2+1^2}=\sqrt{76}=2\sqrt{19}$ となる。さらに，△AFD と△CFB において，∠AFD＝∠CFB，∠FAD＝∠FCB より，△AFD∽△CFB であり，AF：CF＝AD：CB＝6：10＝3：5 である。したがって，AF＝$\frac{3}{3+5}$AC＝$\frac{3}{8}\times2\sqrt{19}=\frac{3\sqrt{19}}{4}$(cm) である。

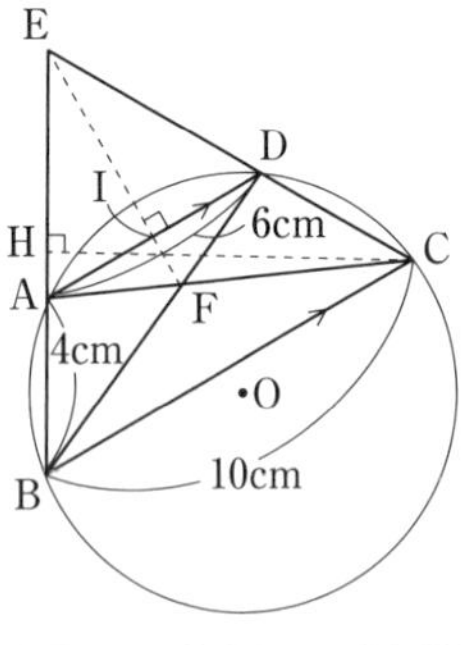

(2)<**長さ**>右上図で，線分 AD，EF の交点を I とする。(1)より，△EAD∽△EBC であるから，△EAD は正三角形である。また，$\overset{\frown}{CD}$ の円周角より，∠DAC＝∠DBC，AD∥BC より，∠DBC＝∠ADB だから，△AFD は，∠DAF＝∠ADF より，FA＝FD の二等辺三角形である。よって，△EAF と△EDF において，EA＝ED，FA＝FD，EF が共通だから，△EAF≡△EDF である。これより，四角形 EAFD は EF を対称の軸とする線対称な図形なので，AD⊥EF である。△EAI は，∠EAI＝60°，∠EIA＝90° より，3 辺の比が 1：2：$\sqrt{3}$ の直角三角形だから，EI＝$\frac{\sqrt{3}}{2}$AE＝$\frac{\sqrt{3}}{2}\times6=3\sqrt{3}$，AI＝$\frac{1}{2}$AE＝$\frac{1}{2}\times6=3$ である。さらに，△AFI は，∠AIF＝90° の直角三角形だから，三平方の定理を用いて，IF＝$\sqrt{\mathrm{AF}^2-\mathrm{AI}^2}=\sqrt{\left(\frac{3\sqrt{19}}{4}\right)^2-3^2}=\sqrt{\frac{27}{16}}=\frac{3\sqrt{3}}{4}$ となる。したがって，EF＝EI＋IF＝$3\sqrt{3}+\frac{3\sqrt{3}}{4}=\frac{15\sqrt{3}}{4}$(cm) である。

5 〔**空間図形―直方体**〕

(1)<**面積**>次ページの図で，△AED は，∠EAD＝90° の直角三角形より，三平方の定理を用いて，DE

$=\sqrt{\mathrm{AD}^2+\mathrm{AE}^2}=\sqrt{(2\sqrt{3})^2+2^2}=\sqrt{16}=4$ である。同様に，△ADBで，$\mathrm{BD}=\sqrt{\mathrm{AD}^2+\mathrm{AB}^2}=\sqrt{(2\sqrt{3})^2+(2\sqrt{5})^2}=\sqrt{32}=4\sqrt{2}$，△ABEで，$\mathrm{BE}=\sqrt{\mathrm{AB}^2+\mathrm{AE}^2}=\sqrt{(2\sqrt{5})^2+2^2}=\sqrt{24}=2\sqrt{6}$ である。これより，$\mathrm{DP}=x$(cm)とおくと，$\mathrm{EP}=\mathrm{DE}-\mathrm{DP}=4-x$ と表せる。よって，△BDPは∠BPD＝90°の直角三角形より，三平方の定理を用いて，$\mathrm{BP}^2=\mathrm{BD}^2-\mathrm{DP}^2=(4\sqrt{2})^2-x^2=32-x^2$ となり，同様に，△BEPで，$\mathrm{BP}^2=\mathrm{BE}^2-\mathrm{EP}^2=(2\sqrt{6})^2-(4-x)^2=24-(16-8x+x^2)=8+8x-x^2$ となるから，BP^2 について，$8+8x-x^2=32-x^2$ が成り立つ。これを解くと，$8x=24$，$x=3$ となるので，DP＝3となる。したがって，$\mathrm{BP}^2=32-3^2=23$ より，$\mathrm{BP}=\sqrt{23}$ であるから，△BDEの面積は，$\frac{1}{2}\times\mathrm{DE}\times\mathrm{BP}=\frac{1}{2}\times4\times\sqrt{23}=2\sqrt{23}$ (cm²)である。

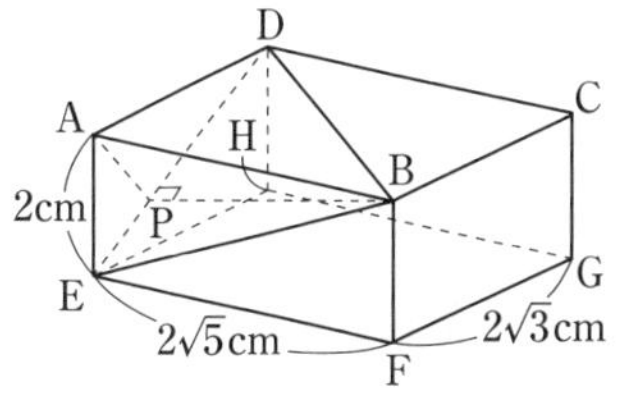

(2)＜**体積**＞右上図で，まず，三角錐ABDEについて，面ADEと辺ABは垂直に交わるから，△ADEを底面とすると，高さはABとなり，その体積は，$\frac{1}{3}\times\frac{1}{2}\times\mathrm{AD}\times\mathrm{AE}\times\mathrm{AB}=\frac{1}{3}\times\frac{1}{2}\times2\sqrt{3}\times2\times2\sqrt{5}=\frac{4\sqrt{15}}{3}$ である。次に，三角錐ABDEと三角錐ABDPについて，それぞれの底面を△BDE，△BDPとすると，高さは等しいから，2つの三角錐の体積比は，底面積の比と等しい。△BDEと△BDPは，それぞれの底辺をDE，DPとすると，高さは等しいので，2つの三角形の面積比は，底辺の長さの比と等しくなる。よって，DE：DP＝4：3より，三角錐ABDEの体積と三角錐ABDPの体積の比も4：3となるので，三角錐ABDPの体積は，$\frac{3}{4}\times$〔三角錐ABDE〕$=\frac{3}{4}\times\frac{4\sqrt{15}}{3}=\sqrt{15}$ (cm³)である。

6 〔関数―関数 $y=ax^2$ と一次関数のグラフ〕

≪基本方針の決定≫(1)　AB∥DC，AB＝DCである。　(2)　平行四辺形の対角線は面積を2等分することを利用する。　(3)　円錐の高さをすべて求めなくても体積を求められることに気づきたい。

(1)＜**切片，座標**＞右図より，点Aは関数 $y=2x^2$ のグラフ上にあり，x 座標は−1だから，$y=2\times(-1)^2=2$ より，A(−1，2)である。また，点Aは直線 $y=2x+m$ 上にあるから，$x=-1$，$y=2$ を代入して，$2=2\times(-1)+m$，$m=4$ である。次に，点Bは，関数 $y=2x^2$ のグラフと直線 $y=2x+4$ の交点だから，2式より y を消去して，$2x^2=2x+4$，$x^2-x-2=0$，$(x+1)(x-2)=0$，$x=-1$，2となり，点Bの x 座標は2だから，$y=2\times2^2=8$ より，B(2，8)である。四角形ABCDは平行四辺形より，AB∥DC，AB＝DCだから，2点A，Bの x 座標の差と，2点D，Cの x 座標の差は等しくなる。2点A，Bの x 座標の差は $2-(-1)=3$ であり，点Cは y 軸上の点で x 座標は0なので，点Dの x 座標は，$0-3=-3$ となる。点Dは関数 $y=2x^2$ のグラフ上にあるから，$y=2\times(-3)^2=18$ となり，D(−3，18)である。

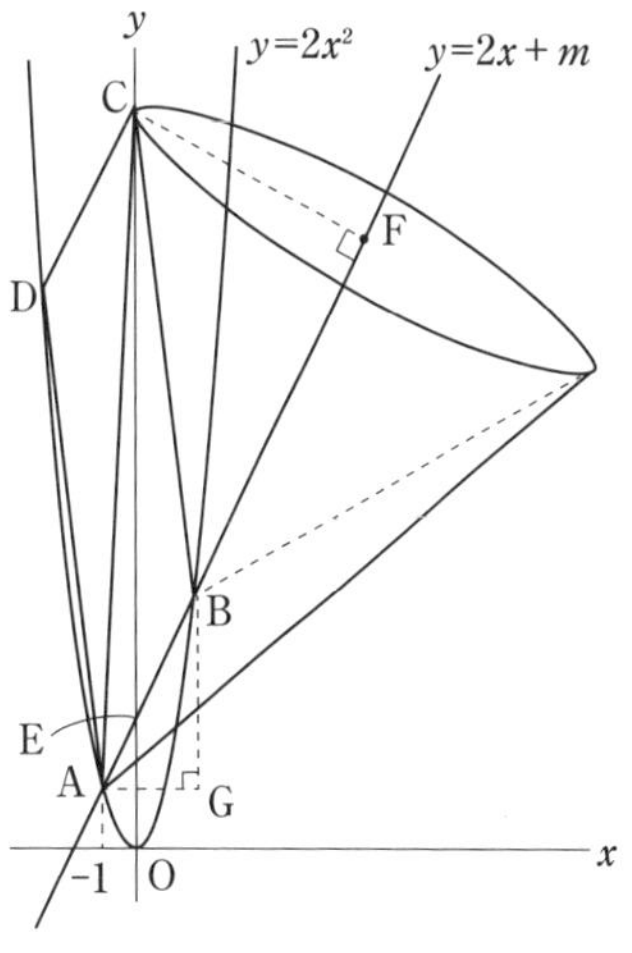

(2)＜**面積**＞右上図のように，2点A，Cを結ぶと，平行四辺形ABCDは，対角線ACによって2等分されるから，▱ABCD＝2△ABCである。(1)と同様に考えて，2点A，Bの y 座標の差は $8-2=6$ となり，2点D，Cの y 座標の差も6になるから，点Dの y 座標は18より，点Cの y 座標は $18+6=24$ となる。直線ABと y 軸の交点をEとすると，△ABCは y 軸によって△AECと△BECに分

けられ，底辺をECとすると，点A，Bのx座標より，高さはそれぞれ1，2である。また，直線ABの切片より，点Eのy座標は4だから，$\mathrm{EC}=24-4=20$となる。よって，$\triangle\mathrm{ABC}=\triangle\mathrm{AEC}+\triangle\mathrm{BEC}=\frac{1}{2}\times20\times1+\frac{1}{2}\times20\times2=30$となるから，$\square\mathrm{ABCD}=2\times30=60$である。

(3)＜**体積**＞前ページの図のように，点Cから直線ABに垂線CFを引くと，△ABCを直線ABの周りに1回転させてできる立体は，△AFCを直線ABの周りに1回転させてできる立体から，△CBFを直線ABの周りに1回転させてできる立体を除いたものとなる。図のように，線分ABを斜辺とし，他の2辺が軸と平行となるように直角三角形AGBをつくると，$\mathrm{AB}=\sqrt{\mathrm{AG}^2+\mathrm{GB}^2}=\sqrt{3^2+6^2}=\sqrt{45}=3\sqrt{5}$となる。ここで，△ABCの底辺をABと見ると，高さはCFで，(2)より$\triangle\mathrm{ABC}=30$だから，$\frac{1}{2}\times\mathrm{AB}\times\mathrm{CF}=30$となる。これより，$\frac{1}{2}\times3\sqrt{5}\times\mathrm{CF}=30$となるから，$\mathrm{CF}=4\sqrt{5}$である。よって，求める体積は，$\frac{1}{3}\times\pi\times\mathrm{CF}^2\times\mathrm{AF}-\frac{1}{3}\times\pi\times\mathrm{CF}^2\times\mathrm{BF}=\frac{1}{3}\pi\times\mathrm{CF}^2\times(\mathrm{AF}-\mathrm{BF})=\frac{1}{3}\pi\times\mathrm{CF}^2\times\mathrm{AB}=\frac{1}{3}\pi\times(4\sqrt{5})^2\times3\sqrt{5}=80\sqrt{5}\,\pi$である。

2024年度／青稜高等学校

国語解答

一 問1 a…エ　b…ア　c…イ　d…ア
e…ウ　f…イ　g…エ　h…エ
i…ウ　j…ウ
問2 ⑴…ウ　⑵…イ　問3 ア，ウ
問4 エ　問5 イ　問6 ア
問7 イ　問8 エ　問9 ウ
問10 ア，オ　問11 イ

二 問1 ㋐…③　㋑…②　㋒…①
問2 a…①　b…⑤　c…④
問3 ⑴…エ　⑵…ウ　問4 イ
問5 ア　問6 イ　問7 エ
問8 イ　問9 ウ　問10 エ
問11 ア
問12 ⑴ Ⅰ…カ　Ⅱ…ウ　Ⅲ…エ
Ⅳ…ア
⑵ a…オ　b…エ　c…カ
d…コ

三 問1 オ　問2 エ　問3 ウ
問4 ア　問5 ウ　問6 イ
問7 ウ　問8 イ　問9 エ
問10 ウ　問11 A…ア　B…エ

一〔**論説文の読解─政治・経済学的分野─経済**〕出典：近内悠太『世界は贈与でできている　資本主義の「すきま」を埋める倫理学』。

≪**本文の概要**≫【A】贈与が行われるときには，品物が人から人へ渡るだけでなく，互いへの好意や善意のやりとりも発生している。だから，贈り物には，商品価値や市場価値といった経済学的な観点では計ることのできない価値が付帯している。人間は，贈与を通じて，他者とのかけがえのない関係性を構築することができるのである。

【B】割に合うかどうかで物事を判断してやりとりする交換の論理に基づくと，相手を手段として扱うことになる。そのため，交換の論理を志向する人は，信頼よりも相手の利用価値を重視し，打算的な人間関係を築いてしまい，贈与の考えがないので，他人との信頼関係が存在せず，利害の不一致などが起きると簡単に孤立してしまう。現代の社会は，資本主義のシステムが支配的であり，人々は，あらゆるものが金銭によって交換できる商品だと信じ込んでいる。しかし，資本主義のシステムによって得られた自由には，生きるために商品を買い続けなければならないという側面がある。

問1＜漢字＞a．「後悔」と書く。アは「介護」，イは「遺戒」，ウは「怪訝」。　b．「褒美」と書く。イは「豊満」，ウは「芳醇」，エは「飽和」。　c．「効用」と書く。アは「公」，ウは「遠郊農業」，エは「抗体」。　d．「宣言」と書く。イは「変遷」，ウは「詮索」，エは「貴賤」。　e．「応酬」と書く。アは「旺盛」，イは「押収」，エは「欧州」。　f．「無邪気」と書く。アは「大蛇」，ウは「神社」，エは「惹起」。　g．「義理」と書く。アは「便宜」，イは「遊戯」，ウは「虚偽」。　h．「縁」と書く。アは「援護」，イは「深淵」，ウは「沿革」。　i．「孤立」と書く。アは「呼称」，イは「誇張」，エは「弧」。　j．「徹底」と書く。アは「轍」，イは「先哲」，エは「撤廃」。

問2＜文章内容＞⑴腕時計がどこかの店で購入されただけの「モノ」であれば，それは金銭を払えば交換できる「商品」でしかない。　⑵贈り物として手渡されたものは，商品価値や市場価値からはみ出す「余剰」を帯びる(エ…○)。そして，その「余剰」が，単なる商品に「唯一無二性」や「固有名」を与えるのである(ア・ウ…○)。

問3＜要旨＞贈与において重要なのは，商品が贈り物として特別な存在になるための価値が自分では買えないことである(ア…○)。また，贈り物の授受を通じ，私たちは，他者との人間関係を築くことができる(ウ…○)。自分に対して贈り物をすることは，商品を自分のために購入するのと変わりがない。

問４＜文章内容＞私たちには，贈与されたものには「市場価値には回収できない何らかの余剰」があると感じられる。だから，「プレゼントの正解は現金」という考えには，賛同しかねる。

問５＜文章内容＞贈与の受け取りの拒否は，相手と特別なつながりを持つことを拒否することである(…前)。贈与の後には返礼が続き，相互に品を贈り合うようになっていくのであり，相手が贈与を受け取ってくれるということは，相手が自分とのつながりを受け入れたということである(…後)。

問６＜文章内容＞贈り物には，受取人に喜んでほしいという差出人からの思いが込められており，金銭的な価値で計れない価値が発生している。その贈り物を通じて互いの好意や信頼をやりとりし，他者との人間関係を育んでいく行為が，贈与である。

問７＜文章内容＞生きるために必要なあらゆるものを金銭で手に入れることにより，他者と関係する煩わしさから逃れた状態が，数十年の間「自由」と呼ばれてきたものである。

問８＜文章内容＞資本主義は，あらゆるものが「商品」や「サービス」として売買されるべきだという思想である。つまり，金銭で交換できないものは存在しないと信じ込み，もし交換できないものがあるとするならば，それは交換できないと思っている人が間違っていると主張する立場の人によって，資本主義は成り立っている。

問９＜文章内容＞資本主義においては，対価となる金銭さえ所有していれば，さまざまなものを「商品」や「サービス」として購入することができる。それは，確かに人々に好きなように選択できるという「自由」を感じさせやすいが，その「自由」は，金銭を持たない場合は何も手に入れることができないという恐ろしさと表裏一体である。

問10＜文章内容＞贈与は，特に受取人からの見返りを求めることなく(オ…×)，他者に贈り物をする行為である(ア…×，イ…○)。さらに返礼の贈り合いという贈与を通じ，人は，互いの信頼関係を深めていくことができるのである(ウ・エ…○)。

問11＜要旨＞【A】では，贈り物を通じて人間関係が構築されるという，経済的な価値では計算できない贈与の意義が説明されている。【B】では，相手を手段として扱ってしまう交換の論理では，贈与によってもたらされる人間どうしの信頼関係を得ることができないと警鐘を鳴らしている。

二〔小説の読解〕出典：上林暁『花の精』。

問１＜語句＞(ア)「物色」は，多くの中から目的に合った物などを探すこと。　(イ)「徐ろに」は，動作が静かで，ゆっくりしている様子。　(ウ)「よそながら」は，遠く離れていながら，という意味。

問２＜慣用句＞a.「頭にある」は，ある物事を記憶している，という意味。　b.「腰を上げる」は，行動するための態勢をとる，という意味。　c.「肚〔腹〕を決める」は，決心をする，という意味。

問３＜文章内容＞(1)月見草は，根や茎が干からびかけたり，つぼみが開けない状態になったりしても，「私」が少し手助けをするだけですぐに回復し，黄色い花を咲かせた。「私」には，月見草の控えめでありながらも懸命な生命力を見せる様子が，とても愛らしく感じられたのである。　(2)「私」は，妻と離ればなれになっていることの寂しさや不安を抱きながら，生活していた。そうした中で，苦境にあっても懸命に花を咲かせる月見草のいじらしさを目にすると，「私」は自らの心が癒やされ，慰められるように感じた。

問４＜心情＞線路のふちに生えていた月見草は，家の庭にあったものよりもやせているように見えた。しかし，家に持ち帰るには不自由しないほど多くの月見草があるのは確かであったため，「私」は，再び庭に植えて月見草の花に心を癒やすことができると安心した。

問5＜文章内容＞「私」は，病の妻のことが気がかりで，寂しさや不安を抱えながら生活をしていた。しかし多摩川を訪れると，「私」は，景色の鮮やかな緑にすがすがしさを覚え，故郷の山を思い出すほどに懐かしい気持ちを抱いた。

問6＜表現＞「窩を持った骸骨」のように見える「サナトリウム」は，死を連想させるものである。そのサナトリウムを見て，灯がつき始めると妻のことが思い出されたことから，「私」の意識下では，病の妻と死が結びつけられているといえる。

問7＜心情＞サナトリウムの灯がついていくのに伴って，「私」には妻のことが思い出され，妻が今頃どうしているかを想像して寂しさを抱いた。そして灯が明るくともって部屋の中の様子も見えるようになると，「私」は，また妻のことを思い，妻に穏やかに生きていてほしいと心から願っている。「私」の妻に対する温かい気持ちが描かれている。

問8＜表現＞暗いサナトリウムの灯が徐々についていく様子は，夕闇の中で黄色い花を咲かせていく月見草の姿と重なる。そして，暗い中でも花を咲かせる月見草は，病身であっても命をつないでいく妻の生命を感じさせる存在であり，「私」の心のささやかな救いになっている。

問9＜文章内容＞辺り一面の月見草の群れを目にすると，「私」は，妻に関して抱いていた寂しさや不安をひととき忘れ，果てしなく花が咲き続いているかのような光景に驚きを覚えた。そして，月見草が次々にヘッドライトに照らされ，また夕闇に消えていくという「花の天国」のような光景に，「私」は感動し，精神的に癒やされていったのである。

問10＜文章内容＞省線電車の中は明るく，夕闇の中で月見草が咲いていた幻想的な光景から，「私」は，一気に現実に引き戻されたような感覚になった(イ・ウ…○)。また，手に持っていた月見草の束が不自然に目立ってしまい，周囲の人からの視線を感じたため，「私」は，気恥ずかしさを覚えた(ア…○，エ…×)。

問11＜表現＞省線電車の中では月見草も目立っていたはずなのに，大きな体をした「男女ノ川」たちが電車に入ってくると，途端にその存在感を失ったように思われた。しかし，庭に植えられた月見草が強い生命力を見せ，黄色い花を見事に咲かせて「女の子」を喜ばせたことで，「私」は，ようやく月見草が我が家に戻ってきたことに心が満たされ，精神的な充足を感じたのである。

問12＜文章内容＞(1)Ⅰ.「私」は，寂しさや不安を心の奥底で抱えながら生活しており，重苦しい気分を変えたくなって，「どっか山の見えるところに行きたい」と発言した。　Ⅱ.「私」は，川の向こうの山を眺めて懐かしい気分になり，「山を見るのも何年ぶりであろう」としみじみ感じた。　Ⅲ.「私」は，多磨墓地前で「石塔を刻む槌の音」をとらえており，死を連想させるものに反応している。「私」は，意識の奥で妻を失うことへの恐れを抱いているのである。　Ⅳ. 死を連想させる暗い「サナトリウム」に灯がつくことによって，「私」は，「建物が生きて来た」という明るい印象も抱き始め，妻が今頃どうしているのかを思い浮かべた。　(2)a.「私」は，意識の奥底では妻の死を恐れていた。　b.「私」は，内心では妻の死を恐れていたが，だからこそ意識のうえでは妻に穏やかに過ごしていてほしいと願っていた。　c. 苦境にあっても強い生命力で花を咲かせる月見草は，「私」に命の明るさを感じさせる存在である。　d. 月見草が家の庭に戻ることは，「私」に，妻が帰ってくる可能性への希望を抱かせるのである。

三〔**古文の読解―説話**〕出典：『今昔物語集』巻第三十一ノ第十九。

≪現代語訳≫今となっては昔のことだが，小野篁といった人が，愛宕寺を造営し，その寺へのお布施として，鋳師に鐘を鋳させたところ，鋳師は「この鐘を，つく人がいなくても，十二時に鳴るようにするつもりです。そうなるためには，このように鋳た後に，土を掘って埋め，三年間そのままにしておかなければなりません。今日から数え始めて，(ちょうど)三年がたった日の翌日に，掘り出す必要があります。それを，日数が足りないか，または日数が余分に過ぎてから掘り出した場合は，鐘をつく人なしに十二時に鳴るはずはありません。そのような仕掛けをしたのです」と言って，鋳師は帰り去ってしまった。／そこで，土を掘って(鐘を)埋めたのだが，その後に(愛宕寺の)別当であった法師が，二年を過ぎて，三年目になったときに，まだその日にもなっていないのに，待ちきれずに，じれったく思うままに，つまらないことに掘り出してしまった。そのため，つく人もなくて十二時に鳴るということはなく，普通の鐘と同じになってしまった。／「鋳師が言ったように，決められたその日に掘り出したならば，(つく人が)誰もいなくても鐘が十二時に鳴るに違いないのに。そのように鳴ったならば，鐘の音が聞こえる所では，時も確実に知ることができ，すばらしかっただろうに。ひどくつまらないことをした別当だ」とその当時の人々は言って非難した。

問１＜古文の内容理解＞鋳師は，ちょうど三年がたった日の翌日に鐘を土から掘り出さなければ，つく人がいなくても十二時に鳴る特別な鐘にならないような仕掛けをしたと言った。

問２＜古文の内容理解＞つく人がいなくても十二時に鳴る鐘になるためには，埋めてからちょうど三年たった日の翌日に鐘を掘り出す必要があり，日数が足りずに三年たっていない状態や，三年を余分に過ぎた状態で掘り出した場合には，特別な鐘にはならないと，鋳師は言った。

問３＜現代語訳＞ここでの「べし」は，当然の意味を表す。三年たった日の翌日に掘り出さない場合，埋めた鐘はつく人がいなくても十二時に鳴る特別なものになるはずはないと，鋳師は言った。

問４＜現代語訳＞「え」は，下に打ち消しの語を伴って，～できない，という意味。愛宕寺の別当は，三年目になった段階で，鐘を掘り出す日まで待つことができなくなった。

問５＜古文の内容理解＞埋めた日からちょうど三年たった日の翌日に掘り出す必要があると鋳師に言われていたにもかかわらず，別当は，その日がくる前に鐘を掘り出してしまった。そのため，鐘は，つく人がいなくても十二時に鳴る鐘にはならなかった。

問６＜古文の内容理解＞埋めてからちょうど三年たった日の翌日に掘り出されたならば，鐘は，つく人がいなくても十二時に鳴る特別な鐘になるはずだった。しかし，別当が我慢しきれずに早めに掘り出したため，鐘は，そこら辺にある普通の鐘になってしまった。

問７＜現代語訳＞「～ましかば，～まし」は，もし～であったら，～だっただろうに，という意味。もし別当が鋳師に言われた日に鐘を掘り出していたならば，つく人がいなくても十二時に鳴る特別な鐘になっていただろうにと，当時の人々は，我慢できずに掘り出した別当を非難した。

問８＜古語＞「口惜し」は，ここでは，つまらない，という意味。「足らしめず」は，動詞「足る」の未然形に，使役の助動詞「しむ」の未然形と打ち消しの助動詞「ず」の連用形が接続した表現で，足らせず，という意味。「言ふかひなし」は，ここでは，つまらない，という意味。「いみじ」は，はなはだしい，という意味。「そしる」は，非難する，という意味。

問９＜古文の内容理解＞「時の人」は，その当時の人，その時代の人のこと。当時の人々が，ひどくつまらない行為をしたと別当を非難した。

問10＜古典文法＞係助詞「なむ」があると，係り結びの法則により文末は連体形になる。

問11＜古語＞A.「心もと無し」は，待ち遠しくて落ち着かない，という意味。　B.「めでたし」は，すばらしい，見事だ，という意味。

Memo

Memo

2023年度 青稜高等学校

【英　語】（50分）〈満点：100点〉

1 次の英文を読み、以下の問いに答えなさい。

A dramatic moment in world history took place on July 20, 1969, with one small step. [ア]. Since then, many people have dreamed of traveling into space.

Some companies are now offering to make this dream come true — for a price. They are selling tickets for trips into space on the Russian spacecraft Soyuz. A few people have already taken these trips, or "space tours" as they have been called. The space tourists stay at the International Space Station, a large space research center which rotates around the Earth. [イ], and tourists are able to go around the Earth 120 times and travel millions of kilometers.

More space tours are planned for the near future. One tour plans to take space travelers around the far side of the moon and back to the Earth. The space travelers will be able to view the Earth and the moon from the windows of the craft. Many people say that they would like to take these tours.

【 A 】, before everyone starts lining up to get a ticket, there are some things to consider. First of all, there is the price. ①The cost for the trip to the far side of the moon will be about 100 million dollars. Secondly, [ウ]. The tours require all travelers to train for six months before they can take the trip. ②They [(ア) must also / (イ) get / (ウ) pass / (エ) that / (オ) the medical examinations / (カ) they / (キ) in shape / (ク) so]. Thirdly, the lack of gravity in space means that practical activities become difficult. [エ]. Everyone and anything that is not tied down will float. It is not possible to sit, walk, or lie down. ③ [(ア) taking a shower / (イ) like / (ウ) simple things / (エ) impossible / (オ) is / (カ) to / (キ) do / (ク) it]. You cannot use water or shampoo because liquids float. 【 B 】, people use a wet, soapy cloth to wash. Finally, [オ]. The lack of gravity causes blood to flow toward the head. As a result, people get terrible headaches. 【 C 】, their bones and muscles become weak because there is no gravity to push against them. To stay fit, space travelers need to exercise several hours each day.

Space exploration is not yet for everyone. It is a true adventure, but like all adventures, it has its challenges.

注：

Russian spacecraft Soyuz ロシアの宇宙船ソユーズ		rotates ＜ rotate 回る
gravity 重力	liquids ＜ liquid 液体	soapy 石けんだらけの
muscles 筋肉	exploration 探検	

問1　文中の【 A 】～【 C 】に入る最も適切な語を、以下の（ア）～（ウ）からそれぞれ1つずつ選び、その記号をマークしなさい。

（ア）Also　　（イ）However　　（ウ）Instead　　　A：[①]　B：[②]　C：[③]

問2　下線部①を1ヵ所区切って読むとすればどこか。最も適切なところを、（ア）～（エ）から1つ選び、その記号をマークしなさい。

The cost /(ア) for the trip /(イ) to the far side of the moon /(ウ) will be about /(エ) 100 million dollars.

[④]

問3　下線部②を「彼らはまた、健康診断に合格するように体調を整えなければならない」という意味になるように並べかえ、[　　]内の3番目と6番目に来る語句の記号をそれぞれマークしなさい。

3番目：[⑤]，6番目：[⑥]

問4　下線部③を意味が通るように並べかえ、[　　]内の3番目と6番目に来る語句の記号をそれぞれマークしなさい。なお、文頭に来る語も小文字で始めています。

3番目：[⑦]，6番目：[⑧]

問5　以下の5つの文が入る適切な箇所を本文中の[ア]～[オ]から1つずつ選び、その記号をマークしなさい。なお、文頭に来る語も小文字で始めています。

(1) everything is weightless　[⑨]

(2) there are the physical effects on the body　[⑩]

(3) there is the amount of training and preparation required for space flights　[⑪]

(4) that was when Neil Armstrong became the first person to walk on the moon　[⑫]

(5) the program lasts just over a week　[⑬]

注：

Neil Armstrong ニール・アームストロング（人名）　　lasts ＜ last 続く

2 【A】次の（ア）～（エ）の中から、第一アクセントの位置が異なる語をそれぞれ１つずつ選んで、その記号をマークしなさい。

①	1.（ア）stan-dard	（イ）tech-nique	（ウ）im-age	（エ）vol-ume
②	2.（ア）ca-reer	（イ）suc-cess	（ウ）oc-cur	（エ）mod-ern
③	3.（ア）del-i-cate	（イ）in-dus-try	（ウ）en-cour-age	（エ）op-po-site
④	4.（ア）ec-o-nom-ics	（イ）ne-ces-si-ty	（ウ）com-mu-ni-ty	（エ）pho-tog-ra-pher

【B】次の各組の下線部の発音が、すべて同じなら（ア）を、２つ同じなら（イ）を、すべて異なれば（ウ）をそれぞれマークしなさい。

⑤ 1. ① police ② previous ③ species

⑥ 2. ① enough ② abroad ③ ghost

⑦ 3. ① climb ② honest ③ receipt

⑧ 4. ① machine ② passion ③ scenery

3　次の英文を読み、以下の【 A 】と【 B 】の問いに答えなさい。

New Year — celebrating the New Year with family members —

The term ***shōgatsu*** literally indicates the first month of the year, but it also represents the largest annual event of the year in which people celebrate the New Year nationwide. All schools and many companies take (①) holidays during ***sanganichi***, the first three days of the year from New Year's Day until the 3rd, and the few days before and after that period. During this time, family members who live away from home will (②) to celebrate ***shōgatsu*** together. It is the tradition for young girls to play Japanese shuttlecock (***hanetsuki***), for young boys to fly a kite (***takoage***) and for all children to (③) ***otoshidama***, a New Year's monetary gift. Towards the year's end, around December 29th, people clean their houses, decorate them with traditional Japanese New Year's decorations such as ***kadomatsu*** (pine decoration for the gate), ***shimekazari*** (straw rope decoration), and ***kagamimochi*** (mirror-shaped rice cake), and welcome the New Year by listening to the ***joya no kane*** bells as they eat ***toshikoshi soba*** (buckwheat noodles). On New Year's Day, people have the traditional meal of □ (traditional spiced medicinal sake), ***osechi ryōri*** (traditional Japanese New Year's dishes), and ***zōni*** soup with ***mochi*** rice cake. This meal is followed by ***hatsumode*** − the first shrine visit of the New Year − and greetings to the neighbors as people (④) for the year's happiness. The greeting ***akemashite omedetō*** (happy New Year), contains both the feeling of celebration towards the New Year and gratitude for having peacefully (⑤) the past year. Since it is an annual event that very many people look forward to, people use the expression ***bon to shōgatsu ga ichido ni kita*** meaning "***bon*** festival and ***shōgatsu*** have come all at once!" when it is a very exciting time for them. In the past, many shops would close for about a week during the New Year's holidays. In recent years, however, the number of shops opening from January 2nd has (⑥), making people head out to the department stores to shop for things like the New Year's limited ***fukubukuro***, a good fortune bag filled with (⑦) but valuable goods.

注：

literally 文字通りに　　annual 年一度の　　nationwide 全国的に

monetary 金銭の　　medicinal 薬効のある　　gratitude 感謝の気持ち

【Ａ】文中の（①）～（⑦）に入る最も適切な語句を、あとの選択肢（ア）～（コ）からそれぞれ1つずつ選び、その記号をマークしなさい。

(ア) completed	(イ) decreased	(ウ) extended	(エ) increased	(オ) pray
(カ) present	(キ) receive	(ク) return	(ケ) similar	(コ) unknown

① ② ③ ④ ⑤ ⑥ ⑦

【Ｂ】文中の［　　　］に入る最も適切な語を、あとの選択肢（ア）～（エ）から1つ選び、その記号をマークしなさい。

(ア) ***okoshi***	(イ) ***okuizome***	(ウ) ***omiotsuke***	(エ) ***otoso***

⑧

4

Cathy と Robin が久しぶりに会って会話をしています。本文中の空所 ① ～ ⑩ に入る最も適切なものを、あとの選択肢（ア）～（コ）からそれぞれ1つずつ選び、その記号をマークしなさい。なお、文頭に来る語も小文字で始めています。

Robin: Cathy! Hey! Long time no see you!

Cathy: Um...sorry, but ①

Robin: It's me, Robin. We were classmates at ABC college.

Cathy: Robin! Wow! WOW! Sorry. I just didn't recognize you. ②

Robin: Oh, um, yeah. I guess. Anyway, how are you? You're looking really well.

Cathy: Thanks. I'm fine, yeah. I'm good.

Robin: What are you doing here?

Cathy: Oh, I work quite near here. I'm just on my lunch break.

Robin: Oh really? ③

Cathy: Just around the corner. I work for a film company as a sales manager.

Robin: That's amazing. I'm really pleased for you.

Cathy: Thanks. I'm enjoying it. ④ I mean, we're setting up a new website at the moment, so I'm working really long hours. I'm not finishing till nine most days.

Robin: Really? ⑤

Cathy: Yeah. But it's fun and I'm learning a lot and the money's not bad either.

Robin: And ⑥ What was his name?

Cathy: Carl? Yeah, we're getting married in the summer.

Robin: Really? Wow! Congratulations! That's great.

Cathy: Thanks. Anyway, ⑦ How are you? What are you doing these days?

Robin: Me? Oh, you know... nothing much, actually. I mean, I'm not really working or anything. I'm thinking about what I want to do, you know.

Cathy: OK. And ⑧

Robin: Yeah. Yeah, I am. I can't really afford a place of my own at the moment.

Cathy: Right. How's your mum? Is she OK?

Robin: She's fine, yeah. She remembers you, you know. ⑨

Cathy: That's nice to know. Say 'hello' to her from me.

Robin: I will, yeah. Anyway, it's good to see you again.

Cathy: Yeah, you too. We must meet again sometime.

Robin: Yeah, let's. Listen, what are you doing this Saturday? Do you want to meet for lunch or something?

Cathy: Oh, I'd love to, but ⑩

Robin: Oh, really?

Cathy: Oh, I love running. I'm really looking forward to it.

Robin: OK. Good luck with it.

Cathy: Thanks.

注：afford（経済的に）～する余裕がある

(ア) I practice for next month's marathon. ①

(イ) you must be tired. ②

(ウ) it's hard work, though. ③

(エ) you look so different. ④

(オ) she still talks about you. ⑤

(カ) enough about me. ⑥

(キ) are you still living at home? ⑦

(ク) are you still with your boyfriend? ⑧

(ケ) do I know you? ⑨

(コ) where do you work? ⑩

5 次の英文を読み、本文中の空所 [①] ～ [⑩] に入る最も適切なものを、あとの選択肢（ア）～（コ）からそれぞれ1つずつ選び、その記号をマークしなさい。

History is a record of [①]. It is usually a chronological record of events that describes a civilization. We study history not only because it is interesting [②], but also because knowledge of the past can help us [③]. It can also help us avoid [④].

Nowadays, historians have many resources for [⑤]. However, long ago their resources were very limited, and in some cultures and societies they are still limited. For example, there are isolated tribes in the highlands of Papua New Guinea who have no written language. They can communicate [⑥]. Their history, therefore, is limited to what has been handed down by talking or drawn on bark or cave walls. There can be no written history until [⑦], a substance to write with a material to write on, and so on. The first substances for writing on were stone, tree bark papyrus, and animal skins, with paper being used later.

Modern historians have a wealth of written records to consult. These consist of [⑧]. In more recent years, [⑨] have become available.

Furthermore, archaeologists can study ruins and the remains of cities and civilizations for information about the past. Historians also have records of the actual speeches of many historical leaders.

In an attempt to make as many historical records as possible available to researchers, librarians and archivists now store all the material either on microfilm or digitally. At some time in the future, someone will no doubt invent an even more efficient way of [⑩].

注：

chronological record 年代順の記録
describes a civilization 文明を記述する
resources 資産
isolated tribes 孤立した種族
highlands of Papua New Guinea パプアニューギニア高地
bark 樹皮
substance 物質
material 素材
consult 調べる
consist of ～から成り立つ
Furthermore そのうえに
archaeologists 考古学者
ruins 廃墟
remains 遺跡
In an attempt to ～する試みにおいて
archivists 公文書保管係
store 保管する
no doubt 確かに

(ア) understanding the past ①

(イ) making mistakes in the future ②

(ウ) only by talking and with simple pictures ③

(エ) what has happened in the past ④

(オ) there is a form of writing ⑤

(カ) audio recordings, film, and video records ⑥

(キ) books, printed documents, newspapers, and personal letters ⑦

(ク) storing historical information ⑧

(ケ) to understand the present ⑨

(コ) to know about the past ⑩

6 次の各文の（　）に入る最も適切な語句を、(ア)～(エ)から１つずつ選び、その記号をマークしなさい。

1. You had better (　　) with us.
①　(ア) stay　(イ) stayed　(ウ) to stay　(エ) staying

2. Who can swim (　　), Jun or Masaki?
②　(ア) fast　(イ) faster　(ウ) fastest　(エ) the fastest

3. He has never (　　) abroad till now.
③　(ア) gone　(イ) been　(ウ) gone to　(エ) been to

4. I feel so cold that I want (　　).
④　(ア) something hot to drink　(イ) something to drink hot
(ウ) hot something to drink　(エ) to something drink hot

5. She spoke (　　) fast for me to understand.
⑤　(ア) so　(イ) such　(ウ) too　(エ) enough

6. (　　) he is more than sixty years old, he looks young.
⑥　(ア) Before　(イ) After　(ウ) As　(エ) Though

7. These rooms are always (　　) clean.
⑦　(ア) keep　(イ) kept　(ウ) to keep　(エ) keeping

8. Do you have any idea (　　)?
⑧　(ア) when does the bank close　(イ) when does close the bank
(ウ) when closes the bank　(エ) when the bank closes

9. My family has two cars; one is black and (　　) is blue.
⑨　(ア) another　(イ) the others　(ウ) the other　(エ) one

10. I sometimes have a piece of cake and (　　) coffee after dinner.
⑩　(ア) a cup　(イ) a few　(ウ) any　(エ) some

11. Look at the girl and the dog (　　) are running.
⑪　(ア) whose　(イ) who　(ウ) that　(エ) whom

12. He doesn't like it. I don't like it, (　　).
⑫　(ア) too　(イ) either　(ウ) neither　(エ) also

13. I'll let him (　　) to the movies.
⑬　(ア) go　(イ) gone　(ウ) to go　(エ) going

7

次の英文の下線部（ア）～（エ）の語句に語法・文法上の誤りがあれば、その記号を１つマークしなさい。ただし、誤りがなければ（オ）をマークしなさい。

1. Do you know (ア) the population of Japan is (イ) about as (ウ) many as (エ) that of Mexico? ①

(オ) 誤りなし

2. I think (ア) it is (イ) six years (ウ) when he (エ) went to America. ②

(オ) 誤りなし

3. She (ア) felt like (イ) crying, because she (ウ) was laughed by (エ) most of the students in the class. ③

(オ) 誤りなし

4. We (ア) will go (イ) on a picnic if it (ウ) will be (エ) fine tomorrow. ④

(オ) 誤りなし

5. He ran as (ア) fast as he (イ) can (ウ) to catch the bus (エ) this morning. ⑤

(オ) 誤りなし

6. (ア) Every girl in this class (イ) were waiting excitedly (ウ) for the coming (エ) of the new teacher. ⑥

(オ) 誤りなし

7. (ア) All the guests (イ) inviting to the party were (ウ) surprised (エ) at the news. ⑦

(オ) 誤りなし

8. I wish I (ア) could go to (イ) the U.S.A. in order (ウ) to study (エ) medicine. ⑧

(オ) 誤りなし

8 次の各文が意味の通る英文になるように [ ] 内の語句 (ア) ～ (ク) を並べかえるとき、[ ] 内の 3 番目と 6 番目に来るものを、それぞれマークしなさい。なお、文頭に来る語も小文字で始めています。

1. Nobody [(ア) studied / (イ) the entrance exam / (ウ) hard / (エ) have / (オ) I / (カ) knows / (キ) how / (ク) for].
3 番目：①，6 番目：②

2. Will you [(ア) to buy / (イ) on / (ウ) to the hospital / (エ) my way / (オ) me / (カ) tell / (キ) flowers / (ク) where]?
3 番目：③，6 番目：④

3. My [(ア) homework / (イ) me / (ウ) yesterday / (エ) help / (オ) my / (カ) with / (キ) didn't / (ク) brother].
3 番目：⑤，6 番目：⑥

4. He [(ア) kind / (イ) lend / (ウ) car / (エ) was / (オ) his / (カ) enough / (キ) to / (ク) us].
3 番目：⑦，6 番目：⑧

5. Is [(ア) years / (イ) he / (ウ) ten / (エ) the book / (オ) ago / (カ) this / (キ) wrote / (ク) that]?
3 番目：⑨，6 番目：⑩

6. Last [(ア) this / (イ) rain / (ウ) had / (エ) than / (オ) summer / (カ) more / (キ) much / (ク) we] summer.
3 番目：⑪，6 番目：⑫

7. The [(ア) success / (イ) happy / (ウ) of / (エ) news / (オ) me / (カ) his / (キ) very / (ク) made].
3 番目：⑬，6 番目：⑭

8. [(ア) take / (イ) the airport / (ウ) will / (エ) wide / (オ) this / (カ) to / (キ) you / (ク) road].
3 番目：⑮，6 番目：⑯

【数　学】（50分）〈満点：100点〉

注意　分数は約分して答えること。また，根号の中は最も簡単な整数で答えなさい。

1 次の□に最も適する数字をマークせよ。

(1)　$-5^2 \div \left(-\dfrac{5}{4}\right) + 4^3 \times \dfrac{5}{32} = \boxed{\text{ア}}\boxed{\text{イ}}$

(2)　$8\left(\dfrac{7a-5b}{6} - \dfrac{3a-2b}{4}\right) - \dfrac{a-2b}{3} = \boxed{\text{ウ}}\,a - \boxed{\text{エ}}\,b$

(3)　$(2ab^2)^5 \times (-3a)^4 \div (12a^2b)^3 = \dfrac{\boxed{\text{オ}}}{\boxed{\text{カ}}}\,a^{\boxed{\text{キ}}}\,b^{\boxed{\text{ク}}}$

(4)　$\left\{(3+\sqrt{5}-\sqrt{7})^2 - (3-\sqrt{5}+\sqrt{7})^2\right\}(\sqrt{5}+\sqrt{7}) = -\boxed{\text{ケ}}\boxed{\text{コ}}$

2 次の$\boxed{}$に最も適する数字をマークせよ。

(1) $x^2-9-5x(3-x)$を因数分解すると，$\boxed{\text{ア}}\left(x-\boxed{\text{イ}}\right)\left(\boxed{\text{ウ}}x+\boxed{\text{エ}}\right)$である。

(2) 2次方程式 $\dfrac{1}{3}x(x-10)=13\times 29$を解くと，$x=-\boxed{\text{オ}}\boxed{\text{カ}}$，$\boxed{\text{キ}}\boxed{\text{ク}}$である。

(3) $9x-5y=5x-10y$のとき，$\dfrac{5x+4y}{3x-2y}$の値は$\dfrac{\boxed{\text{ケ}}}{\boxed{\text{コ}}\boxed{\text{サ}}}$である。

(4) xとyについての連立方程式 $\begin{cases}\dfrac{5}{3x+2y}+\dfrac{2}{3x-2y}=-1\\[2mm]\dfrac{5}{3x+2y}-\dfrac{1}{3x-2y}=2\end{cases}$ の解は，

$x=\dfrac{\boxed{\text{シ}}}{\boxed{\text{ス}}}$，$y=\dfrac{\boxed{\text{セ}}}{\boxed{\text{ソ}}}$である。

3　次の□に最も適する数字をマークせよ。

(1)　下の資料は 10 人の生徒の小テストの結果である。(単位は点)

生徒	A	B	C	D	E	F	G	H	I	J
得点	8	4	3	x	10	5	y	4	9	8

この資料の最頻値が 8 点だけであり, 中央値が 7 点のとき, $x=$ ア, $y=$ イ である。ただし, $x \leqq y$ とする。

(2)　大小 2 つのさいころを同時に投げて, 大きいさいころの出た目の数を x, 小さいさいころの出た目の数を y とするとき, 積 xy の正の約数の個数が 3 個以上となる確率は $\dfrac{\text{ウエ}}{\text{オカ}}$ である。

(3)　2 次方程式 $x^2+2x-1=0$ の解のうち大きい方を a とする。
このとき, $a^4+2a^3+3a^2+9a+8$ の値は キク $+\sqrt{\text{ケ}}$ である。

(4)　0, 1, 2, 3 の 4 種類の数字を用いて整数を作り，次のように小さい方から順に並べていく。

0, 1, 2, 3, 10, 11, 12, 13, 20, 21, 22, 23, 30, …

このとき，2023 は小さい方から $\boxed{コ}\boxed{サ}\boxed{シ}$ 番目の数である。

(5)　下の図の四角形 ABCD は，AD // BC，AD = 4cm，BC = 12cm，AB = DC の台形である。円 O が，この台形の 4 つの辺 AB, BC, CD, DA に，それぞれ E, F, G, H で接するとき，斜線部分の面積は $\left(\boxed{ス}\boxed{セ}\sqrt{\boxed{ソ}}-\boxed{タ}\pi\right)$ cm^2 である。

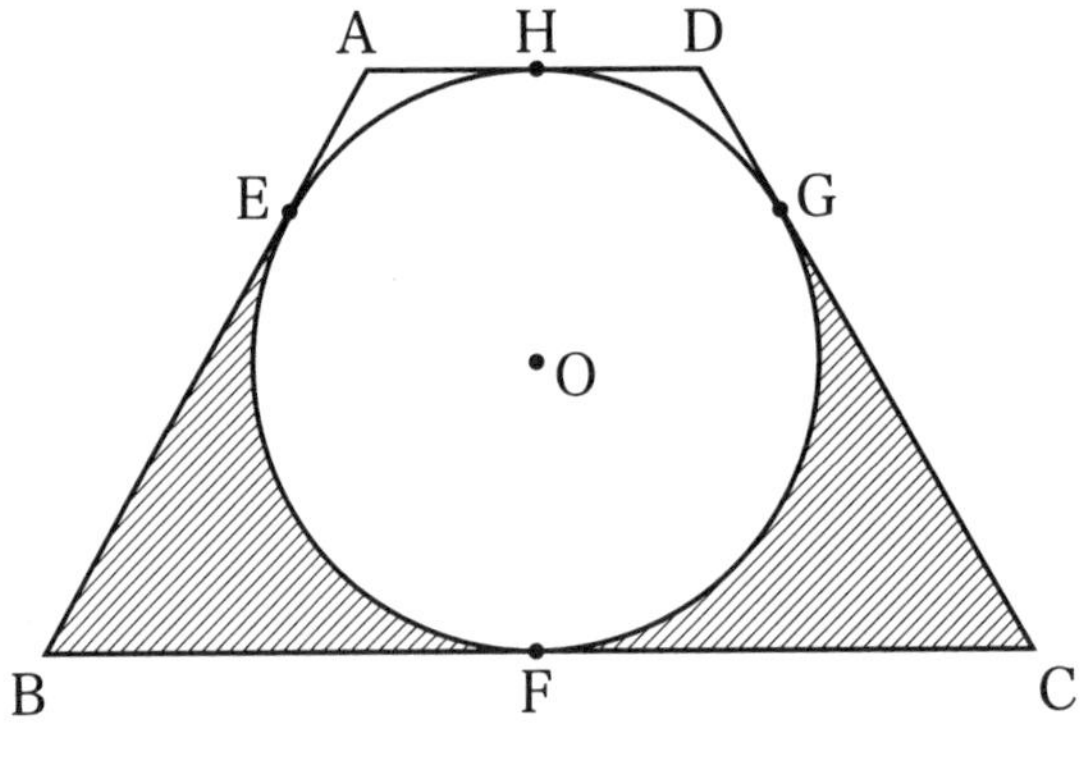

4 下の図の△ ABC において，辺 BC 上に DA = DC となる点 D，辺 AC 上に EB = EC となる点 E をとる。また，AD と BE の交点を F とする。

AC=6 $\sqrt{6}$ cm, DC=6 $\sqrt{2}$ cm, EB=4 $\sqrt{6}$ cm のとき，次の $\square$ に最も適する数字をマークせよ。

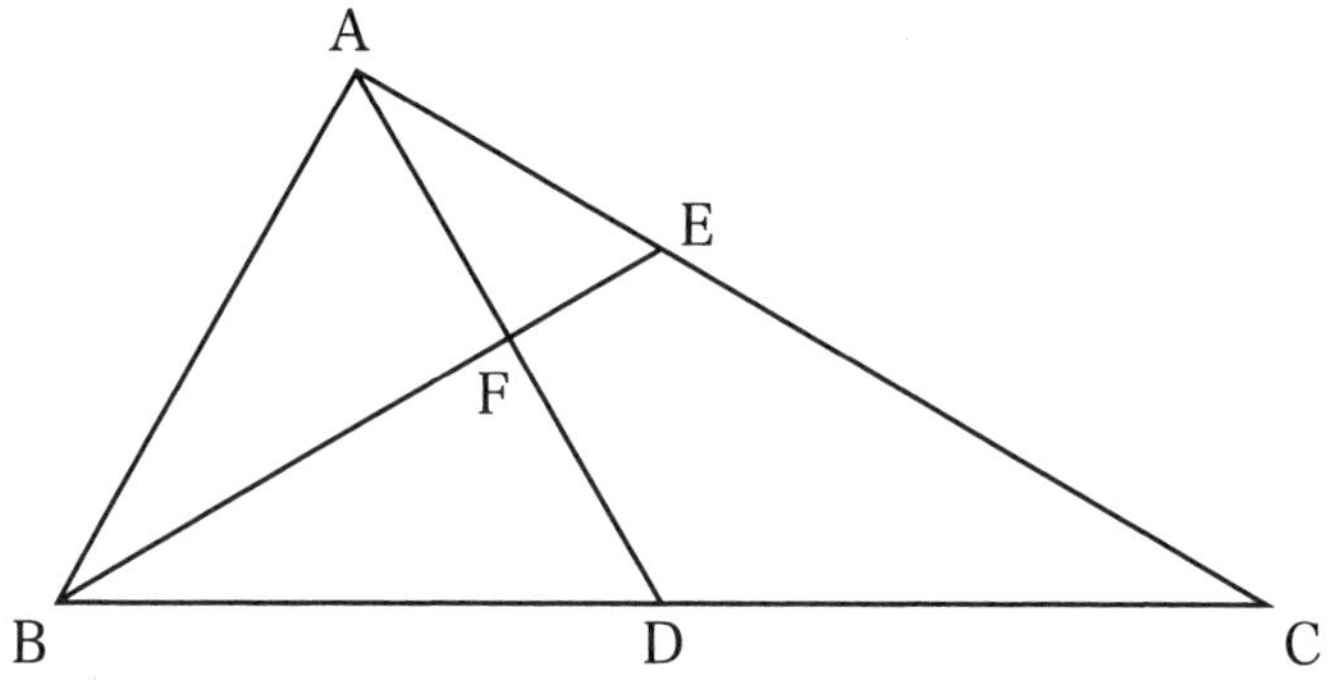

(1) BF= $\boxed{\text{ア}}\sqrt{\boxed{\text{イ}}}$ cm である。

(2) 四角形 EFDC の面積は，$\boxed{\text{ウ}}\boxed{\text{エ}}\sqrt{\boxed{\text{オ}}}$ cm^2 である。

5　下の図のように，長さが 20cm の線分 AB を直径とする半円 O がある。2 点 P, Q は A を同時に出発し，点 P は毎秒 2π cm の速さで，点 Q は毎秒 π cm の速さで弧 AB 上を B に向かって動く。点 P は B に到着するとすぐに弧 AB 上を，B に到着する前と同じ速さで A に向かって動く。そして，2 点 P, Q が重なったところで 2 点は止まる。

このとき，次の□に最も適する数字をマークせよ。

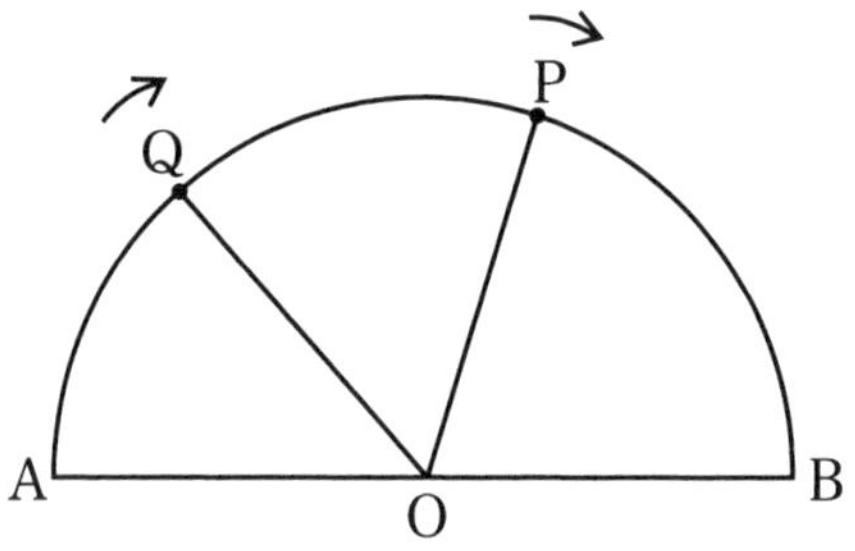

(1)　2 点 P, Q が重なるのは，出発してから $\dfrac{\boxed{ア}\boxed{イ}}{\boxed{ウ}}$ 秒後である。

(2)　$\angle POQ = 45^\circ$ になるのは，出発してから $\dfrac{\boxed{エ}}{\boxed{オ}}$ 秒後と $\dfrac{\boxed{カ}\boxed{キ}}{\boxed{ク}}$ 秒後である。

6　2つの放物線 $C_1: y=\frac{1}{2}x^2$, $C_2: y=ax^2$ $\left(a>\frac{1}{2}\right)$ がある。下の図のように, C_1上に4点 A, B, E, F を, C_2上に2点 C, Dを六角形 ABCDEF が正六角形で, 辺 AFがx軸と平行となるようにとる。

このとき, 次の$\boxed{}$に最も適する数字をマークせよ。

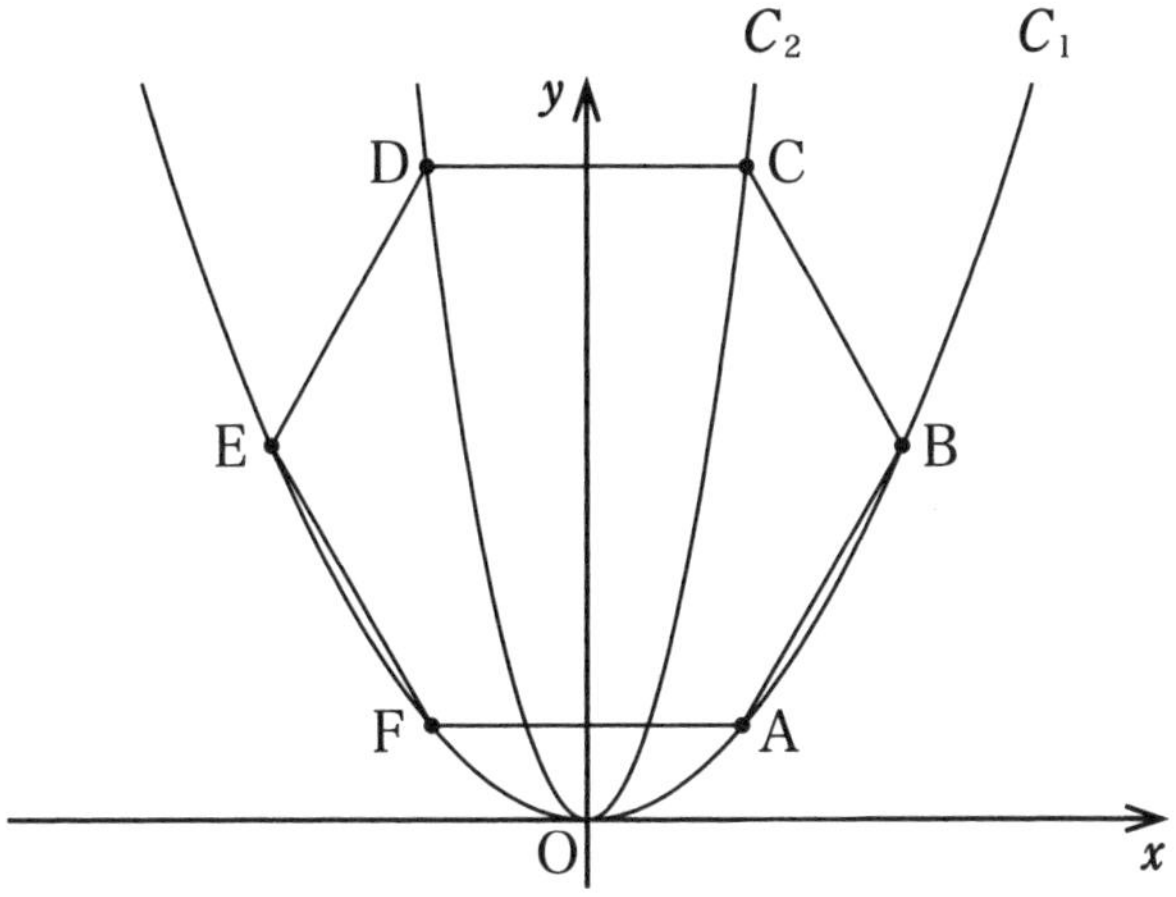

(1)　点 A の座標は, $\left(\frac{\boxed{ア}\sqrt{\boxed{イ}}}{\boxed{ウ}}, \frac{\boxed{エ}}{\boxed{オ}}\right)$ である。

(2)　a の値は, $a=\frac{\boxed{カ}}{\boxed{キ}}$ である。

(3)　正六角形 ABCDEF を y 軸のまわりで1回転させた図形の体積は,

$\frac{\boxed{ク}\boxed{ケ}\boxed{コ}}{\boxed{サ}}\pi$ である。

問6 ⑤――「これ」とありますが、平中は何を見たのですか。「これ」の指し示すものとして最もふさわしいものを次から選び、記号をマークしなさい。**（解答番号9）**

ア 別の女房が「見つ」という二文字を代筆したもの。

イ 侍従の君が手紙の返事に「見つ」と書いた文字。

ウ 平中の書いた「見つ」という二文字が貼り付けてあるもの。

エ 手紙の返事は届いたが、何も書かれていない白紙の状態のもの。

問7 ――ア～ウの主語として最も正しいものを次からそれぞれ選び、記号をマークしなさい。**（解答番号ア―10、イ―11、ウ―12）**

ア 平中　イ 侍従の君　ウ 使　エ 作者

問8 [i]～[iii]のうち、文法的に他の二つとは違うものを選び、記号をマークしなさい。**（解答番号13）**

問9 この文章を読んで、先生と生徒が次のように話し合いました。生徒の会話の空欄[A]に入るものとして最もふさわしいものを後の選択肢から選び、記号をマークしなさい。**（解答番号14）**

先生「この文章では平中と侍従の君との恋の話について述べられているね。」

生徒「[　　A　　]」

先生「そうだね。当時の恋愛事情は男性の方から声をかけ、女性がそれに応える形が通例だったのだよ。」

（選択肢）

ア 平中は恋愛に関して一生懸命だから侍従の君との恋愛は最終的には報われたのですね。

イ 平中はあれこれと侍従の君に言い寄ったけれども、結局、望みが叶わずふられてしまったのですね。

ウ 平中は侍従の君には相手にされなかったけど、他の女房とはうまくいっていたみたいですね。

エ 平中は容姿もすばらしくて女性にもてていたから侍従の君にからかわれていたみたいですね。

問1　〰〰A～Dの文中の意味として、最もふさわしいものをそれぞれの選択肢から選び、記号をマークしなさい。**（解答番号A―1、B―2、C―3、D―4）**

A　いやしからず

ア　みすぼらしくなく　　イ　上品で

ウ　身分が低くなく　　エ　貪欲で

B　をかしかり

ア　うつくしく　　イ　微笑ましく

ウ　趣があり　　エ　かわいらしく

C　めでたく

ア　気にかかり　　イ　感心し

ウ　誇らしく　　エ　すばらしく

D　ねたく

ア　気に食わなく　　イ　憎らしく

ウ　情けなく　　エ　さびしく

問2　①――「物いはれぬはなくぞありける」とありますが、この現代語訳として最もふさわしいものを次から選び、記号をマークしなさい。**（解答番号5）**

ア　話しかけたが無視されてしまった。

イ　誰もがみんな声をかけられた。

ウ　話しかけたが無駄に終わった。

エ　誰も声をかけるものがいなかった。

問3　②――「年ごろえも言はず身にかへて懸想しける」とありますが、この現代語訳として最もふさわしいものを次から選び、記号をマークしなさい。**（解答番号6）**

ア　数年来、言うまでもなく全精力をかたむけて、侍従の君は平中に手紙を送っていた。

イ　年ごろの侍従の君は、言葉に尽くせぬほど我を忘れて、平中と手紙のやり取りをしていた。

ウ　ここ数年、言いようもなくやりきれないほど、平中は侍従の君を恋い慕っていた。

エ　平中は長年、下手な表現ながら全身全霊をこめて侍従の君に言い寄っていた。

問4　③――「ただ見つとばかりの二文字をだに見せ給へ」とありますが、この現代語訳として最もふさわしいものを次から選び、記号をマークしなさい。**（解答番号7）**

ア　是非とも今度会ってくれることを約束してください。

イ　せめて手紙を見たことだけでも知らせてください。

ウ　侍従の君の近況を是非とも教えてください。

エ　早く手紙の返事を送ってください。

問5　④――「物に当たりて出で会ひて」とありますが、このときの平中はどのような状況であったと読み取れますか。その説明として最もふさわしいものを次から選び、記号をマークしなさい。**（解答番号8）**

ア　呆然として平常心が保てなくなりふらふらとさまよった。

イ　手紙が来るのを待ちわびて周りに八つ当たりをした。

ウ　待ち遠しくてどうしようもなくなって自分から出かけて行った。

エ　嬉しさのあまり辺りにぶつかりながら使いから手紙を受け取った。

問11　この文章の特徴について説明したものとして最も ふさわしいものを次から選び、記号をマークしなさい。**（解答番号13）**

ア　母と娘の視点が複雑に入れ替わりながら語りが進行していくことで、親子という血のつながりの「因果」が文章の構造にも組み込まれている。

イ　母娘の自他未分化な関係性を軸に、二人の世界とは対照的な市場の通俗的世界へと自分の居場所を求めていく母親の身勝手さを浮き彫りにしている。

ウ　外部世界としての「市」との接触を通して、少女が運命を受け入れて生きるほかない人間存在の根源的な悲しみを初めて知ったことが示されている。

エ　娘が意図せず過去の母親の人生を追体験する構図によって、作品のテーマである「血のつながり」というものの「因果」を構造的に可視化している。

三　次の古文を読み、後の各問いに答えなさい。

今は昔、兵衛佐平定文《ひやうゑのすけたひらのさだふみ》といふ人ありけり。字《あざな》※1をば平中《へいちゅう》となむいひける。品もAいやしからず、形※2・有様も美《うるは》しかりけり。気※3はひなども物云ひもBをかしかりければ、其の比《ころ》、この平中に勝《すぐ》れたる者世にi［無かり］けり。此《か》かる者なれば、人の妻《め》、娘、何《いか》に況《いはむ》や※4宮仕人《みやづかへびと》は、この平中に①物いはれぬはii［なく］ぞありける。而《し》かる間、其の時に本院の大臣と申す人おはしけり。其の家に侍従《じじゅう》の君といふ若き女房※5ありけり。形・有様Cめでたくて、心ばへをかしき宮仕へ人にてなむ有りける。平中、かの本院の大臣の御もとに常に行き通ひければ、この侍従がめでたき有様を聞きて、②年ごろえも言はず身にかへて懸想《けさう》しけるを、侍従、消息《せうそこ》※6の返事をだにせざりければ、平中嘆きわびて、消息を書きてやりたりけるに、「③ただ見つとばかりの二文字をだに見せ給へ」と、「繰り返し泣く泣く」といふばかりにア書きて遣《や》り※7たりける使《つかひ》の、返事を持ちてイ帰り来たりければ、平中、④物に当たりて出で会ひて、その返事を急ぎ取りて見ければ、我が消息に「見つといふ二文字をだに見せ給へ」と書きて遣りたりつる、ウ其の「見つ」といふ二文字を破《や》りて、薄様《うすやう》※8に押し付けて遣《おこ》せ※9たるなりけり。平中⑤これを見るに、いよいよDねたくわびしきこと限りiii［なし］。

（『今昔物語集』より　一部改変）

（語注）

※1　字……男子が元服後につける名。他人が呼びならわしている名。

※2　形……顔立ち。容貌。

※3　気はひ……気品。風格。

※4　何に況や……まして。

※5　女房……貴族などの家に仕える女性。

※6　消息……手紙。便り。

※7　遣る……送る。

※8　薄様……薄くすいた紙。恋文によく用いられる。

※9　遣す……よこす。こちらへ届ける。

(1) [Ⅰ] にふさわしい言葉を次から選び、記号をマークしなさい。**(解答番号8)**

ア 「いんが」とは得体の知れないものである

イ 「いんが」なるものの作用で不幸を余儀なくされる

ウ 「いんが」とは弱者の身にふりかかるものである

エ 「いんが」には誰も逆らえない

(2) 少女自身は自分の思いをうまく言語化できていませんが、ここでの「むず痒（さ）」とはどのようなものだと言えますか。[Ⅱ]、[Ⅲ] にあてはめる説明としてふさわしいものを次から二つ選び（順不同）、記号をマークしなさい。

(解答番号Ⅱ―9、Ⅲ―10)

ア 因果として、親という絶対的な存在に対して逆らうことのできないいらだたしさ

イ 自分の生において、他者との間に生じる生まれ持った資質や才能の格差に対するもどかしさ

ウ 自分の運命として、相容れない母親に逃れ難く似てしまっている事実に対するじれったさ

エ 自分の生において、他でもない自分の人生でありながら、自身の関与が許されないことへの歯がゆさ

オ 自分の生の根源にある、少女の両親の「父・母としての姿」ではない部分を垣間見たような気恥ずかしさ

問9 ⑦――「雪の日に出船を見ていた少女が、突然、あれに乗って、どこか遠い国へ行きたい。と言った時には、母親はさすがにぎくりとした」とありますが、それはなぜですか。その理由について説明したものとして最もふさわしいものを次から選び、記号をマークしなさい。**(解答番号11)**

ア かつての自分と娘の姿が重なり、辛く苦しい過去の記憶が呼び起こされたから。

イ 娘も自分と同じように不幸な人生を背負ってゆくことを悟らざるを得なかったから。

ウ 娘がかつての自分と重なり、搾取される運命から逃れた母親の代わりに娘がその人生を引き受ける運命が見えたから。

エ 目をそらし続けた自身の後ろめたい過去に対峙することから、いよいよ逃れ得ない事態に狼狽したから。

問10 ⑧――「その目に輝く闇をかかえた鯛が～無数の宝石をちりばめた精妙な織物にでも向い合っているようなながめであった。」とありますが、この鯛の様子に母は何を重ねてみているのですか。最もふさわしいものを次から選び、記号をマークしなさい。**(解答番号12)**

ア 人生は、この鯛の鱗《うろこ》のように様々な色が複雑に織り込まれており、それは抗《あらが》いがたく禍福の混ざり合ったものであるということ。

イ 生物は、この鯛のように運命に必死に抗いながら生きていくが、抵抗の甲斐もむなしくその生を終えてゆくのだということ。

ウ 生命は、この鯛のように力強く不運をはねのけようと暴れるが、運命に抗うことはできないのだということ。

エ 幸せは、この立派な鯛の瞳のように常に闇と共存しているものであり、それに抵抗できた者だけが手にできるものであるということ。

問7 ⑤――「わたしも、いんがの子、ね、そうなんでしょう？　この時の少女は、九官鳥にちょっとだけ似ていた」とありますが、その直後で否定されています。この部分について説明したものとして最もふさわしいものを次から選び、記号をマークしなさい。**（解答番号7）**

ア　少女は九官鳥のようにただ言葉を感覚的に繰り返しているだけのようでいて、その実、自身の生と照らして言葉の意味を探っている。

イ　少女は九官鳥のようにただ言葉を表層的に繰り返しているだけのようでいて、その実、人間存在の不条理について考えている。

ウ　少女は九官鳥のようにただ言葉を無感情に繰り返しているだけのようでいて、その実、人と人とのめぐりあわせの奇跡の壮大さに心を震わせている。

エ　少女は九官鳥のようにただ言葉を無意識に繰り返しているだけのようでいて、その実、自身の不憫な境遇を嘆いて母を糾弾している。

問8 ⑥――「妙にむず痒いようなかなしみでもあった」とありますが、この「かなしみ」に至るまでの「少女」の心情の変化を波線部A～Dをふまえて次のように図式化するとき、空欄**Ⅰ**・**Ⅱ**・**Ⅲ**にあてはまる内容をそれぞれ後から選び、記号をマークしなさい。

A　「なんの因果でこんな頭になったやら。」

＝魚屋の主人の言葉によって［　**Ⅰ**　］ということを理解する。

↓

B　「少女は老婆のことを～ねえ、いんが、って、どういうこと？」

＝老婆の姿を目の当たりにして、「因果」について母に尋ねる。

↓

C　「何がどういうふうに決めるかもよくは分らないんだけれど、どこかでとうに決っていたとしか思われないのね。」

＝それは「めぐりあわせ」のことであり、「決っていた」ことなのだという答えを得る。

↓

D　「それなら、わたしも？」

＝その事実を「自分」という存在に引きつけて考える。

↓

⑥「妙にむず痒いようなかなしみ」

＝［　**Ⅱ**　］や、

［　**Ⅲ**　］を感じる。

問3 **B**『　　』、**C**『　　』について、この八百屋と魚屋の描写は文章上どのような効果を担っていますか。その役割について説明したものとして最もふさわしいものを次から選び、記号をマークしなさい。**（解答番号3）**

ア　現在の季節とは対照的な春・夏の情景を挿入することで、「少女」が温かく平穏な暮らしを潜在的に希求していることを示している。

イ　少女のもつ山野のイメージや、実体としての魚屋の主人の腕の描写によって、少女が心身ともにこの市の世界に入り込んでいく様を表現している。

ウ　母娘の雰囲気とはあきらかに相容れない泥臭い野草やいかにも通俗的な男の刺青を観察しながら、自身を相対化していく少女の変化を描いている。

エ　刺青の男や指のない老婆という暗部を内包していることが、荒々しくも生き生きとした「市」という存在の両義性をより一層浮き彫りにしている。

問4 ②――「老婆の小指に気づいた時からうつむき始めていた少女の心が、少年の走り去る姿にいっそう深く項垂れた」とありますが、この時の「少女」の心情について説明したものとして最もふさわしいものを次から選び、記号をマークしなさい。**（解答番号4）**

ア　活気あふれる市場の世界にひそむ、見てはいけない一面に触れてしまったことに対する幼い少女なりの罪悪感。

イ　無垢な少女にとってグロテスクなまでの不幸や不運を、彼らが引き受けて生きていたことを初めて知ったことに対する衝撃。

ウ　彼らがなぜそのような状況におかれているのか皆目見当がつかず、その得体の知れない状況に対する幼い少女ゆえの恐怖。

エ　市の人々の、あっけらかんと生活しているように見せかけて決して面に出さない暗い一面を隠し持っていることに対する少女の無垢さゆえの失望。

問5 ③――「母親は、少女の顔を探るように見ていたが、ああ、と思い当ったらしく」とありますが、この部分における「母親」の心の動きについて説明したものとして最もふさわしいものを次から選び、記号をマークしなさい。**（解答番号5）**

ア　娘が自分の出自について聞こうとしているのかと勘ぐったが、少年について話したいだけであることに気が付いたということ。

イ　娘の発言の真意がわからなかったが、言葉の意味を尋ねるふりを装って本当は自分の出自について聞きたいのだとわかったということ。

ウ　娘の言葉の裏にある逡巡を探っていたが、単に魚屋の主人の使った言葉の意味を聞いているにすぎないと合点したということ。

エ　娘が「因果」という語の意味を知りながらわざと聞いているのかと訝《いぶか》ったが、その表情から本当にわからないだけなのだと信じられたということ。

問6 ④――「つとめて冷静にそう言いながら、母親はやはりうろたえていた」とありますが、それはなぜですか。その理由について説明したものとして最もふさわしいものを次から選び、記号をマークしなさい。**（解答番号6）**

ア　今までうまく親子関係を築いてきたという思いとは裏腹に、娘が自らの出自に疑問をもっているらしいことに動揺したから。

イ　母のたどたどしい説明ゆえに、かえって娘が自分の出自について疑念を抱くのではないかと不安になったから。

ウ　娘の誕生について語ることで、その背景にある自分の過去の後ろ暗さを娘に見透かされているように感じられたから。

エ　娘の単なる語意の疑問から、思いがけずのっぴきならない人間存在のあり方について語ることを余儀なくされたことに困惑したから。

〔語注〕

※1　摘草……春の野に出て萌え出る若菜・若草を摘むこと。

※2　おにおこぜ……背びれに一列に並んだとげに猛毒を持つ危険な魚。漁獲量が少なく、また毒があるため扱いにくいが、「冬はフグ、夏はオニオコゼ」と言われフグと並ぶ高級魚。旬は晩春から夏で、冬場は一年で最も低価格で取引されるが、脂ののった夏とは異なる味わいで鍋物にもよく合う。直後の「ちりにでもして…」とは「ちり鍋」のこと。

※3　情が移るで……魚屋の主人の台詞で、「（おこぜを一度食べたら）きっと気に入るよ」程度の意味。

※4　いんが……「因果」のこと。本文では単に原因と結果という意味にとどまらず、過去に行った善悪の行為がそれに対応した結果となって現れるという仏教的な考え方のことをさす。特に過去（あるいは前世）の悪行の報いが現在の不幸として現れることをいう。

問1　①――「その市は、サーカス小屋のように天幕でおおわれていた」とありますが、これは「市」が「少女」にとってどのようなものであることの比喩となっているのですか。最もふさわしいものを次から選び、記号をマークしなさい。

（解答番号1）

ア　非日常としてのにぎやかな市の様子が、サーカスの芸当のように多様な物語性に満ちていて少女を惹きつけるものであること。

イ　天幕でおおうというサーカスの醍醐味である秘密めいた所に、緊張と興奮を味わう一種の娯楽として機能するものであるということ。

ウ　市場の騒々しい生活の様子が、おおげさに道化を演じるようなもの悲しさを感じさせるものであること。

エ　早朝と午後で雰囲気の一変する市場の持つ二面性が、舞台の裏表の顔を持つサーカス小屋の薄気味悪さと一致するものであること。

問2　**A**『　』部分の描写について、次のア～エの四人の生徒たちが話しています。『　』部分の説明として適当でないものを次から一つ選び、記号をマークしなさい。

（解答番号2）

ア「河口付近にある市場の人々の、繰り返される日々の生活の様子が描かれていて、とてもリアルに感じたよ。夜明け前のひとときに一気に活気づく市場の空気や人々の息遣いに、『生きる』ことの喜びが表現されているのだろうね。」

イ「河口付近のこの町の『川』を境界とした両岸の地域の人々の生活が対照的に描かれていることによって、生命というものの両極が表現されているようだね。競りの掛け合いや活きのいい魚などの描写によって、混沌とした生のエネルギーが感じられるね。」

ウ「市場で働く人の服装やしぐさなど、とても細かく描写されているけれども、ひとりひとりの固有性は浮き上がってきておらず、それぞれがひしめきあって存在している、この市場というおおきなひとつの共同体としての生活の様子がみえてくるね。」

エ「最後に『火葬場』が出てくるけれど、街に一つの火葬場でこの町の人々は皆一様に生を終えていくことが暗示されているようだね。これが川辺の町であることも、なんだか『方丈記』の『無常観（＝すべての物は川の流れのようにとどまることなく変化し、やがて滅びてゆくとする考え）』みたいなものを感じさせるなあ。」

行きつけの魚屋の店頭には、祝儀用としても立派につとめを果しそうな大鯛が幾尾も見られた。冬から春にかけてがしゅんと言われる鯛であるが、夏でも秋でも、少女と母親がこの店に大小の鯛を見ぬ日はなかった。その傍《そば》で、桶に入った車海老がおが屑《くず》をさかんにはねとばしている。白魚や鮎のような季節ごとの魚もたっぷりと仕入れるが、鯛の量は、いつでも他の店を抑えていた。母親には、この店の主人の性格を見る思いもあった。

見事ねえ。

少女の母親は、感嘆の声で魚屋への挨拶をかねた。

顔が、酒焼けしているような店の主人は、腹巻きでふくらみのいっそう強調されているお腹を二、三度たたいて見せながら、

満点ものよ。さあ、今日は刺身？　それとも骨蒸《こつむし》？

とたずねる。

悪いけど、今日は見るだけ。

いいとも。睨んでも鯛は腐らねえ。

母親は、ながめただけで、この鯛に包丁を当てた時の、切口の玉虫色の光沢を想像することができた。

ごらん、この色を。

と少女に促した。

⑧その目に輝く闇をかかえた鯛が、時折尾鰭《おひれ》ではげしく同類を打ちつけたり、反り返ったり跳ね上ったりしながら身を打ち重ねている有様は、母親には、無数の宝石をちりばめた精妙な織物にでも向い合っているようなながめであった。目を細めれば、桜色、とでも言うほかなさそうな、淡い、穏やかなひと色ではあっても、目を凝らせば、それは黄や群青、濃紺、濃紅、果ては古代紫まで引き入れた、夥《おびただ》しい色数の総和なのである。雄鯛が雌鯛よりも大きくて、頭部がより勇壮に見えるのもさることながら、この魚の色の、鱗を貫く冴えた深さに、母親は今更の思いをそそられた。

お花に、それぞれいい匂いがあるでしょう。

少女は、母親が何を言い出すのかと見上げている。

いい匂いといい匂いをいっしょにしたら、必ずいい匂いになるかというと、そうではないらしいのね。それひとつではいい匂いとは言えないものでも、他のものといっしょにすると、思いがけないいい匂いになることがあるって言うから侮れない。この鯛見ていて、お母さん、ふっとそれを思い出した。

しかし母親は、そう言いながら、そんなことを言う自分に焦《じ》れていた。本当は、今のあなたとあなたのお父さんとの、まずは幸せな生活に明け暮れているようなお母さんにも、以前、あなたの知らない、幸せとは言えない生活があって、その生活の経験から今の幸せのありがたさも分って、それを大切にしたがっているのだということ、人にしても物にしても、通りいっぺんの美しさではなくて、深い、そして濁りのない美しさは、必ず、穢《きたな》い、醜い、怖いものをいっしょに抱えているのだということを言いたいのだが、少女は残念ながら、しかしまたさいわいなことにまだ少女であったから、母親はそれをうまく訴えるわけにゆかないのだった。人それぞれの生活が、見かけほどに単調でもなければ複雑でもないことにこの娘が気づくまでには、まだ相当の年月がかかるだろう。それまでは、うしろめたさや焦れったさを抑えて、この娘とつき合っていくしかないのであろう。さまざまなめぐりあわせから逃れられない人間の生き死が、この母親には、人生という市への出入りのようにも思われてくるのだった。

（竹西寛子「市」一部改変）

は人間の子供だという自覚があったことである。そして、人が、生まれた時からすでに自分ではどうにもならないものを背負わされているらしいということが、少女に、かわいそうと言ってみても、感心だと言ってみても少しずつ違うような人間というものを考えさせた。それはまた、⑥妙にむず痒いようなかなしみでもあった。

母親は少女の母親になる前に、短い月日でしかなかったが、別の土地の、別の男の妻だったことがある。それも河口に近い町で、男の家は土地の旧家だった。仲人が立って強く求められた縁談であり、螺鈿《らでん》入りの調度に、実家の女中までついての嫁入りだった。しかし、夫となった男が、通い馴れた芸者の所へ足を向けるまで大して日数はかからなかった。

姑も小姑も、男を庇った。男の弟と、水仕事の女の一人だけが味方であった。姉《あね》さま、早くこの家から出ておしまいなさいと男の弟は言った。少女の母親は、一年は辛抱しようと思った。そのうちに、せめて半年は、と思うようになった。夫の弟の言葉にかかわりのない決心だ、と自分では思っていた。

姑や小姑は、男の女遊びを新妻のせいにした。あんたに、生きた魚のお刺身がつくれますか。袴《はかま》の畳み方は、うちの流儀にしてもらわないと困ります。漬物の重石の扱いがまるで分っていないのだから。果てはお仏飯の盛り方が多過ぎるとまで言い出す始末だった。

少女の母親は、よく河口に立った。一度ならず、船に乗って見も知らぬ国へ運ばれて行きたいと思った。このまま水に入って、どこかの渦に消えたいと思う時もあった。

ある夜、まだ帰らぬ夫を待っている少女の母親に、実家から連れてきた女中がそっと声をかけた。奥様、台所口の閂《かんぬき》が外してあります。裏にお出になって下さい。

男が足音をしのばせて帰って来るまでには、まだ充分間があった。裏口に出ると、女中が、バケツと晒布《さらしぬの》に巻いた刺身包丁を持って立っている。バケツの中はたくさんの雑魚だった。悔しいじゃありませんか。この魚で、三枚おろしの練習をなさって下さい。後片付けは私がしますから。

少女の母親は、夫のためにはただの一度も流さなかった涙を、その女中のためには惜しまず流した。手が震えた。震えながら、魚の背に銀色のきらめきを当てた。なに、心配はいりません。見つかりそうになったら、川へでも海へでも、魚は処分しますよ。女中はそう言って励ました。

半年辛抱した。少女の母親は再び女中を連れて当座の身の廻りのものだけ持つと、黙って婚家を出た。明け方近くなっていた。二人は物陰から、男が人力車を乗り捨て、裏口に身を屈めて入るのを見届けた。町の火見櫓を背にして、汽車の駅に向った。

二度目の夫はやさしかった。身も心も生まれ変《かわ》ったような恥ずかしさとよろこびのうちに少女の母親となったのに、少女の母親にはうしろめたさもあった。最初の夫に心が残っているわけではなかった。少女の父親に対して新たな秘密をつくったのでもなかった。それなのに、二人に対して、いや少女に対してまで、自分でも割り切れないうしろめたさがあるのをどうすることもできなかった。

少女は、市へ行く日によく河口へ行きたがった。水鳥の飛翔にも、波の色と動きにも、ゆっくりと、またせわしそうに出入りする大小の船にも、少女は愛着を示し続けた。

⑦雪の日に出船を見ていた少女が、突然、

あれに乗って、どこか遠い国へ行きたい。

と言った時には、母親はさすがにぎくりとした。少女が自分なのか、自分が少女なのか分らないような一瞬だった。もう、自分からは見ないでおこう、そう思っていたながめに、ある日否応なしに立ち会わされてしまう、そのめぐりあわせに身が竦《すく》んだ。もう河口へ来るのはよそうと思った。けれども、河口へ行ってはいけないという、もっともらしい理由も思いつかないままに、少女の願いを斥け続けることも出来ないのだった。

肥《ふと》った黒猫が、きょろきょろしながら通路を走り抜ける。

バケツを持った少年が、その魚屋の前に立った。

ごめんよ、ごめんよ。

と言いながら、茹でた蟹のような顔つきの男が、漬物樽を積んだ荷車を押して、少女たちのそばを通り過ぎる。

刺青の主人は、奥の冷蔵庫をあけると、新聞紙の一と包を取り出し、
はいよ。今日の分。

と言って少年に渡した。

ありがとう。

少年は、バケツの中に包を入れると、走るように立ち去った。

犬の餌に、捨てるところを欲しいって言うからそのつもりでいたら、何のこたあねぇ、人間さまの、それも大勢の家族の餌だったんだよ。まあ、お互人助けだと思って、この頃は、あらや中落ちなんかもうんとはずんでやるんでさあ。もう、半年近くもなるかな。あの子、学校から帰るとバケツ持たされて。あんなもの提《さ》げて来たかあねえよ、あの年頃には。

おこぜをちり用につくりながら、主人は問わず語りに言う。』
②老婆の小指に気づいた時からうつむき始めていた少女の心が、少年の走り去る姿にいっそう深く項垂《うなだ》れた。病院の、長い廊下の標本棚に並んでいたアルコール漬けの臓器や未熟児がちらつく。魚屋からの貰い分が少ないといって、バケツの中味を少年に投げつけている幽霊のような母親の立ち姿が現れる。そうかと思うと、物凄《すご》いモーターの音にまじる女の悲鳴が聞えるような気がする。電車と自動車の衝突現場とか、エレベーターが扉に人の小指を挟んだまま上り始める状態などが目まぐるしく点滅した。
大きなお茶屋の前を過ぎて、ゴム紐や打ち紐、レースに縫糸、毛糸などを売っている店のあたりにまで来て、B少女は老婆のことを母親に気づいていたかどうかたずねようとした。しかし何かに咽喉《のど》を塞がれるような気がして、それとは別のことをたずねた。

ねえ、いんが※4、って、どういうこと?
③母親は、少女の顔を探るように見ていたが、
ああ、
と思い当《あた》ったらしく、しばらく考えてから、
めぐりあわせ、かしら。

とゆっくり答えた。

鰯《いわし》は生れた時から鰯で、どんなに望んでも鯛になることはできない。鯛も生れた時にはもう鯛になっていた。おにおこぜも、別の何かになりたかったかもしれないのに、どこかでとうに、おこぜになることが決《きま》っていたらしいのね。

どこか、って?

それは、お母さんにもはっきり言えないんだけれど、そして、C何がどういうふうに決めるかもよくは分らないんだけれど、どこかでとうに決っていたとしか思われないのね。

Dそれなら、わたしも?

そりゃ、あなたはお父さんとお母さんの子供であることは間違いないんだけれど、他の誰でもないあなたがそうなったについては、お父さん、お母さんの考えとは別に、そういうこともあったとお母さんは思うの。
④つとめて冷静にそう言いながら、母親はやはりうろたえていた。突然言い直しのきかない宣言を迫られた、という感じがあった。
⑤わたしも、いんがの子、ね、そうなんでしょう?
この時の少女は、九官鳥にちょっとだけ似ていた。しかし九官鳥に似ていないのは、大人になるには間があって、何かよく分らないことがいっぱいあるけれども、自分

雁木を伝って、天幕わきの道に次々に積み上げられる木箱やブリキ缶が、掛け声もろ共、天幕の中へどんどん運び崩されて行く。木箱からとび出した小魚が、道の上で跳ね廻る。転がりながら川へ舞い戻る玉葱や馬鈴薯もある。

荷上げが終る頃には、天幕の中ではもう、海の物、山の物、畑の物を中にして、卸しの業者と仲買人や小売りの業者がすさまじい掛け合いを始めている。互《たがい》の生活を張った声が天幕の中を飛び交ううちに、東の空はようやく薄紫から橙色に移って、町が背にしている山々にも家並にも少しずつ色が入り、始発の電車がゆっくりと車庫を出る。

やがてひとつ獲物を分け合った蟻が、めいめいの取り分を抱えて散って行くように、大方の仲買人や小売りの業者たちが次々に引き揚げて行くと、あたりには再び流れの音が立ち返る。車の轍《わだち》のあとを残して道に腸《はらわた》をひろげている魚に、どこから来るのか鳥が群がって、人が寄ってもすぐにはとび立とうとしない。

この川縁に立って対岸を望むと、町に一つの火葬場の煙突が見えた。火見櫓《ひのみやぐら》も、湯屋の煙突も見えた。』

（中略）

早朝に業者以外の者が立ち入るのを、市の者は嫌った。じっさい、邪魔になるばかりだった。仲買人や小売りの業者との取り引きが終ってからは、市は、主として一般家庭のためのマーケットの顔になった。鮪や鮫が鋸《のこぎり》で挽《ひ》かれ、鮭や鰹が材木のように投げられ、海苔《のり》や昆布、若布《わかめ》の類が貫単位で売り買いされるのは早朝の光景であるが、午後になって鋸で挽かれた鮪の半身が店に切口をさらしていることもあったし、車海老を詰めた箱が高く積み上げられていることもあった。

今日は百合根《ゆりね》をね。

と、藤色の毛のショールが似合う母親は呟くように言って、行きつけの八百屋のほうへ少女の手をひいた。

B『老婆が、綿入れの半纏《はんてん》で背をいっそう丸くしながら、ボール箱にかがみ込んで長薯《ながいも》を取り出している。

この店は、根の物や芽の物をよく揃えている。春にはひきしまった蕗《ふき》の薹《とう》、胞子の固い土筆《つくし》、嫁菜、三葉、木の芽の類が、夏には茗荷、紫蘇《しそ》の穂、一口茄子などが並んだ。

少女はこの店先に立つだけで、まだ雪の残っている山野に遊ぶ自分を思うことができた。陽の暖かな土手に出て、※1摘草に指を染める誰彼を想像することが出来た。神社の注連縄《しめなわ》のような根山葵《わさび》は、一年中いつでも用意されてあった。パセリや生姜、浅葱《あさぎ》もそうだった。この店の芋や蓮根はみんな泥をかぶっていた。

百合根が欲しいという母親に、老婆は、茶碗蒸か、それともふくめ煮かとたずねた。母親は茶碗蒸だと答えて、一片《ひとひら》ずつがあまり小さくないものを求めた。

老婆は、手にした大きな球を、さも自信あり気に母親の目の前でくるくる廻して見せた。

結構よ。ついでに三つ葉も一把下さい。

それじゃあおまけに、これを気持だけ。

そう言って老婆は、少女に、銀杏を一と握り持たせた。少女はその時、老婆の右手の小指が、根元から切れているのに初めて気がついた。急いで目を逸らせた。』

C『二軒先の魚屋は、魚よりも貝類のいいうちだった。厚みのある殻つきの牡蠣、酒蒸用の蛤、浅利、それに肉の真新しい鮑《あわび》が無雑作に盛り上げてある。すぐそばに、今日は珍しく※2おにおこぜがぴくついている。

夏間には、二の腕の錨《いかり》の刺青が見える陽気な主人が母親に言う。

Aなんの因果でこんな頭になったやら。顔はまずいが、まあ、ちりにでもして食べてごらんよ。※3情が移るで。

しゅんではないけれど、珍しい。貰いましょうか。身よりも皮ね、この魚は。

問14　次の二重傍線部の漢字として正しいものをそれぞれの選択肢から選び、記号をマークしなさい。**（解答番号19～25）**

a　ゲン外　ア　限　イ　源　ウ　厳　エ　言

b　オク面　ア　億　イ　臆　ウ　憶　エ　奥

c　ヨウ赦ない　ア　要　イ　揚　ウ　用　エ　容

d　教ベン　ア　弁　イ　便　ウ　鞭　エ　勉

e　不可シン　ア　進　イ　侵　ウ　信　エ　親

f　往カン　ア　間　イ　環　ウ　還　エ　換

g　オオう　ア　大　イ　包　ウ　覆　エ　履

二　次の文章を読み、後の各問いに答えなさい。

①その市は、サーカス小屋のように天幕でおおわれていた。川に沿った、長い、大きな市だった。天幕の中を川風が吹き抜けた。

母親に手をひかれた少女がこの市に来るのは、たいてい午後早くときまっていて、それも週のうち一度かたまに二度、という程度でしかなかったが、少女はそれをいつも待ちかねた。初めての本を開く時のような期待と不安があり、それはなにがしかの驚きと、新たなよろこび、新たなかなしみで埋められるのがつねであった。

A『河口が近いので、この市へは船からの荷上げも多い。市に行く前に、時々河口まで連れて行ってもらうのも少女のたのしみの一つだった。早朝の搬入には、トラックのほか、近郊からの馬車や大八車、リヤカーなども集って来る。市の入口には、業者のための簡易食堂も設けられていた。その隣店では、九官鳥が、時々、

ゴクロウサン

と人声を真似た。

冬になると、まだ星のあるうちから、川縁《かわべり》ではいくつもの焚火《たきび》が威勢よく爆《は》ぜた。水面に火の粉を撒《ま》いて、暗がりの中に高く低く燃え上る焔《ほのお》が、天幕の中の裸電球の灯を力弱く見せた。焚火の数は、対岸の民家の人たちには、その日の市の景気を示しているようにも思われた。

頸《くび》に手拭やマフラーを捲きつけた業者たちが焔に手をかざし、煙草を吸い、焚火で沸かした薬缶の湯を注ぎ合った。毛糸の帽子で耳まで隠している者もあれば、頭巾で、目鼻を残して顔をおおっている者もある。老人は多く煙管《きせる》を使った。胸と腰のふくらみがなければ男と見紛う者も、時折、火のそばで声高に笑った。男たちは、たいてい耳に鉛筆を挟んでいた。

生木の燻《くすぶ》る匂いが、風で暗い川面に散らされて行く。星の影が次第に淡くなり、対岸の民家の灯が増えて、それまでけじめのつかなかった空と海、空と島との境が、朧《おぼ》ろにそうと見分けられる頃が、この市のもっとも活気を呈する時刻である。

問11 ⑩――「ぼくは、日本語の歴史の一部になりたかった」とありますが、筆者（ぼく）が「日本語の歴史の一部にな」るとはどういうことですか。それを次のように説明したとき、この文の各空欄に適切な言葉をそれぞれ後の選択肢より選び、記号をマークしなさい。**（解答番号 Ⅰ―13、Ⅱ―14、Ⅲ―15）**

> **外来の文字に手を加えて出来た、［Ⅰ］日本語という文字を、自分という［Ⅰ］外国人日本文学者が書いて作品を創作することが、日本語の［Ⅱ］性を［Ⅲ］ことになるということ。**

（選択肢）

Ⅰ
ア 独特のオリジナリティを持つ
イ 多様な成立過程を持つ
ウ 外部性に基礎づけられた
エ 外部性に抑圧された

Ⅱ
ア 閉鎖
イ 両義
ウ 柔軟
エ 歴史

Ⅲ
ア 自らなぞる
イ 自ら打開する
ウ 自ら確認する
エ 自ら否定する

問12 ⑪――「日本語の長い歴史」とは何を指しますか。最もふさわしいものを次から選び、記号をマークしなさい。**（解答番号16）**

ア 日本語の独自性。
イ ズレとしての言葉の伝統。
ウ 屈辱的な屈折を強《し》いられた経緯。
エ 日本人にだけ日本語が占有されてきたこと。

問13 ～～～ア、イの文中における意味とほぼ同義の言葉を、それぞれの選択肢から選び、記号をマークしなさい。**（解答番号ア―17、イ―18）**

ア 焚《た》き付けて
a けしかけて
b 導いて
c いら立たせて
d 誘って

イ テリトリー
a 次元
b 範囲
c 規模
d 縄張り

問9　⑨――「技術的にはるかに進んだ強大な大陸帝国と接触した際、その防衛手段として発明されたのが、平仮名だった」とありますが、「強大な大陸帝国」の文字である漢字を「崩し」て作った「平仮名」が日本文化の「防衛手段」になった理由を次のように説明するとき、この文の各空欄に適切な言葉をそれぞれ後の選択肢より選び、記号をマークしなさい。**（解答番号Ⅰ―9、Ⅱ―10、Ⅲ―11）**

> **ある文化の独自性・固有性は［Ⅰ］によって保たれる。日本語はもともと音声［Ⅰ］であり（仮名発生以前の万葉仮名《まんようがな》は漢字を音《おん》として用いたものである）、例えば和歌の修辞法の［Ⅱ］や現代に残るダジャレなど、日本語固有の言語文化は音声［Ⅰ］であることに由来する。この日本語の固有性は、表［Ⅲ］文字である仮名文字によって保たれたのであり、従って仮名が日本文化の独自性を守ったといえる。**

（選択肢）ア　意　　イ　音　　ウ　文字　　エ　言語　　オ　習慣
カ　枕詞《まくらことば》　　キ　序詞《じょことば》　　ク　掛詞《かけことば》　　ケ　縁語《えんご》

問10　⑧――「日本では、そういった普遍的な問題が、文字を通して、ほかの国よりもはっきりと浮かび上がっている」とありますが、それはなぜですか。［14］段落までを踏まえ、理由として最もふさわしいものを次から選び、記号をマークしなさい。**（解答番号12）**

ア　日本は島国であり、自分の言葉に異邦人として対する意識を持つことが極めて不得意であるという必然的な条件があるため、逆説的に地球レベルで表現することの重要性を示せるから。

イ　日本の文学は『古事記』『日本書紀』から江戸文学、更に近現代の文学まで千三百年の歴史があり、従って日本語はその時代ごとの文字の多様な変化に対応する必要があったから。

ウ　日本語は、話し言葉には何ら独自性はないが、書き言葉の方に、大国の支配と抑圧というスキャンダラスな歴史性を持っており、それが自虐的な屈折性となっているというネガティブな経緯があるから。

エ　他国の文字の成立が内部的に完結しているのに対して、日本は島国という地理的な閉鎖性がある一方で、文字の成立の面では外来のものを変形させて用いるというふうに必然的に外部性に立脚しているから。

問4　④――「在日ではなく滞日の欧米人のアイデンティティは日本にいながら日本語を喋らないこと、英語を喋りつづけることにあった」とありますが、それはなぜですか。理由として最もふさわしいものを次から選び、記号をマークしなさい。**（解答番号4）**

ア　異国社会で異邦人として生きるには、頑《かたく》なに日本語を話すことを拒絶して欧米人としてのアイデンティティを守らねばならないと彼らが思っているから。

イ　日本語を喋らないことで欧米人としての固有性を保ち日本人との徹底的な差異を示すことが、自分たちの商品価値の高さを保つことになるから。

ウ　越境の意志を貫くために「日本語を喋れない外国人」を演じることが、この島国・日本に生きる彼らの生活の知恵だから。

エ　彼らが外の文化を容易に受け入れない日本人から「書けるなんて思うな、ガイジンのくせに日本語で喋るな」という非難を受けることに耐えられないから。

問5　⑤――「越境」とありますが、「越境」のここでの意味として最もふさわしいものを次から選び、記号をマークしなさい。**（解答番号5）**

ア　国家という概念を越えること。

イ　人種の壁を越えること。

ウ　既習の言語体系を新たな言語体系に置き換えること。

エ　先進文化世界から途上文化世界に逆行すること。

問6　⑥――の空欄にあてはめるのに最もふさわしい言葉を次から選び、記号をマークしなさい。**（解答番号6）**

ア　つらい　　イ　厳しい　　ウ　楽しい　　エ　うれしい

問7　□i～vの各空欄に「内」、「外」のいずれかをあてはめた時、一つだけ他と異なるものはどれか。その記号を答えなさい。**（解答番号7）**

問8　⑦――「私はドイツ語の歴史を作っている」というドイツ語で小説を書いた日本人の多和田葉子のこの言葉について、生徒達が次のように話し合いました。本文の筆者の主旨と合致する意見を述べた生徒の記号を一つ選び、マークしなさい。**（解答番号8）**

生徒A「多和田さんはずいぶん気負い込んだことを言ってるわね、外国人の自分こそが『ドイツ語の歴史を作っている』なんて。ちょっとおこがましいのではないかしら。」

生徒B「確かにね。イギリスのアングロサクソンの人々の場合と、ドイツのゲルマンの人々の場合とでは、言語文化の様相も違ってくるはずなのにね。」

生徒C「民族の違いは関係ないよ。彼女は、その言語を母語としない外国人が（その言語で）作品を創作することは外部の視点からの新たな文学の創出であるという意味で、この言葉を言ったのではないかな。」

生徒D「でも、人間の思考はその人間の用いている言語の体系によって規定されているという言語観が、今日では当たり前になっているんでしょう？　ならば外国人の多和田さんは、ドイツ語と異なる言語体系で思考している人なはずよね。」

生徒E「そう考えると、多和田さんの言っている言語の歴史性とは、言語の固有性と常に不可分であり、『一言語一国家』という近代の『国民国家』の考え方がこれからも正統性を持ち続けていくということだね。」

問1　①――「完成されていない段階において、日本に来られたということが、ぼくにとってすべての出発点となった」とありますが、それは筆者にとってどういうことですか。最もふさわしいものを次から選び、記号をマークしなさい。

（解答番号1）

ア　十七歳の青春時代に日本に来て下宿で友人らが語り合うのを見たとき、感情を伴った言葉が形となって飛び交う姿に好奇心以上のものを感じ、これを自分のものにしたいという衝撃に打たれたということ。

イ　子供でも大人でもない年齢で日本に来たことで西洋人としての人格が完成されず、以後アイデンティティが定まらない不安定さからアメリカ人でありながら日本文学研究者になったということ。

ウ　西洋人としての人格が確立しきっていない段階で生きた日本語に強く惹《ひ》かれたことが独自のアイデンティティとなり、「アメリカ人」の「日本文学の研究者」になったということ。

エ　最後の近代らしい時期だった一九六〇年代に日本に来られたことがアイデンティティ形成に大きく作用し、英語と日本語の橋渡しをするような仕事に興味を持ったということ。

問2　②――「喋れるようになるまでじっと日本語に耳を傾け、書けるようになるまでひたすら日本語を読んだ」という筆者の日本語習得の訓練法からはどのような意味が読みとれますか。最もふさわしいものを次から選び、記号をマークしなさい。**（解答番号2）**

ア　語学習得は、アクティブな実践的アウトプットの前提に、膨大な量の地道なインプットが必要だということ。

イ　語学習得には、話す・聞く・書く・読むという四技能のバランスの良い学習が大切だということ。

ウ　一九六〇年代は、まだ話す・書くといったアクティブな学習法が発達していなかったということ。

エ　一九六〇年代はまだ話す・書くといったアクティブな学習法が実践されていなかったので、筆者の欲求不満が募ったということ。

問3　③――「欲求不満」とありますが、この筆者の「欲求」とはどのようなものですか。それが最も明確に説明されている段落の番号をマークしなさい。

（解答番号3）

に異邦人として対する意識をもたなければよい作品は生まれない。これは、一流と呼ばれる日本の作家なら誰もが感じている今日的な表現の問題である。⑧日本では、そういった普遍的な問題が、文字を通して、ほかの国よりもはっきりと浮かび上がっているのではないか。地球レベルで表現することの重要性。その一つのモデルを、この鎖国の歴史をもった島国が提供するようになっているのではないだろうか。

9 日本文学者としてのぼくの専門は、『万葉集』である。日本に移り住む以前は、一年のちょうど半分を日本で暮らし、新宿の街をうろついたり、小説を読んだり、『万葉集』を英訳したりと、かなり自由な時間を過ごしていた。残りの半分はアメリカに戻り、スタンフォード大学などで d 教ベンをとる。そんな生活が十六、七年続いた。

10 相互 e 不可シンの小さな イ テリトリーを守る日本の大学の研究と違って、アメリカの大学では古典文学といえば、『古事記』『日本書紀』から江戸文学までやる。おまけにぼくは近代文学、現代文学もやっていたから、『万葉集』研究者のぼくが、朝は『日本書紀』、午後は大江健三郎を講じたこともある。日本語の表現史の千三百年を半日の間に f 往カンする。そんな講義を続けていると、日本語の独自性がよくよく見えてくる。ぼくが当時、アメリカの大学でやっていた講義のスケールは、日本語の歴史性に即してごく自然なことだったと今でも思っている。ある意味で、日本語で表現するということは、おのずから『万葉集』や『源氏物語』の流れの中に入ってしまうことだからだ。

11 話し言葉としての日本語は、独自でも何でもない。世界に数千ある言語の中の一つにすぎない。日本語に独自性があるとすれば、書き言葉、つまり文字だ。

12 よく知られているように、漢字は中国から来たものだが、日本はその漢字を崩してしまった。文字が外から輸入されてから、そのまま使われることなく、形を変えられたという事実がある。⑨技術的にはるかに進んだ強大な大陸帝国と接触した際、その防衛手段として発明されたのが、平仮名だった。平仮名は、日本にもともとあった文字ではなく、外部から輸入された漢字を崩してできた。漢字を遊ばせてつくってきたともいえる。その歴史はスキャンダラスといえばスキャンダラスだが、その屈折のうちに日本語の独自性はある。

13 たとえば、英語はヨーロッパの言葉で、ヨーロッパの内部で生まれたアルファベットで綴られる。ハングルは韓国語という母国語を表記するために、世宗大王が言語学者たちに人工的につくらせた文字だ。

14 ハングルを書きたいと思ったことは一度もない。ハングルを書くこととアルファベットを書くことはほとんど変わらないとぼくは思う。ところが、日本語を書くということは、書く人の国籍が何であろうと、その屈折の歴史にみずから参加することを意味している。書くのは現代の日本語であっても、その背後には『万葉集』や『源氏物語』の時代から続くズレとしての言葉の伝統がある。

15 ⑩ぼくは、日本語の歴史の一部になりたかった。英語でも書ける内容を日本語で書くのではなく、日本語を書きたい、日本語をつくりたい、と思った。日本語を書くことに、ぼくはほとんど一つの※エロスを感じるのである。

16 ところが、日本では明治以降、このような日本語の歴史性が日本人自身の目から g オオい隠されてしまった。外国人が言葉の次元で日本人になることはありえないという妄想が、以後、一世紀以上この国をオオって来た。それは、⑪日本語の長い歴史に照らせば、異常な事態だったということができる。

（リービ英雄「日本語を書く部屋」）

（語注）

※エロス……ここでは「原初的興奮」くらいの意味。

二〇二三年度
青稜高等学校

【国　語】（五〇分）〈満点：一〇〇点〉

一　次の文章の筆者は、日本語を母語とせずに日本語で創作を続けている日本文学者である。これを読み、後の各問いに答えなさい。

[1]　近代日本の、最後の近代らしい時期であった一九六〇年代、初めて日本に渡った。ぼくは子供でもなければ、大人でもなかった。西洋人としての人格が完成されているようで、完成されていなかった。①完成されていない段階において、日本に来られたということが、ぼくにとってすべての出発点となった。

[2]　東京の風景、日本の自然、日本人との関係、その中に流れている日本語という言葉にぼくは触れた。十七歳のころ、誰かの下宿に行って朝まで話し込んだことがある。十人のうち、ぼく一人だけが日本人ではなかった。話は一、二割しか理解できなかったが、黙って聞いていた。下宿の六畳間の空気の中で、言葉が形となって飛び交っているのが見えたような気がした。教科書の言葉ではなくて、感情を伴った言葉だった。これは何だろうと好奇心以上のものに衝き動かされた。これを自分のものにしたいという思いにかられた。

[3]　それからは、②喋《しゃべ》れるようになるまでじっと日本語に耳を傾け、書けるようになるまでひたすら日本語を読んだ。二十年の月日が流れた。③欲求不満がふつふつと沸いてきて、ぼくの心の中で発酵していた。

[4]　日本文学研究者になったぼくに「おまえも一緒に書け」と言ってくれる日本の文学者はいなかった。むしろ、書けるなんて思うな、ガイジンのくせに日本語で喋るな、という声をヒステリーぎみに浴びせられることもしばしばだった。この国でのぼくの役割はといえば、「翻訳して、われわれにノーベル賞をとらせてくれ」と aゲン外に、ある時は bオク面もなく、彼らは言った。

[5]　日本人だけではない。日本にいる欧米人の中にも、日本語を書こうとするぼくを変な目付きで見る人が少なくなかった。日本語を喋り、書くことが近代の日本人のアイデンティティだったとすれば、④在日ではなく滞日の欧米人のアイデンティティは日本にいながら日本語を喋らないこと、英語を喋りつづけることにあった。それが、この島国に生きる彼らの生活の知恵であり、実際、職業でもあった。ぼくは日本語を書くことで、彼らのアイデンティティをも揺さぶることになったのだ。現に、⑤越境の意志を捨ててしまったほうが歓迎されることに気付き、上手に立ち回っている滞日外国人も多かった。反対に、ぼくは境を越えたことで、彼らからも拒否反応にぶつかった。

[6]　一九八〇年代後半、日本語は i□からの越境者との関係のなかで、さらに豊かになるだろうと考える日本の文学者が、少数ながら現れはじめた。中上健次のように、「おまえも一緒に書け」とぼくをア焚《た》き付けておきながら、作品に cヨウ赦ない批判を浴びせた人もいた。日本語に対するガイジンの思い込みにすぎないという中傷は一度も聞かなかった。二十年近く日本語を書けない欲求不満のかたまりでいたぼくにとって、それはいちばん⑥（　　　　）ことだった。

[7]　文学の世界では、文化の ii□から iii□へというこの越境の動きが、地球上のあちこちでほぼ同時に起こった。英文学では、サルマン・ラシュディ、カズオ・イシグロ、ベン・オクリといった、アングロサクソンの一員でない作家たちが、生粋のイギリス人として生まれた作家よりも独創的な作品を発表するようになった。日本人の多和田葉子がドイツ語で小説を書き、「⑦私はドイツ語の歴史を作っている」と発言した。彼女のコメントを感動をもって読んだのは、ぼく一人ではなかったはずである。

[8]　さらに正確を期していえば、越境は、ある文化の iv□部にいる者にだけおこるのではない。日本人として生まれた人でも、日本語を書くためには、一度、「外国人」にならなければだめなのだ。「当たり前な日本語」の「v□」に立って、自分の言葉

英語解答

1 問1　A…(イ)　B…(ウ)　C…(ア)
問2　(ウ)
問3　3番目…(キ)　6番目…(カ)
問4　3番目…(エ)　6番目…(ウ)
問5　(1)…エ　(2)…オ　(3)…ウ　(4)…ア
(5)…イ

2【A】　1…(イ)　2…(エ)　3…(ウ)　4…(ア)
【B】　1…(ア)　2…(ウ)　3…(ア)　4…(イ)

3【A】　①…(ウ)　②…(ク)　③…(キ)　④…(オ)
⑤…(ア)　⑥…(エ)　⑦…(コ)
【B】　(エ)

4 ①　(ケ)　②　(エ)　③　(コ)　④　(ウ)
⑤　(イ)　⑥　(ク)　⑦　(カ)　⑧　(キ)
⑨　(オ)　⑩　(ア)

5 ①　(エ)　②　(コ)　③　(ケ)　④　(イ)
⑤　(ア)　⑥　(ウ)　⑦　(オ)　⑧　(キ)
⑨　(カ)　⑩　(ク)

6 1　(ア)　2　(イ)　3　(イ)　4　(ア)
5　(ウ)　6　(エ)　7　(イ)　8　(エ)
9　(ウ)　10　(エ)　11　(ウ)　12　(イ)
13　(ア)

7 1　(ウ)　2　(ウ)　3　(ウ)　4　(ウ)
5　(イ)　6　(イ)　7　(イ)　8　(オ)

8 1　3番目…(ウ)　6番目…(ア)
2　3番目…(ク)　6番目…(イ)
3　3番目…(エ)　6番目…(オ)
4　3番目…(カ)　6番目…(ク)
5　3番目…(ク)　6番目…(ウ)
6　3番目…(ウ)　6番目…(イ)
7　3番目…(カ)　6番目…(オ)
8　3番目…(ク)　6番目…(キ)

1〔長文読解総合―説明文〕

≪全訳≫**1**1969年7月20日，小さな1歩とともに世界の歴史に劇的な瞬間が訪れた。ア それは，ニール・アームストロングが初めて月面を歩いた人間となったときだった。それ以来，多くの人々が宇宙旅行を夢見てきた。**2**いくつかの企業が現在，この夢の実現を提供している――かなりの高値で。彼らはロシアの宇宙船ソユーズで行く宇宙旅行のチケットを販売している。少数の人々が，この旅行，あるいは彼らが呼んできたように言えば「スペースツアー」をすでに利用した。宇宙旅行者たちは，地球の周りを回る大型の宇宙調査センターである国際宇宙ステーションに滞在する。イ プログラムは1週間あまりで，旅行者は地球を120周し，何百万キロを旅することができる。**3**近い将来，より多くのスペースツアーが計画されている。あるツアーは，宇宙旅行者たちを月の裏側へ連れていき，地球に戻ってくることを計画している。宇宙旅行者たちは宇宙船の窓から地球と月を眺めることができる。多くの人々がこれらのツアーに参加したいと言う。**4**しかし，誰もがチケットを買うのに並ぶ前に，考慮すべき点がいくつかある。まず最初に，価格である。月の裏側に行くツアーの費用は約1億ドルになるだろう。2つ目に，ウ 宇宙飛行には訓練と準備が要求される。これらのツアーでは，全ての旅行者が旅行参加前に6か月間の訓練を受けることを求められる。彼らはまた，健康診断に合格するように体調を整えなければならない。3つ目に，宇宙で重力がないことは実際の行動が困難になることを意味する。エ あらゆるものに重量がない。固定されていなければ誰でも何でも浮くのだ。座ることも歩くことも，横になることもできない。③ シャワーを浴びるというような簡単なことをすることもできない。液体が浮かぶので水やシャンプーが使えない。代わりに人々は，洗うのにぬらして石けんをつけた布を使う。最後に，オ 身体への物理的な影響がある。重力がないせいで血液が頭に向かって流れる。結果として，ひどい頭痛が起こる。また，骨や筋肉が弱くなる，それらを押す重力がないからだ。健康でいるために，宇宙旅行者は毎日数時間運動する必要がある。**5**宇宙探検は，まだ万人向けではない。それは本当の冒険だが，全ての冒険のように課題もある。

問１＜適語選択＞Ａ．空所の前の，一般の人がスペースツアーに参加できるという内容と，空所の後で述べられている，参加するまでの困難な条件が，‘逆接’の関係になっている。　Ｂ．空所後で紹介される a wet, soapy cloth は，水やシャンプーの代わりに使う物である。 Instead「代わりに」　Ｃ．空所の前で，重力がないことによる体への影響の１つを述べ，空所後では別の例を追加している。

問２＜文の区切り＞for the trip は cost を修飾する語句，to the far side of the moon は trip を修飾する語句で，ここまでが文の主語のまとまりである。このように主語が長い場合は，主語の範囲をはっきりさせるため，その後ろで区切って読む。

問３＜整序結合＞「体調を整える」は get in shape で表せるので They must also get in shape とまとめ，この後に「～するように」を‘so that＋主語＋動詞…’の形で続ける。 They must also get in shape so that they pass the medical examinations.

問４＜整序結合＞語群と前後の内容から，無重力の宇宙でできないことを述べる文になると考え，It is impossible to ～という形式主語構文をつくる。残りは like を「～のような」の意味の前置詞として用いれば taking a shower が simple things の具体例となる。 It is impossible to do simple things like taking a shower.

問５＜適所選択＞(1)文の意味は「あらゆるものに重量がない」。空所エに続く内容が「重量がない」ことによって起こる具体的な説明になっている。　(2)文の意味は「身体への物理的な影響がある」。空所オの後ろで身体への影響が具体的に述べられている。　(3)文の意味は「宇宙飛行には訓練と準備が要求される」。空所ウの後ろが「訓練と準備」の説明になっている。　(4)文の意味は「それは，ニール・アームストロングが初めて月面を歩いた人間となったときだった」。これは，本文冒頭の A dramatic moment in world history の具体的な内容になる。 the first person to ～「初めて～する人」　(5)文の意味は「プログラムは１週間あまり続く」。スペースツアーの内容紹介の一部と考えられる。スペースツアーの内容についてはイの前後で説明されている。

２〔音声総合〕

【Ａ】＜単語のアクセント＞

１．	(ア) stán-dard	(イ) tech-níque	(ウ) ím-age	(エ) vól-ume
２．	(ア) ca-réer	(イ) suc-céss	(ウ) oc-cúr	(エ) mód-ern
３．	(ア) dél-i-cate	(イ) ín-dus-try	(ウ) en-cóur-age	(エ) óp-po-site
４．	(ア) ec-o-nóm-ics	(イ) ne-cés-si-ty	(ウ) com-mú-ni-ty	(エ) pho-tóg-ra-pher

【Ｂ】＜単語の発音＞

１．	① police[iː]	② previous[iː]	③ species[iː]
２．	① enough[ʌ]	② abroad[ɔː]	③ ghost[ou]
３．	① climb[黙字]	② honest[黙字]	③ receipt[黙字]
４．	① machine[ʃ]	② passion[ʃ]	③ scenery[s]

３〔長文読解―適語選択―説明文〕

≪全訳≫新年――家族とともに新しい年を祝うこと／「正月」という語は文字どおり年の最初の月を指すが，それはまた，人々が全国的に新年を祝う一年で最も大きな年中行事を表す。全ての学校と多くの会社が，「三が日」(元旦から３日までの年の最初の３日間)とその前後の数日の間，長めの休みを取る。この間，家から離れて暮らす家族が正月を一緒に祝うために帰ってくる。女の子たちが日本のシャトル(「羽根つき」)をし，男の子たちがたこを飛ばし(「たこ揚げ」)，子どもたちがみんな「お年玉」(新年のお金の贈り物)をもらうのが伝統である。12月29日前後の年の瀬に，人々は家を掃除し，「門松」(門の松飾り）や「しめ飾り」（わら縄の飾り）や「鏡餅」（鏡の形の餅）などの伝統的な日本の新年の飾りつけを行い，「年越しそば」（ソバの麺）を食べながら「除夜の鐘」を聞いて新年を迎える。元旦には，人々は「おとそ」（伝統的な香辛料入りの薬効のある酒）と「おせち料理」（伝統的な日本の新年の料理），「餅」入りの「雑煮」という伝統的な食事を取る。この食事の後に，新しい年の幸福を祈って「初詣」――新年初の神社への訪問――や近所への挨拶を行う。「あけましておめでとう」（ハッピーニューイヤー）という挨拶は，新年の祝いと，前の年をつつがなく終えたことへの感謝の両方を含んでいる。非常に多くの人々が楽しみにしている年中行事なので，人々は自分にとってとてもわくわくするときに「盆と正月が一度にきた」という表現を使う。過去には，新年の休みの間，多くの店が１週間前後休業した。しかし，近年は１月２日から開けている店の数が増え，人々は，新年限定の「福袋」（何かわからないが価値のある品物でいっぱいの幸運の袋）などを求めてデパートに向かう。

【A】①三が日とその前後数日を含む正月休みは，「長期休暇」といえる。extended は「延長された，長期の」という意味。　②「家から離れて暮らす家族」は正月に「帰ってくる」。　③お正月に子どもがすることを列挙した部分。子どもたちは皆，お年玉を「受け取る」。空所を含む文全体は，‘It is ～ for … to ―’「…が―することは～だ」の for 以下が３回繰り返された形になっている。　④pray for ～で「～を祈る」。この前の接続詞 as は「～しながら」を意味する。　⑤gratitude for ～で「～への感謝」。感謝の対象は，前の年を無事「終えたこと」。この文では for の目的語が完了形の動名詞（‘having＋過去分詞’「～したこと」）になっている。　⑥以前は多くの店が，正月を１週間ほど休んでいたが，近年では，１月２日から始める店の数が「増えている」。　⑦福袋の中身の説明となる部分。福袋は「未知な」物でいっぱいである。

【B】直後のかっこ内が「おとそ」の説明になっている。

４〔対話文完成―適文・適語句選択〕

≪全訳≫❶ロビン（R）：キャシー！　やあ！　久しぶり！❷キャシー（C）：うーん…すみません，①どこかでお会いしましたか？❸R：僕だよ，ロビンだよ。僕たちはABC大学でクラスメートだった。❹C：ロビン！　あら！　まあ！　ごめんなさい。あなただとわからなかったわ。②あなたはずいぶん違って見える。❺R：あっ，うん。そうかもね。ともかく，君はどうしてる？　元気そうだけど。❻C：ありがとう。元気よ。好調よ。❼R：ここで何をしてるの？❽C：すぐ近くで働いてるの。お昼休みの最中よ。❾R：えっ，本当？　③どこで働いてるの？❿C：すぐそこよ。映画会社でセールスマネージャーをしてるの。⓫R：それはすごい。本当によかったね。⓬C：ありがとう。楽しくやってるわ。④きつい仕事だけどね。実は今ちょうど新しいウェブサイトをつくっていて，とても長い時間働いているの。ほとんど毎日，夜９時には終わらないわ。⓭R：本当？　⑤疲れるだろうね。⓮C：ええ。でも楽しいし，すごく勉強になるし，報酬も悪くないし。⓯R：で，⑥彼氏とはまだ一緒にいるの？彼の名前は何だっけ？⓰C：カールのこと？　ええ，夏に結婚する予定よ。⓱R：本当？　わあ！　おめでとう！　それはいいね。⓲C：ありがとう。ともかく，⑦私のことはもういいわ。あなたはどうしてるの？　最近何をしてるの？⓳R：僕？　まあね…実際大したことはしていないんだ。つまり，働いたり何かしたりしていないってこと。自分が何をしたいのか考えているんだよ。⓴C：そうなの。で，⑧まだ実家に住んでいるの？㉑R：うん。そうだよ。今は自分の家を持つ余裕がないんだ。㉒C：なるほど。お母さんはどうしてる？　元気？㉓R：うん，元気だよ。彼女は君のことを覚えてるよ。⑨まだ君のことを話すんだ。㉔C：それはうれしいわ。私からどうぞよろしく伝えてね。㉕R：うん，そうするよ。ともかく君にまた会えてよかった。㉖C：ええ，あなたにも。いつかまたぜひ会いましょう。㉗R：うん，そうしよう。ねえ，今度の土曜日はどうしてるかな？　ランチか何かで会わない？㉘C：ああ，そうしたいけど，⑩来月のマラソンの練習をするの。㉙R：えっ，本当？㉚C：ランニングが大好きなの。本当に楽しみにしてるのよ。**31**R：わかった。幸運を祈るよ。**32**C：ありがとう。

＜解説＞①この後の内容から，キャシーは声をかけてきた男性がロビンだと気づかなかったことがわかる。Do I know you? は，声をかけられたが相手が誰かわからない，という場面で使う表現。②ロビンだと気づかなかったのは，ロビンの外見が違っていたから。 'look＋形容詞'「～に見える」 ③直後のキャシーの応答から，働いている場所を尋ねたとわかる。around the corner は「角を曲がったところに，すぐ近くに」という意味。 ④キャシーが自分の仕事について話している場面。直後に続く内容が，hard work の具体的な説明になっている。文末の though. は「～だけどね」と前に言ったことを一部否定する表現。 ⑤毎日長時間働いていると聞いての応答。この must は「～に違いない」の意味。 ⑥直後の his が誰なのか考える。 ⑦この後，話題がキャシーからロビンのことに変わっている。キャシーは，自分のことはもう十分だと言ったのである。⑧空所の発言を受けてロビンが，can't really afford a place of my own は「自分自身の家を持つ〔借りる〕余裕がない」と言っていることから判断できる。 ⑨ロビンの母が話題となっている場面。㈵の主語 she はロビンの母を指す。 ⑩ロビンの誘いを断る理由が入る。

5〔長文読解―適語句・適文選択―説明文〕

≪全訳≫❶歴史とは，過去に起こったことの記録である。それは通常，ある文明を描写する出来事を年代順に記録したものだ。私たちが歴史を学ぶのは，過去について知ることがおもしろいからだけでなく，過去に関する知識が現在を理解することに役立つからだ。また，将来過ちを犯すことを避けるためにも役立つ。❷現在，歴史家は過去を理解するための多くの資源を持っている。しかし，はるか昔，その資源は非常に限られており，今でも文化や社会によっては限られている。例えば，パプアニューギニアの高地には，書き言葉を持たない孤立した部族がいる。彼らは会話と簡単な絵でしかコミュニケーションすることができない。したがって，彼らの歴史は，会話によって伝えられたか，あるいは樹皮や洞窟の壁に描かれたものに限られる。書かれた歴史は，書くという形式，書くための物質，（その上に）書くための素材ができるまではありえない。（その上に）書くための物は，最初は石，木の皮のパピルス，動物の皮などで，後に紙が使われるようになった。❸現代の歴史家には，調べるための書かれた記録が豊富にある。それは書籍，印刷物，新聞，個人的な手紙などである。さらに近年では，音声記録，フィルム，ビデオ記録も利用できるようになった。❹さらに，考古学者は，過去に関する情報を得るために都市や文明の廃墟《はいきょ》や遺跡を調査できる。歴史家は，多くの歴史上の指導者の実際の演説の記録も持っている。❺できるだけ多くの歴史の記録を研究者に提供しようとして，図書館員や公文書保管係は現在，全ての資料をマイクロフィルムかデジタルデータのいずれかで保管している。将来，歴史情報を保管するさらにもっと効率的な方法が発明されるに違いない。

＜解説＞①歴史は「過去に起こったこと」の記録である。 ②歴史を勉強する理由として，何がおもしろいかを考える。'It is ～ to …'「…することは～だ」の形式主語構文。 ③・④どちらも 'help＋人（＋to）＋動詞の原形'「〈人〉が～するのに役立つ」の形。過去を知ることがどう役立つかを考える。 avoid ～ing「～することを避ける」 ⑤前置詞 for の目的語として，名詞か動名詞（～ing）が入る。現在歴史家が持っているものとして適切なのは「過去を理解するための資源」。⑥書き言葉を持たない部族のコミュニケーション手段が入る。 ⑦'There can be no ～ until …' で「…までは～はありえない」。a form of writing「書くという形式」がなければ「書かれた歴史」は存在しない。 ⑧主語の these は前の文で述べた「調べるための書かれた記録」を指す。その具体的な内容が入る。 ⑨⑧よりも新しく利用できるようになった記録媒体が入る。 ⑩最終段落では「歴史の記録を保管する」方法について現在の試みと将来の展望を述べている。

6 〔適語(句)選択〕

1．‘had better＋動詞の原形’で「～する方がいい」。　「あなたは私たちと一緒にいる方がいい」

2．２者の比較は比較級で表す。　「ジュンとマサキのどちらの方が速く泳げますか」

3．have/has been to ～で「～に行ったことがある」という‘経験’の意味を表す。abroad「外国に」は副詞なので to は不要。なお，have/has gone to ～は「～に行ってしまった(今はいない)」という意味になる。　「彼は今まで外国に行ったことがない」

4．「何か温かい飲み物」は something を hot と to drink が修飾する形で表す。このとき‘-thing＋形容詞＋to不定詞’の語順になる点に注意する。　「とても寒く感じるので，何か温かい飲み物が欲しい」

5．‘too ～ for … to ―’「…が―するには～すぎる，～すぎて…は―できない」の形にする。　「彼女は話すのが速すぎて，私は理解できなかった」

6．文の前後半の意味より，「～だけれども」という意味の接続詞 though が適切。　「彼は60歳を過ぎているが，若く見える」

7．‘keep＋目的語＋形容詞’「～を…(の状態)に保つ」の受け身‘be動詞＋kept＋形容詞’「…(の状態)に保たれる」の形。　「これらの部屋はいつもきれいに保たれている」

8．Do you have any idea ～?「～を知っていますか」(≒Do you know ～?)の後ろに間接疑問(‘疑問詞＋主語＋動詞...’)が続く形。　「銀行がいつ閉まるか知っていますか」

9．２つのもののうち，１つを除いた残りは the other で表す。　「私の家族は車を２台持っている。１台は黒で，もう１台は青だ」

10．coffee は‘数えられない名詞’なので，肯定文でいくらかの‘量’を表すには some を用いる。なお，「１杯のコーヒー」は a cup of coffee。　「私は夕食後にときどきケーキとコーヒーをいただきます」

11．the girl and the dog を先行詞とする主格の関係代名詞が入る。先行詞が‘人’と‘人以外’の両方を含む場合は通例 that を用いる。　「走っている女の子と犬を見なさい」

12．否定文に続いて「～も(…でない)」を表すには，too ではなく either を用いる。　「彼はそれが好きではない。私もそれが好きではない」

13．‘let＋人＋動詞の原形’で「〈人〉に～させてやる，〈人〉が～するのを許す」。　「私は彼を映画に行かせてあげるつもりだ」

7 〔誤文訂正〕

1．population「人口」の「多い」「少ない」は，large，small で表す。　「日本の人口はメキシコの人口と同じぐらいだと知っていますか」

2．‘It is〔has been〕＋期間＋since ～’で「～して以来〈期間〉がたつ」を表す。　「彼がアメリカに行ってから６年になると思う」

3．laugh at ～「～を笑う」の‘～’を主語として受け身形にすると，‘be動詞＋laughed at by …’「…に笑われる」となり，laughed の後ろに at が必要。　「彼女はクラスのほとんどの生徒に笑われて泣きたくなった」

4．‘時’や‘条件’を表す副詞節では，未来の事柄でも現在形で表す。本問では will be ではなく is とするのが正しい。　「もし明日晴れたら，私たちはピクニックに行くつもりだ」

5．‘as＋原級＋as＋主語＋can’「できるだけ～」の can は，過去の文では過去形 could とする。「今朝，彼はバスに間に合うためにできるだけ速く走った」

6．every ～「あらゆる～，全ての～」は３人称単数扱いなので，本問では were ではなく was とするのが正しい。　「このクラスの女子は全員，新しい先生が来るのをわくわくしながら待っていた」

7．動詞が「～される，～された」という受け身の意味で名詞を修飾する場合は過去分詞になる。本問では「パーティーに招かれた客」となるので，inviting ではなく invited とするのが正しい。「パーティーに招かれた客の全てがそのニュースに驚いた」

8．‘I wish＋主語＋(助)動詞の過去形…’で「…ならいいのに」という‘現在の事実に反する願望’を表す。本問では，アメリカに行けないという現在の事実を前提として，それに反する願望を表している。　「医学を勉強するためにアメリカに行けたらいいのになあ」

8〔整序結合〕

1．Nobody knows「誰も知らない」の後，knows の目的語として間接疑問(‘疑問詞＋主語＋動詞…’)を続ける。‘疑問詞’は how hard。　Nobody knows how hard I have studied for the entrance exam.「入試のために私がどれだけ一生懸命勉強したか誰も知らない」

2．Will you tell me「私に教えてください」の後，‘疑問詞＋to不定詞’の形を続ける。この形は疑問詞に応じて「何を〔いつ，どこで〕～すべきか」といった意味を表す。最後に‘on ～'s way to＋場所’「〈場所〉に行く途中」を置く。　Will you tell me where to buy flowers on my way to the hospital?「病院へ行く途中でどこで花を買ったらいいか教えてくれますか」

3．‘help＋人＋with ～’「〈人〉の～を手伝う」の形を用いる。　My brother didn't help me with my homework yesterday.「私の兄〔弟〕は昨日私の宿題を手伝ってくれなかった」

4．‘形容詞〔副詞〕＋enough to ～’「～できるほど〔～するほど〕十分…」の形にする。to 以下は‘lend＋人＋物’「〈人〉に〈物〉を貸す」の形。　He was kind enough to lend us his car.「彼は親切にも私たちに自分の車を貸してくれた」

5．まず Is this the book とし，残りは that を関係代名詞として使って the book を先行詞とする関係代名詞節をつくる。　Is this the book that he wrote ten years ago?「これは彼が10年前に書いた本ですか」

6．語群より，昨年と今年の夏の雨量を比べる文になると考えられる。we had rain「雨が降った」を骨組みに，‘比較級＋名詞＋than ～’「～より…な―」の形にまとめる。much は「ずっと」の意味で比較級を強調する副詞として more の前に置く。　Last summer we had much more rain than this summer.「昨夏は今年の夏より雨がずっとたくさん降った」

7．‘make＋目的語＋形容詞’「～を…(の状態)にする」の形で made me very happy とまとめ，残りの語を主語としてまとめる。　The news of his success made me very happy.「彼の成功の知らせは私をとてもうれしくさせた」

8．文の動詞になるのは will take。残りの語群にある the airport, you, road から，「この道路があなたを空港に連れていく」という文をつくる。　This wide road will take you to the airport.「この広い道路を行けば空港に行けます」

数学解答

1 (1) ア…3　イ…0
(2) ウ…3　エ…2
(3) オ…3　カ…2　キ…3　ク…7
(4) ケ…2　コ…4

2 (1) ア…3　イ…3　ウ…2　エ…1
(2) オ…2　カ…9　キ…3　ク…9
(3) ケ…9　コ…2　サ…3
(4) シ…2　ス…3　セ…3　ソ…2

3 (1) ア…6　イ…8
(2) ウ…2　エ…9　オ…3　カ…6
(3) キ…1　ク…1　ケ…2
(4) コ…1　サ…4　シ…0
(5) ス…2　セ…4　ソ…3　タ…8

4 (1) ア…3　イ…6
(2) ウ…1　エ…5　オ…3

5 (1) ア…2　イ…0　ウ…3
(2) エ…5　オ…2　カ…3　キ…5
ク…6

6 (1) ア…2　イ…3　ウ…3　エ…2
オ…3
(2) カ…7　キ…2
(3) ク…1　ケ…1　コ…2　サ…9

1 〔独立小問集合題〕

(1)<**数の計算**>与式$=-25\times\left(-\frac{4}{5}\right)+64\times\frac{5}{32}=20+10=30$

(2)<**式の計算**>与式$=\frac{4(7a-5b)}{3}-2(3a-2b)-\frac{a-2b}{3}=\frac{4(7a-5b)-3\times2(3a-2b)-(a-2b)}{3}=\frac{28a-20b-18a+12b-a+2b}{3}=\frac{9a-6b}{3}=3a-2b$

(3)<**式の計算**>与式$=32a^5b^{10}\times81a^4\div12^3a^6b^3=\frac{32a^5b^{10}\times81a^4}{12\times12\times12\times a^6b^3}=\frac{3}{2}a^3b^7$

(4)<**数の計算**>$(3+\sqrt{5}-\sqrt{7})^2-(3-\sqrt{5}+\sqrt{7})^2=\{3+(\sqrt{5}-\sqrt{7})\}^2-\{3-(\sqrt{5}-\sqrt{7})\}^2$として，$\sqrt{5}-\sqrt{7}=A$とおくと，$\{3+(\sqrt{5}-\sqrt{7})\}^2-\{3-(\sqrt{5}-\sqrt{7})\}^2=(3+A)^2-(3-A)^2=9+6A+A^2-(9-6A+A^2)=9+6A+A^2-9+6A-A^2=12A=12(\sqrt{5}-\sqrt{7})$となる。よって，与式$=12(\sqrt{5}-\sqrt{7})(\sqrt{5}+\sqrt{7})=12\{(\sqrt{5})^2-(\sqrt{7})^2\}=12(5-7)=12\times(-2)=-24$である。

2 〔独立小問集合題〕

(1)<**式の計算—因数分解**>与式$=(x^2-9)+5x(-3+x)=(x+3)(x-3)+5x(x-3)$として，$x-3=X$とおくと，与式$=(x+3)X+5xX=X(x+3+5x)=X(6x+3)=(x-3)\times3(2x+1)=3(x-3)(2x+1)$となる。

(2)<**二次方程式**>両辺を3倍して，$x(x-10)=3\times13\times29$，$x^2-10x-3\times13\times29=0$，$x^2-10x-39\times29=0$，$(x+29)(x-39)=0$　$\therefore x=-29,\ 39$

(3)<**数の計算**>$9x-5y=5x-10y$より，$9x-5x=-10y+5y$，$4x=-5y$，$x=-\frac{5}{4}y$と表せる。これを与式の分子に代入すると，$5x+4y=5\times\left(-\frac{5}{4}y\right)+4y=-\frac{25}{4}y+4y=-\frac{9}{4}y$，分母に代入すると，$3x-2y=3\times\left(-\frac{5}{4}y\right)-2y=-\frac{15}{4}y-2y=-\frac{23}{4}y$となる。よって，与式$=-\frac{9}{4}y\div\left(-\frac{23}{4}y\right)=-\frac{9y}{4}\times\left(-\frac{4}{23y}\right)=\frac{9}{23}$となる。

(4)<**連立方程式**>$\frac{5}{3x+2y}+\frac{2}{3x-2y}=-1$……①，$\frac{5}{3x+2y}-\frac{1}{3x-2y}=2$……②とする。ここで，

$\frac{1}{3x+2y}=A$，$\frac{1}{3x-2y}=B$とおくと，①より，$5A+2B=-1$……③　②より，$5A-B=2$……④　③，④の連立方程式を解くと，③－④より，$2B-(-B)=-1-2$，$3B=-3$，$B=-1$となり，これを④に代入すると，$5A-(-1)=2$，$5A+1=2$，$5A=1$，$A=\frac{1}{5}$となる。よって，$\frac{1}{3x+2y}=\frac{1}{5}$より，$3x+2y=5$……⑤，$\frac{1}{3x-2y}=-1$より，$3x-2y=-1$……⑥となる。⑤，⑥の連立方程式を解くと，⑤－⑥より，$2y-(-2y)=5-(-1)$，$4y=6$　$\therefore y=\frac{3}{2}$　これを⑤に代入して，$3x+2\times\frac{3}{2}=5$，$3x+3=5$，$3x=2$　$\therefore x=\frac{2}{3}$

3〔独立小問集合題〕

(1)**＜データの活用―得点＞**生徒D，G以外の8人の得点を小さい順に並べると，3，4，4，5，8，8，9，10となる。最頻値が8点だけとなるのは，(i)x，yの値がともに8で，8点が4人となる場合，(ii)x，yの値のうち一方が8，もう一方が4，8以外で，8点が3人となる場合がある。また，生徒の人数が10人なので，中央値は得点を小さい順に並べたときの5番目と6番目の平均値となり，この値が7点である。(i)の場合，5番目と6番目はともに8点となり，中央値は8点となるので，適していない。(ii)の場合，6番目は8点となるから，中央値が7より，5番目は$7\times2-8=6$(点)となる。よって，$x\leqq y$だから，$x=6$，$y=8$である。

(2)**＜確率―さいころ＞**大小2つのさいころを同時に投げるとき，目の出方はそれぞれ6通りだから，x，yの組は全部で$6\times6=36$(通り)ある。このうち，積xyの正の約数の個数が3個以上となるのは，全ての場合から，xyの正の約数の個数が2個以下となる場合を除いた場合である。xyの正の約数の個数が1個となるのは$xy=1$のときで，$(x,\ y)=(1,\ 1)$の1通りある。正の約数の個数が2個となるのはxyが素数となるときである。xyが素数となるのはx，yのうち，一方が1でもう一方が素数のときだから，$(x,\ y)=(1,\ 2)$，$(1,\ 3)$，$(1,\ 5)$，$(2,\ 1)$，$(3,\ 1)$，$(5,\ 1)$の6通りある。よって，xyの正の約数の個数が3個以上となる場合は$36-(1+6)=29$(通り)あるから，求める確率は$\frac{29}{36}$である。

(3)**＜数の計算＞**二次方程式$x^2+2x-1=0$を解くと，解の公式より，$x=\frac{-2\pm\sqrt{2^2-4\times1\times(-1)}}{2\times1}=\frac{-2\pm\sqrt{8}}{2}=\frac{-2\pm2\sqrt{2}}{2}=-1\pm\sqrt{2}$となる。この解のうち大きい方を$a$とするので，$a=-1+\sqrt{2}$である。ここで，$a+1=\sqrt{2}$として，両辺を2乗すると，$(a+1)^2=(\sqrt{2})^2$，$a^2+2a+1=2$，$a^2=-2a+1$と表せる。与式$=(a^2)^2+2a\times a^2+3a^2+9a+8$として，$a^2=-2a+1$を代入すると，与式$=(-2a+1)^2+2a(-2a+1)+3(-2a+1)+9a+8=4a^2-4a+1-4a^2+2a-6a+3+9a+8=a+12$となる。よって，与式$=(-1+\sqrt{2})+12=11+\sqrt{2}$である。

≪別解≫aは二次方程式$x^2+2x-1=0$の解だから，xにaを代入して，$a^2+2a-1=0$が成り立つ。これより，与式$=a^4+2a^3-a^2+4a^2+9a+8=a^2(a^2+2a-1)+4(a^2+2a-1)+a+12=a^2\times0+4\times0+a+12=a+12$となる。$x^2+2x-1=0$で，解の公式より，$x=-1\pm\sqrt{2}$となり，$a=-1+\sqrt{2}$だから，与式$=-1+\sqrt{2}+12=11+\sqrt{2}$である。

(4)**＜場合の数―整数＞**0，1，2，3の4種類の数字を用いて1けたの整数をつくる場合，0，1，2，3の4個できる。2けたの整数をつくる場合，十の位の数は1，2，3の3通り，一の位の数は0，1，2，3の4通りあるから，$3\times4=12$(個)できる。3けたの整数をつくる場合，百の位の数は1，2，3の3通り，十の位と一の位の数はそれぞれ0，1，2，3の4通りあるから，$3\times4\times4=48$(個)できる。

4けたの整数をつくる場合，千の位の数が1のとき，百の位，十の位，一の位の数はそれぞれ0，1，2，3の4通りあるから，$1\times4\times4\times4=64$(個)できる。千の位の数が2，百の位の数が0，十の位の数が0または1のとき，一の位の数は0, 1, 2, 3の4通りあるから，$1\times1\times2\times4=8$(個)できる。よって，0から2013まで$4+12+48+64+8=136$(個)の整数が並び，この後，2020，2021，2022，2023と並ぶので，2023は小さい方から$136+4=140$(番)目の数である。

(5)＜**平面図形—面積**＞右図で，点Oと4点E，F，G，Hをそれぞれ結ぶ。円Oは辺AB，BC，CD，DAにそれぞれ点E，F，G，Hで接しているので，$\angle OEB=\angle OFB=\angle OGC=\angle OHA=90^\circ$となる。四角形ABCDはAD∥BC，AB＝DCの台形だから，図形の対称性より，3点H，O，Fは一直線上に並び，2点H，Fはそれぞれ辺AD，BCの中点となる。これより，$AH=\frac{1}{2}AD=\frac{1}{2}\times4=2$，$BF=CF=\frac{1}{2}BC=\frac{1}{2}\times12=6$となる。よって，$AE=AH=2$，$BE=BF=6$だから，$AB=AE+BE=2+6=8$となる。2点A，Dから辺BCにそれぞれ垂線AI，DJを引くと，AD∥BCより，四角形AIJDは長方形となるので，$AI=DJ$，$IJ=AD=4$である。また，図形の対称性より，$\triangle ABI\equiv\triangle DCJ$だから，$BI=CJ=(BC-IJ)\div2=(12-4)\div2=4$となる。よって，$\triangle ABI$で三平方の定理より，$AI=\sqrt{AB^2-BI^2}=\sqrt{8^2-4^2}=\sqrt{48}=4\sqrt{3}$となる。これより，$HF=AI=4\sqrt{3}$となるので，$OF=\frac{1}{2}HF=\frac{1}{2}\times4\sqrt{3}=2\sqrt{3}$となる。さらに，点Oと2点B，Cを結ぶ。$OE=OG=OF=2\sqrt{3}$，$BE=BF=CG=CF=6$，$\angle OEB=\angle OFB=\angle OGC=90^\circ$より，4つの三角形$\triangle OBE$，$\triangle OBF$，$\triangle OCF$，$\triangle OCG$は2組の辺とその間の角がそれぞれ等しいので，合同となる。また，$\angle OFB=90^\circ$，$OF:BF=2\sqrt{3}:6=1:\sqrt{3}$より，$\triangle OBF$は3辺の比が$1:2:\sqrt{3}$の直角三角形となるので，$\angle BOF=60^\circ$となり，点Fを含む方の$\overparen{EG}$に対する中心角は，$4\angle BOF=4\times60^\circ=240^\circ$となる。以上より，斜線部分の図形は4つの合同な三角形$\triangle OBE$，$\triangle OBF$，$\triangle OCF$，$\triangle OCG$を合わせた図形から，半径がOF，中心角が240°のおうぎ形を除いた図形となる。したがって，求める面積は$4\triangle OBF-$〔おうぎ形OGE〕$=4\times\frac{1}{2}\times BF\times OF-\pi\times OF^2\times\frac{240^\circ}{360^\circ}=4\times\frac{1}{2}\times6\times2\sqrt{3}-\pi\times(2\sqrt{3})^2\times\frac{2}{3}=24\sqrt{3}-8\pi$ (cm^2)である。

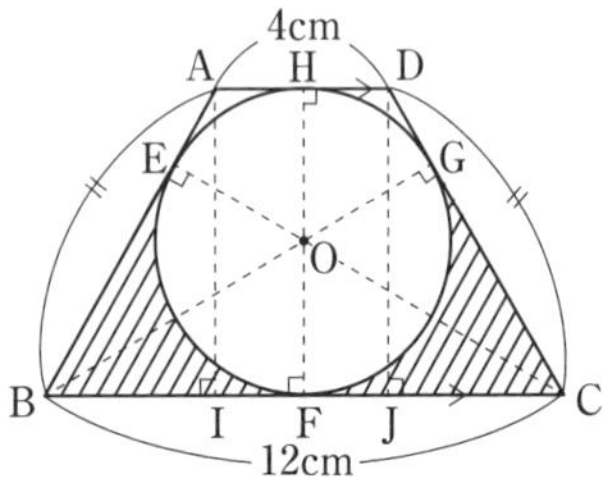

4 〔**平面図形—三角形**〕

≪基本方針の決定≫(1)　点Dの位置に着目する。

(1)＜**長さ**＞右図で，2点E，Dを結ぶ。$DA=DC=6\sqrt{2}$，$EC=EB=4\sqrt{6}$より，$\triangle DAC$と$\triangle EBC$は二等辺三角形で，$\angle DAC=\angle DCA$，$\angle EBC=\angle ECB$となるから，$\triangle DAC$と$\triangle EBC$は底角の等しい二等辺三角形となり，$\triangle DAC\backsim\triangle EBC$である。よって，$DA:EB=AC:BC$となり，$AC=6\sqrt{6}$だから，$6\sqrt{2}:4\sqrt{6}=6\sqrt{6}:BC$が成り立つ。これを解くと，$6\sqrt{2}\times BC=4\sqrt{6}\times6\sqrt{6}$より，$BC=12\sqrt{2}$となるから，$BD=BC-DC=12\sqrt{2}-6\sqrt{2}=6\sqrt{2}$である。これより，$BD=DC$なので，点Dは辺BCの中点で，$\triangle EBC$が二等辺三角形より，$\angle EDB=90^\circ$となる。よって，$\triangle EBD$で三平方の定理より，$ED=\sqrt{EB^2-BD^2}=\sqrt{(4\sqrt{6})^2-(6\sqrt{2})^2}=\sqrt{24}=2\sqrt{6}$となるから，$\triangle EBD$は$ED:EB:BD=2\sqrt{6}:4\sqrt{6}:6\sqrt{2}=1:2:\sqrt{3}$の直角三角形となり，$\angle EBC=30^\circ$である。また，$\angle DAC=\angle DCA=\angle EBC=30^\circ$だから，$\triangle DAC$で内角と外角の関係より，$\angle FDB=\angle DAC+\angle DCA=30^\circ+30^\circ=60^\circ$となる。したがって，∠BFD

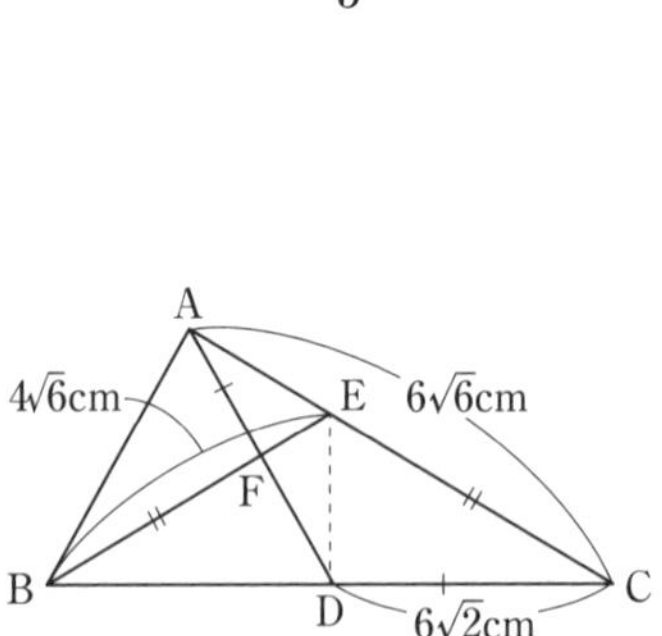

$=180^\circ-\angle\mathrm{EBC}-\angle\mathrm{FDB}=180^\circ-30^\circ-60^\circ=90^\circ$ より，$\triangle\mathrm{BDF}$ は3辺の比が $1:2:\sqrt{3}$ の直角三角形となるので，$\mathrm{BF}=\dfrac{\sqrt{3}}{2}\mathrm{BD}=\dfrac{\sqrt{3}}{2}\times6\sqrt{2}=3\sqrt{6}$(cm)である。

(2)**<面積>**前ページの図で，〔四角形 EFDC〕$=\triangle\mathrm{EBC}-\triangle\mathrm{BDF}$ と考える。(1)より，$\angle\mathrm{EDB}=90^\circ$，$\mathrm{BC}=12\sqrt{2}$，$\mathrm{ED}=2\sqrt{6}$ だから，$\triangle\mathrm{EBC}=\dfrac{1}{2}\times\mathrm{BC}\times\mathrm{ED}=\dfrac{1}{2}\times12\sqrt{2}\times2\sqrt{6}=24\sqrt{3}$ となる。また，(1)より，$\triangle\mathrm{BDF}$ は3辺の比が $1:2:\sqrt{3}$ の直角三角形で，$\mathrm{BD}=6\sqrt{2}$，$\mathrm{BF}=3\sqrt{6}$ だから，$\mathrm{DF}=\dfrac{1}{2}\mathrm{BD}=\dfrac{1}{2}\times6\sqrt{2}=3\sqrt{2}$ となる。これより，$\triangle\mathrm{BDF}=\dfrac{1}{2}\times\mathrm{BF}\times\mathrm{DF}=\dfrac{1}{2}\times3\sqrt{6}\times3\sqrt{2}=9\sqrt{3}$ となる。したがって，〔四角形 EFDC〕$=24\sqrt{3}-9\sqrt{3}=15\sqrt{3}$ (cm^2)である。

5 〔関数―関数の利用〕

(1)**<時間>**右図で，2点P，Qは点Aを同時に出発し，点Pは毎秒 2πcm の速さで，点Qは毎秒 πcm の速さで動くので，2点P，Qが重なるとき，点PはBからAに向かって動き，点QはAからBに向かって動いている。よって，2点P，Qが動いた長さの和は $\overset{\frown}{\mathrm{AB}}$ の長さの2倍となる。2点P，Qが出発してから x 秒後に重なるとすると，点Pが動いた長さは $2\pi\times x=2\pi x$，点Qが動いた長さは $\pi\times x=\pi x$ となる。また，$\mathrm{AB}=20$ より，$\overset{\frown}{\mathrm{AB}}=\dfrac{1}{2}\times\pi\times20=10\pi$ となる。したがって，$2\pi x+\pi x=2\times10\pi$ が成り立つ。これを解くと，$3\pi x=20\pi$ より，$x=\dfrac{20}{3}$(秒)後となる。

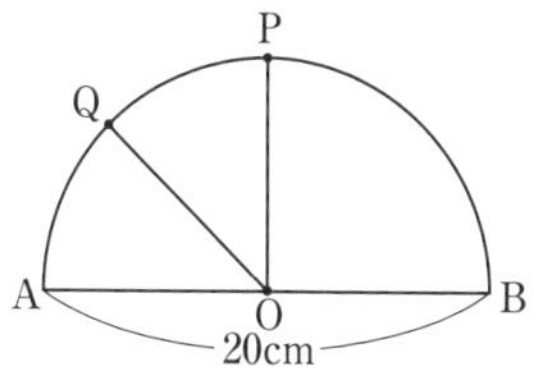

(2)**<時間>**右上図で，$\angle\mathrm{POQ}=45^\circ$ になるとき，$\overset{\frown}{\mathrm{PQ}}=\overset{\frown}{\mathrm{AB}}\times\dfrac{45^\circ}{180^\circ}=10\pi\times\dfrac{1}{4}=\dfrac{5}{2}\pi$ となる。また，点PがBに着くのは，$10\pi\div2\pi=5$(秒)後となる。2点P，QがAを出発してからの時間を x 秒とすると，$\angle\mathrm{POQ}=45^\circ$ となるのは，$0\leqq x\leqq5$ で点PがBに向かって動いているときと，$5\leqq x\leqq\dfrac{20}{3}$ で点PがAに向かって動いているときがある。$0\leqq x\leqq5$ のとき，2点P，QはともにAからBに向かって動いているので，$\overset{\frown}{\mathrm{AP}}=2\pi x$，$\overset{\frown}{\mathrm{AQ}}=\pi x$ となり，$\overset{\frown}{\mathrm{PQ}}=\overset{\frown}{\mathrm{AP}}-\overset{\frown}{\mathrm{AQ}}=2\pi x-\pi x=\pi x$ となる。これより，$\pi x=\dfrac{5}{2}\pi$ が成り立ち，$x=\dfrac{5}{2}$ となる。これは $0\leqq x\leqq5$ を満たすので，適している。$5\leqq x\leqq\dfrac{20}{3}$ のとき，点PはBからAに向かって動き，点QはAからBに向かって動いているので，$\overset{\frown}{\mathrm{BP}}=2\pi x-10\pi$ より，$\overset{\frown}{\mathrm{PQ}}=\overset{\frown}{\mathrm{AB}}-\overset{\frown}{\mathrm{BP}}-\overset{\frown}{\mathrm{AQ}}=10\pi-(2\pi x-10\pi)-\pi x=20\pi-3\pi x$ となるので，$20\pi-3\pi x=\dfrac{5}{2}\pi$ が成り立つ。これを解くと，$40\pi-6\pi x=5\pi$，$-6\pi x=-35\pi$ より，$x=\dfrac{35}{6}$ となる。これは $5\leqq x\leqq\dfrac{20}{3}$ を満たすので，適している。よって，$\angle\mathrm{POQ}=45^\circ$ になるのは，出発してから $\dfrac{5}{2}$ 秒後と，$\dfrac{35}{6}$ 秒後である。

6 〔関数―関数 $y=ax^2$ のグラフ〕

≪基本方針の決定≫(1) 点Aの座標を文字で表し，その文字を使って点Bの座標を表す。

(1)**<座標>**次ページの図で，点Aの x 座標を t とすると，点Aは放物線 $y=\dfrac{1}{2}x^2$ 上にあるので，$\mathrm{A}\left(t,\ \dfrac{1}{2}t^2\right)$ と表せる。2点A，Fは放物線 $y=\dfrac{1}{2}x^2$ 上にあり，放物線 $y=\dfrac{1}{2}x^2$ は y 軸について対称だから，AF〃〔x 軸〕より，2点A，Fは y 軸について対称である。これより，$\mathrm{F}\left(-t,\ \dfrac{1}{2}t^2\right)$ となる。ここで，

正六角形の対角線AD，BE，CFを引くと，図形の対称性より，3本の対角線はそれぞれの中点で交わる。この交点をGとすると，点Gはy軸上の点となり，3本の対角線によって分けられた6個の三角形は合同な正三角形となる。さらに，辺AFとy軸の交点をHとすると，AH$=t$より，AF$=2$AH$=2t$となり，BG$=$AF$=2t$となる。また，AF⊥〔y軸〕より，$\angle$GHA$=90^\circ$で，△GHAは3辺の比が$1:2:\sqrt{3}$の直角三角形だから，GH$=\sqrt{3}$AH$=\sqrt{3}t$となる。これより，OG$=$OH$+$GH$=\dfrac{1}{2}t^2+\sqrt{3}t$である。よって，BG∥AF∥〔$x$軸〕となるので，B$\left(2t,\ \dfrac{1}{2}t^2+\sqrt{3}t\right)$と表せ，点Bは放物線$y=\dfrac{1}{2}x^2$上にあるので，$\dfrac{1}{2}t^2+\sqrt{3}t=\dfrac{1}{2}\times(2t)^2$が成り立つ。これを解くと，$\dfrac{1}{2}t^2+\sqrt{3}t=2t^2$，$t^2+2\sqrt{3}t=4t^2$，$3t^2-2\sqrt{3}t=0$，$t(3t-2\sqrt{3})=0$より，$t=0$，$\dfrac{2\sqrt{3}}{3}$となる。$t>0$だから，$t=\dfrac{2\sqrt{3}}{3}$となり，$y=\dfrac{1}{2}t^2=\dfrac{1}{2}\times\left(\dfrac{2\sqrt{3}}{3}\right)^2=\dfrac{2}{3}$となるので，A$\left(\dfrac{2\sqrt{3}}{3},\ \dfrac{2}{3}\right)$である。

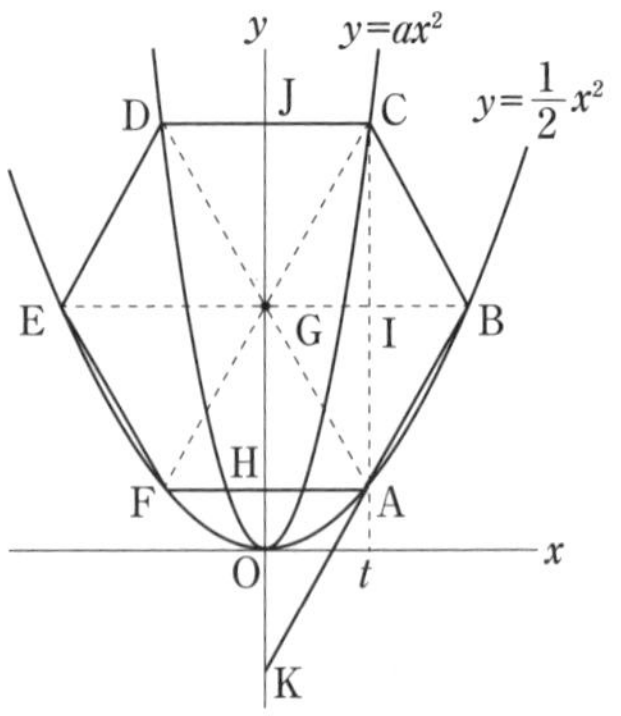

(2)＜**比例定数**＞右上図で，線分ACと線分BGの交点をIとする。(1)より，△GABと△GBCは正三角形だから，図形の対称性より，AC⊥BGとなる。よって，BG∥AF∥〔x軸〕より，AC∥〔y軸〕となるから，点Cのx座標は点Aと等しく$\dfrac{2\sqrt{3}}{3}$である。また，四角形GHAIは長方形だから，GI$=$AH$=\dfrac{2\sqrt{3}}{3}$となり，△GAI，△GCIは3辺の比が$1:2:\sqrt{3}$の直角三角形だから，AI$=$CI$=\sqrt{3}$GI$=\sqrt{3}\times\dfrac{2\sqrt{3}}{3}=2$となる。これより，AC$=AI+CI=2+2=4$となり，点Aの$y$座標が$\dfrac{2}{3}$だから，点Cの$y$座標は$\dfrac{2}{3}+4=\dfrac{14}{3}$である。したがって，C$\left(\dfrac{2\sqrt{3}}{3},\ \dfrac{14}{3}\right)$となり，点Cは放物線$y=ax^2$上にあるので，$\dfrac{14}{3}=a\times\left(\dfrac{2\sqrt{3}}{3}\right)^2$が成り立ち，$\dfrac{14}{3}=\dfrac{4}{3}a$より，$a=\dfrac{7}{2}$となる。これは$a>\dfrac{1}{2}$を満たすので，適している。

(3)＜**体積**＞右上図で，辺CDとy軸の交点をJとし，直線ABとy軸の交点をKとする。正六角形ABCDEFをy軸の周りで1回転させた図形は，四角形ABGHと四角形CBGJをそれぞれy軸の周りで1回転させた図形を合わせたものである。四角形ABGHがつくる図形は△KBGがつくる円錐から△KAHがつくる円錐を除いた図形である。(1)より，AH$=\dfrac{2\sqrt{3}}{3}$，BG$=$AF$=2$AH$=2\times\dfrac{2\sqrt{3}}{3}=\dfrac{4\sqrt{3}}{3}$となり，(2)より，GH$=AI=2$となる。また，BG∥AFより，△KBG∽△KAHだから，KG：KH$=$BG：AH$=\dfrac{4\sqrt{3}}{3}:\dfrac{2\sqrt{3}}{3}=2:1$となる。これより，KH：GH$=1:1$だから，KH$=GH=2$となり，KG$=2KH=2\times2=4$となる。よって，四角形ABGHがつくる図形の体積は$\dfrac{1}{3}\times\pi\times\mathrm{BG}^2\times\mathrm{KG}-\dfrac{1}{3}\times\pi\times\mathrm{AH}^2\times\mathrm{KH}=\dfrac{1}{3}\times\pi\times\left(\dfrac{4\sqrt{3}}{3}\right)^2\times4-\dfrac{1}{3}\times\pi\times\left(\dfrac{2\sqrt{3}}{3}\right)^2\times2=\dfrac{64}{9}\pi-\dfrac{8}{9}\pi=\dfrac{56}{9}\pi$となる。図形の対称性より，四角形ABGHと四角形CBGJは合同だから，2つの四角形がつくる図形の体積は等しくなる。したがって，求める図形の体積は$\dfrac{56}{9}\pi\times2=\dfrac{112}{9}\pi$である。

2023年度／青稜高等学校

国語解答

一 問1 ウ　問2 ア　問3 15
問4 イ　問5 ウ　問6 エ
問7 iii　問8 C
問9 Ⅰ…エ　Ⅱ…ク　Ⅲ…イ
問10 エ
問11 Ⅰ…ウ　Ⅱ…エ　Ⅲ…ア
問12 イ　問13 ア…a　イ…d
問14 a…エ　b…イ　c…エ　d…ウ
e…イ　f…ウ　g…ウ

二 問1 ア　問2 ア　問3 エ
問4 イ　問5 ウ　問6 エ
問7 イ　問8 (1)…イ　(2)…エ，オ
問9 エ　問10 ア　問11 ウ

三 問1 A…ウ　B…ア　C…エ　D…イ
問2 イ　問3 エ　問4 イ
問5 エ　問6 ウ
問7 ア…ア　イ…ウ　ウ…イ
問8 iii　問9 イ

一〔**随筆の読解―芸術・文学・言語学的分野―日本語**〕出典；リービ英雄『日本語を書く部屋』。

≪本文の概要≫一九六〇年代に，ぼくは，西洋人としての人格が完成されていない段階で，日本に来た。日本語を聞いて，感情を持った言葉だと感じて，日本語を自分のものにしたいという思いにかられた。ぼくは，日本語を話し，書けるようになり，日本文学研究者になった。しかし，日本人ばかりでなく滞日の欧米人も，ぼくが日本語を書くことを評価しなかった。一九八〇年代に，ようやくぼくは，書く機会を得た。外からの越境者との関係の中で，日本語がさらに豊かになると考えた日本の文学者が現れ始めたのである。文学の世界におけるこの動きは，日本だけではなく，世界中で見られた。実際，自分の言葉に異邦人として対する意識を持たなければ，よい作品は生まれない。日本語の独自性は，文字にある。平仮名は，中国から輸入された漢字を崩してできた文字である。強大な大陸帝国に対する防衛手段として発明されたのが，平仮名なのである。日本語を書くということは，書く人の国籍に関係なく，その屈折の歴史に自ら参加することを意味している。ぼくは，そのような歴史を持つ日本語を書き，日本語をつくりたいのである。

問1＜文章内容＞「ぼく」は，日本に来て日本語を聞いて，「好奇心以上のものに衝き動かされ」て，日本語を「自分のものにしたい」と感じ，ついには日本文学研究者になった。それは，来日したときの「ぼく」が，まだ西洋人としての人格が「完成されていない段階」だったということに，大きな意味があったのだと，「ぼく」は考えている。

問2＜文章内容＞「ぼく」は，日本語を話せるようになるまでに，たくさんの日本語を聞き，日本語を書けるようになるまで，たくさんの日本語を読んだ。話す，書く，というアウトプットの前に，聞く，読む，というインプットをたくさんしていたのである。

問3＜心情＞「ぼく」は，日本語を話すことも書くこともできるようになり，日本文学研究者になった。けれども，日本の文学者にとっては，「ぼく」は「ガイジン」であり，日本語を英語に訳すことは期待されても，日本語を書くことを求められることはなかった。しかし，「ぼく」は，「日本語を書きたい，日本語をつくりたい」と，強く思っていたのである。

問4＜文章内容＞日本人が「ガイジンのくせに日本語で喋るな」という態度で，欧米人に接するので，滞日の欧米人にとっては「日本にいながら日本語を喋らないこと，英語を喋りつづけること」がアイデンティティとなり，実際に，そうすることによって，仕事を得てもいたのである。

問5＜文章内容＞「越境の意思を捨てて」英語を話し続けることを選択する滞日外国人が多いが，「ぼく」は，日本語を話し，書くことで，「境を越えた」のである。

問6＜文章内容＞中上健次のように，「ぼく」の作品に容赦ない批判を浴びせた人もいたが，それは，

日本文学者としての批判であって，「日本語に対するガイジンの思い込みにすぎないという中傷」ではなかった。書いた日本語が，「ガイジン」の作品としてではなく，日本語の作品として批判されたことは，「ぼく」にとって，とてもうれしいことだったのである。

問７＜文章内容＞日本語を母語としない「外」から「越境」した人々との関係によって(…ⅰ)，日本語はさらに豊かになると考える日本の文学者が現れ始めたのが，一九八〇年代後半であった。文学の世界において，文化の「外」から「内」へという，この「越境の動き」は(…ⅱ，ⅲ)，日本だけではなく，他の国々でも起こった。「越境」は，文化の「外部」にいる者だけに起こるものではない(…ⅳ)。日本人として生まれた人でも，「当たり前な日本語」の「外」に立って(…ⅴ)，自分の言葉に異邦人として対する意識を持つ必要がある。

問８＜文章内容＞「ぼく」は，日本人として生まれた人でも，「自分の言葉に異邦人として対する意識」を持つことが，よい作品を書くためには必要であると考えていたため，多和田葉子が，ドイツ語を母語としない多和田の外側からの視点によるドイツ語作品が，ドイツ語文学やドイツ語を一層豊かにすると述べたことに，感動したのである。

問９＜文章内容＞文化は言語と密接に結びついており，文化の独自性・固有性は，言語によって保たれる，と考えられる(…Ⅰ)。一つの言葉に二つの意味を持たせる修辞法である掛詞やダジャレは(…Ⅱ)，同じ音で異なる意味を持つ言葉を利用しており，日本語が音声言語である例といえる(…Ⅰ)。そして，掛詞やダジャレといった日本語の固有性は，一つ一つの字が意味を持たず，音のみを表す表音文字である仮名文字によって保たれた(…Ⅲ)。

問10＜文章内容＞ヨーロッパの内部で生まれたアルファベットや朝鮮王朝時代につくられた文字であるハングルと異なり，日本語は，中国からきた漢字と漢字を崩した平仮名で記される。日本語は，独自の言語でありながら，「外」に由来する文字を用いているのであり，言語の越境は，日本にとってはなじみのある問題なのである。

問11＜文章内容＞Ⅰ．平仮名は，中国から輸入された漢字を崩したものである。日本の書き言葉は，日本語の「外」にある言語と関係しているのである。また，「ぼく」も，「外からの越境者」である。　Ⅱ・Ⅲ．日本語を書くということは，書き手が誰であれ，中国に対する防衛手段としての平仮名を用いるということであり，これまでも行われてきた「屈折の歴史にみずから参加すること」を意味している。

問12＜文章内容＞日本語を書くということは，中国から輸入された漢字と漢字を崩した平仮名を書くということである。表音言語としての日本語と，外から入ってきた書き言葉としての日本語の「ズレ」は，『万葉集』や『源氏物語』の時代から続く伝統なのである。

問13＜語句＞ア．「焚きつける」は，人をそそのかして何かをさせる，けしかける，という意味。
イ．「テリトリー」は，領域，占有している地域，縄張りのこと。

問14＜漢字＞ａ．直接言葉には出さない部分のこと。　ｂ．「臆面もない」は，恥ずかしがったり遠慮したりする様子がない，という意味。　ｃ．手加減すること。　ｄ．「教鞭をとる」は，教師になって教える，という意味。　ｅ．侵害を許さないこと。　ｆ．行き来すること。
ｇ．音読みは「覆面」などの「フク」。

二〔小説の読解〕出典；竹西寛子『市』。

問１＜文章内容＞少女にとって，市は，期待と不安を感じさせるものであり，「なにがしかの驚きと，新たなよろこび，新たなかなしみ」を感じる場所であった。

問２＜表現＞業者の人々の服装や様子が具体的に描かれているが，個々人に着目しているわけではなく，市場の一場面として描かれている(ウ…〇)。市場の様子は，荷上げの様子や，業者の声が描かれているが，対岸は，民家，火葬場や火の見やぐら，湯屋があることが描写されており，人々の生活する場所であることが表現されている(イ…○)。仲買人や業者が引きあげると，人々の熱や騒がしさは失われ，「再び流れの音が立ち返る」のである(エ…○)。

問３＜表現＞市は活気にあふれている一方で，八百屋の老婆は小指がなく，魚屋の腕には刺青が入っており，店の主人たちが，明るい生活を送っているだけではないということが表されている。

問４＜心情＞少女は，八百屋の老婆の小指がないことや，少年の不幸な境遇を知り，世の中には平穏ではない生活があることに気がついた。そして，その衝撃のあまり，母親に叱責される少年の様子や，老婆が小指を失う事故の場面を，次から次へと想像してしまうのであった。

問５＜心情＞少女が因果という言葉の意味をきいたのは，因果を感じさせるような出来事があったからかと心配して，母親は少女の顔を見ていた。しかし，魚屋がその言葉を使ったことを，母親は思い出し，少女が知らない言葉の意味を尋ねているだけだと気がついたのである。

問６＜文章内容＞因果という言葉を少女にもわかるように，おこぜはおこぜになることが，どこかで決まっていた，と母親が説明したところ，「わたしも？」と少女に問われた。母親は，少女の母親になる前に，不幸な結婚をしており，その結婚をやめたからこそ，今の，少女と少女の父親との幸せな生活がある。少女の存在が「どこかでとうに決っていた」ということもあったと思う，と少女に言いながらも，自分の過去の事情を考えると，母親は，冷静ではいられなかったのである。

問７＜文章内容＞言葉を繰り返したという点では，少女は九官鳥に似ていた。けれども，少女は，意味もなく言葉を繰り返したのではなく，「人が，生まれた時からすでに自分ではどうにもならないものを背負わされているらしいということ」に気がつき，因果という言葉の持つ意味を感じ取っていたのである。

問８＜文章内容＞⑴魚屋の主人の「なんの因果でこんな頭になったやら」という言葉を聞いて，おにおこぜが因果のせいでまずい顔になったように，因果は悪い結果をもたらす，と少女は考えた。
⑵少女は，因果という言葉から，「人が，生まれた時からすでに自分ではどうにもならないものを背負わされているらしい」と考えた。そして，貧しい少年のように，運命を背負って生きている人間に対して，「かわいそう」と言うのも「感心だ」と言うのも違うと考え，自分の意思とは関係なく決まっているということに対して，もどかしさを感じたのである(エ…○)。また，他の誰でもないあなたが，お父さんとお母さんの子どもであることについては，お父さん，お母さんの考えとは別に，どこかでとうに決まっていたということもあったと思う，という母の話は，父と母が，少女のお父さんお母さんになることも因果によるものだと少女に感じさせたのである(オ…○)。

問９＜心情＞母親は，不幸な結婚生活を送っていた頃に，「船に乗って見も知らぬ国へ運ばれて行きたい」と思っていた。だから，少女が河口で「あれに乗って，どこか遠い国へ行きたい」と言ったときには，自分が忘れようとしている過去に向き合わされたような気がしたのである。

問10＜心情＞鯛は，桜色に見えるけれども，一色ではなく，「夥しい色数の総和」であった。鯛の複雑な色は，人や物の美しさが，汚いものや醜いもの，怖いものを一緒に含んでいることと同じであり，人それぞれの生活も，また見かけほどに単調なものでもない，ということにもつながると，母親は感じていたのである。

問11＜表現＞少女は，市場での因果という言葉との出会い，因果を感じさせる人々との出会いによって，「自分ではどうにもならない」運命というものに，悲しみを感じたのである。

三〔**古文の読解―説話**〕出典；『今昔物語集』巻第三十ノ第一。

≪現代語訳≫今となっては昔のことだが，兵衛佐平定文という人がいた。呼び名を平中といった。身分も低くなく，顔立ち・外見も美しかった。気品なども言葉遣いも美しかったので，その頃，この平中より優れているという者は世間にいなかった。このような者なので，人の妻，娘，まして宮仕えの人々は，この平中に誰もがみんな声をかけられた。そうするうちに，その頃本院の大臣という人がいらっしゃった。その家に侍従の君という若い女官がいた。顔立ち・外見もすばらしくて，心遣いも美しい宮仕えの人であった。平中は，その本院の大臣のもとに常に行き来していたので，この侍従がすばらしい様子であることを聞いて，長年，下手な表現ながら全身全霊をこめて(侍従の君に)言い寄っていたが，侍従は，手紙の返事さえもしなかったので，平中は悲しみつらく思い，手紙を書いて送る際に，「ただ(手紙を)見たという二文字をせめてお見せください」と，「(あなたのことを思って)繰り返し泣きに泣くのです」とまで書いて(手紙を)送った(ところ)使いの者が，返事を持って帰ってきたので，平中は，(喜びのあまり)物にぶつかって出てきて(使いの者に)会って，その返事を急いで取って見たところ，自分の手紙の「見たという二文字をせめてお見せください」と書いて送った，その「見た」という二文字を破って，薄くすいた紙に貼りつけてよこしたものであった。平中はこれを見て，いよいよ憎らしくつらく思うことはこのうえなかった。

問1＜古語＞A.「いやし」は，身分が低い，という意味。「ず」は，打ち消しの助動詞。　B.「をかし」は，ここでは，美しい，優美だ，という意味。　C.「めでたし」は，すばらしい，立派だ，という意味。　D.「ねたし」は，腹立たしい，憎らしい，という意味。

問2＜現代語訳＞「ものいは」は，口をきく，という意味の動詞「物言ふ」の未然形。「れ」は，受け身の助動詞「る」の未然形。「ぬ」は，打ち消しの助動詞「ず」の連体形。「は」は助詞で，「は」の前に「者」が省略されている。全体で，声をかけられない人はいなかった，となり，誰もがみんな声をかけられた，という意味になる。

問3＜現代語訳＞「年ごろ」は，長年の間，数年来，という意味。「えも」は下に打ち消しの語を伴って，どうしても～できない，という意味。「身にかへて」は，我が身にかえて，つまりは命にかえて，という意味。「懸想す」は，求婚する，という意味。全体で，(平中は)長年の間，言葉にできないほど命がけで(侍従の君に)求婚していた，という意味。

問4＜現代語訳＞「だに」は，せめて～だけでも，という意味。返事をくれない侍従の君に対して，平中は，自分の手紙を見た，ということだけでも知りたいので，「見つ」という二文字だけでいいから返事が欲しい，と手紙に書いたのである。

問5＜古文の内容理解＞平中は，侍従の君から返事がきたので，喜びのあまり，返事を受け取るために出ていこうとした際に，何かにぶつかったのである。

問6＜古文の内容理解＞「見つ」という二文字だけでいいから返事が欲しいと，平中が手紙に書いて送ったところ，侍従の君は，平中の手紙の「見つ」という部分を破りとって，薄くすいた紙に貼ったものを，平中への返事としたのである。

問7＜古文の内容理解＞ア.「見つ」の二文字だけでいいから返事が欲しい，と手紙に書いて送ったのは，平中である。　イ. 平中の手紙を侍従の君のところへ持っていき，また侍従の君の返事を平中のところへ持って帰ってきたのは，「使」である。　ウ. 平中の手紙の中の「見つ」という二文字を破り取って，薄くすいた紙に貼りつけたのは，侍従の君である。

問8＜古典文法＞ⅰ.「無かりけり」の「無かり」は，形容詞「無し」の連用形である。　ⅱ.「物いはれぬはなく」の「なく」は，形容詞「無し」の連用形である。　ⅲ.「限りなし」は，形容詞「限りなし」の終止形であり，「なし」は，形容詞の一部である。

問9＜古文の内容理解＞平中は，身分も低くなく，容姿も優れており，多くの女性に人気があったが，平中が恋い慕った侍従の君には，ひどく振られてしまったのである。

2022年度 青稜高等学校

【英　語】（50分）〈満点：100点〉

1 次の英文を読み、以下の問いに答えなさい。

At the age of seventeen, most young people are preparing to graduate from high school. Malala Yousafzai, though, was becoming the youngest person ever to receive the Nobel Peace Prize.

What did Malala do to get such an important award at such a young age? She stood up for the rights of girls to go to school. When she was growing up in Pakistan, ①there was a group [(ア) control / (イ) the Taliban / (ウ) called / (エ) was / (オ) to / (カ) things / (キ) trying / (ク) who] in that country. They used fear to make people do what they wanted, and ②one of the things they did not want was for girls to go to school. They understood that education means power, and they did not want girls and women to have power.

Malala did not agree with the Taliban. [ア] She wanted every child to have the right to go to school, and she was not afraid to say so. She wrote on the internet about her experiences as a girl going to school in a Taliban-controlled area of Pakistan. She was only eleven years old. But she became well known, and a film was made about her. She wanted to be heard, and she gave interviews to the press. [イ] One day, two members of the Taliban got on Malala's school bus and shot her, but she lived. And she was not scared. Malala continued to advance the cause of the right to an education. [ウ]

There was a flood of support following the attempt on Malala's life. She had many opportunities to speak around the world. In 2014, she and her father began an organization called the Malala Fund. Because people knew about her story, they wanted to listen to her. She used that to get her message out. Pakistan was not the only country where girls were not allowed to get an education. [エ] Malala traveled to many countries to support efforts to make sure every girl can get a high school education. She was awarded the Nobel Peace Prize the same year.

Malala has since had [あ] success in helping girls [い] educated. The Malala Fund also helps girls to use their voices to make a difference in their communities. Malala sees education as the path to achieving peace. [オ]

注：

Malala Yousafzai　マララ・ユスフザイ（人名）
the Nobel Peace Prize　ノーベル平和賞
award　賞
rights　権利
the Taliban　アフガニスタンのイスラム原理主義組織
press　報道陣
advance　～を進める
cause　運動
a flood of　たくさんの～
following　～の後で
attempt on　～に対する襲撃

opportunities　機会
the Malala Fund　マララ基金
achieving < achieve　～を達成する
organization　組織
path　道

問1　下線部①が「その国にはタリバンと呼ばれる物事を支配しようとするグループがいた」という意味になるように並べかえるとき、[　　]内の3番目と6番目に来る語句の記号をそれぞれマークしなさい。
3番目：①，6番目：②

問2　下線部②を1ヵ所区切って読むとすればどこか。最も適切なところを、（ア）～（エ）から1つ選び、その記号をマークしなさい。

one of the things /(ア) they did not want /(イ) was /(ウ) for girls /(エ) to go to school.　③

問3　以下の2つの文が入る適切な箇所を本文中の［ ア ］～［ オ ］から1つずつ選び、その記号をマークしなさい。

(1) She sees it as a way of making the world a better place for everyone.　④
(2) To the Taliban, there is no greater threat than a young woman speaking out and demanding rights.　⑤

注：threat　脅威　　demanding < demand　～を要求する

問4　文中の［ あ ］と［ い ］に入る語の組み合わせとして適切なものを、以下の（ア）～（エ）から1つ選び、その記号をマークしなさい。

(ア) much / make　(イ) much / get　⑥
(ウ) many / make　(エ) many / get

問5　次の各文が、本文の内容と合えば（ア）を、合わなければ（イ）をマークしなさい。
(1) When she was 17, Malala received the Nobel Peace Prize.　⑦
(2) Malala couldn't say that every child has the right to go to school.　⑧
(3) At the age of eleven, Malala used the internet to tell what her school life was like.　⑨
(4) Although Malala was shot by the Taliban, she never gave up showing her opinion.　⑩
(5) The Malala Fund is only used for girls to go to school.　⑪

2 【A】次の（ア）～（エ）の中から、第一アクセントの位置が異なる語をそれぞれ1つずつ選んで、その記号をマークしなさい。

① 1. （ア）chal-lenge （イ）ath-lete （ウ）po-lice （エ）pat-tern

② 2. （ア）man-ag-er （イ）u-ni-form （ウ）choc-o-late （エ）mu-se-um

③ 3. （ア）vol-un-teer （イ）of-fi-cial （ウ）in-tro-duce （エ）un-der-stand

④ 4. （ア）tel-e-vi-sion （イ）in-ter-est-ing （ウ）com-pe-ti-tion （エ）su-per-mar-ket

【B】次の各組の下線部の発音が、すべて同じなら（ア）を、２つ同じなら（イ）を、すべて異なれば（ウ）をそれぞれマークしなさい。

⑤ 1.
① bread
② weather
③ breathe

⑥ 2.
① popular
② oven
③ only

⑦ 3.
① north
② cloth
③ thirsty

⑧ 4.
① ghost
② enough
③ daughter

3 次の英文の[①]～[⑥]に入る最も適切な語句を、あとの選択肢（ア）～（エ）からそれぞれ1つずつ選び、その記号をマークしなさい。

Polar Bears

Who Am I?

I'm white and furry, and I swim in the sea. The cold snow and ice are just right for me. Who am I? A polar bear!

Big Bears!

Have you seen a polar bear in a zoo? Polar bears are big－really big. They are the biggest meat-eaters on land. A polar bear can weigh as much as seven men! A polar bear's body is built for the Arctic. These bears have thick fur to keep them [①]. Polar bears have thick fat, too. The fat keeps body heat in and keeps the Arctic cold out.

Powerful Paws

A polar bear's paws do many things. Paws dig dens in the snow. They break the ice to find food. They also pull food out of the water.

Super Swimmers

Polar bears are great swimmers. They spend a lot of time in the water. Their front paws paddle. Their back legs steer. Their fat [②] polar bears float.

What's for Dinner?

A polar bear eats other animals. Seals are its favorite food. Bears hunt seals on the sea ice. Seals come up for air at holes in the ice. To hunt a seal, a polar bear waits and waits. When a seal appears, the bear snatches it in a flash.

Polar bears have good [③]. They can smell a seal 20 miles away! Polar bears have good hearing and eyesight, too. These come in handy when looking for dinner.

The ice melts in spring and summer. Polar bears stay with the ice when they can. They move to land when the sea ice is mostly gone.

On land they usually don't eat at all. Some bears may eat bird eggs. They may eat plants or berries. But there is not [④] food for polar bears on land.

Bears in Town

In Churchill, Canada, polar bears come to town in the fall! The ice is melting earlier each year. It is forming later, too. The bears are hungry. They are looking for food. Our Earth is getting warmer. There is [⑤] sea ice now. This is dangerous for polar bears. They need the ice to hunt.

Cute Cubs

Every new polar bear is special. A mother bear has babies, called cubs. She digs a den in the snow. The cubs stay safe and warm in the den. The cubs drink their mother's rich milk. They grow quickly. Soon they are big enough to [⑥] the den. A mother polar bear teaches her cubs to hunt. She also teaches them how to stay safe and warm. The cubs leave their mother when they are two years old. They are ready to live on their own.

注：

furry 毛皮で覆われた
the Arctic 北極
dens < den (野獣の)巣・穴
steer 舵を取る
come in handy 助けになる
weigh 重さがある
paws < paw (動物の)足
paddle かいで漕ぐ
snatches < snatch ～ ～をさっと掴み取る

[①]（ア）strong　（イ）heavy　（ウ）cool　（エ）warm

[②]（ア）helps　（イ）enables　（ウ）allows　（エ）gets

[③]（ア）eyes　（イ）ears　（ウ）tails　（エ）noses

[④]（ア）many　（イ）much　（ウ）few　（エ）little

[⑤]（ア）more　（イ）less　（ウ）plenty of　（エ）no

[⑥]（ア）dig　（イ）find　（ウ）move to　（エ）leave

4

次の文を読んで、[①]～[⑩]に当てはまる文を選んで、その記号をマークしなさい。
なお、文頭に来る語も小文字で始めています。

【The problem with plastic】

On a boat near Costa Rica, a team of marine biologists is helping a turtle. The animal can't breathe well, and the team discovers why ― [①]. A scientist tries to extract the object, but the turtle cries in pain. Finally, after eight long minutes, a long object is pulled out: [②].

The video of the turtle's rescue has been viewed millions of times on YouTube.

Everyone noticed what kind of problem was going on. [③]. Since 2000, there has been a huge increase in worldwide plastic production, but we recycle less than one-fifth of it. A lot of this plastic waste ends up in the ocean. Today, scientists think about 8.1 billion kilograms goes into the sea every year from coastal regions. [④].

This ocean plastic hurts millions of sea animals every year. Some fish eat plastic because [⑤], and it looks and smells like food. Typically, eating plastic leads to constant hunger.

"Imagine you ate lunch and then just felt weak... and hungry all day," says marine biologist Matthew Savoca. "That would be very confusing." In some cases, [⑥] and even result in death.

Plastic is useful to people because [⑦] ― but this is bad news for sea creatures who eat or get stuck in it. According to Savoca, "Single-use plastics are the worst." These are items [⑧]. Some common examples include straws, water bottles, and plastic bags. About 700 sea species (including the turtle from the video) have been caught in or have eaten this kind of plastic. Luckily, [⑨] and was released back into the ocean.

How will plastic affect sea animals in the long term? "I think we'll know the answers in 5 to 10 years' time," says Debra Lee Magadini from Columbia University. But by then, [⑩].

注：

marine biologists 海洋生物学者	turtle カメ	breathe 呼吸する	
extract ～を引き抜く	object 物体	in pain 痛くて	rescue 救助
has been viewed 見られてきた	a huge increase 大幅な増加	production 生産	
one-fifth 5分の 1	ends up in the ocean 最後には海の中に行きつく		
coastal regions 沿岸地域	Typically 一般的に		
constant hunger 絶え間ない飢え	Imagine ～を想像する		
Matthew Savoca マシュー・サヴォーカ（人名）	confusing 困惑させる		
result in death 死に至る	creatures 生物	get stuck 引っかかる	
items 品物	include ～を含む	species 種（しゅ）	
have been caught in 捕らわれてしまう	was released 解き放たれた		
affect 影響する	Debra Lee Magadini デブラ・リー・マガディーニ（人名）		

(ア) the turtle survived

(イ) it is covered with sea plants

(ウ) it is strong and lasts a long time

(エ) it is a 10-centimeter plastic straw

(オ) there is something inside its nose

(カ) the world's seas are full of plastic

(キ) eating sharp pieces of plastic can seriously hurt sea animals

(ク) most of this plastic will never break into little pieces and goes away

(ケ) that are used only once before we throw them away

(コ) another 25 million tons of plastic will already be in ocean

5 母親と、娘のRachelが話をしています。空欄に当てはまる適切な文を選んで、その記号をマークしなさい。なお、文頭に来る語も小文字で始めています。

Mum: Rachel?... Rachel?... Rachel!

Rachel: What?

Mum: [①]

Rachel: I'm watching YouTube!

Mum: I need you to do two things for me.

Rachel: Ohhhh. What?

Mum: [②]

Rachel: Just tell me [③] I'm trying to watch this.

Mum: The washing machine is on. Can you hang the clothes outside?

Rachel: OK.

Mum: And [④]

Rachel: Ohhh. I'll do it another day.

Mum: But you told me [⑤]

Rachel: Yeah, but I need to study. [⑥] And I need to finish a report before Thursday. And I'm meeting Jane tonight.

Mum: [⑦] Or stop watching YouTube? You need to change your priorities, my girl. You're nineteen, not a child!

Rachel: Mum! I have to relax too! [⑧]

Mum: I work all day and then do housework.

Rachel: Yeah, but you get paid for your work. And anyway, you're my mum. [⑨]

Mum: Is that right?

Rachel: I'm joking.

Mum: Well, I'm not. Please clean your room!

Rachel: OK. OK.

Mum: I'll be back at seven.

Rachel: Oh! What time are we having dinner? I need to leave at eight.

Mum: [⑩]

注：

hang ～を干す　　　　priorities 優先事項

(ア) I can't work all day!

(イ) I said it three times.

(ウ) I've got a test tomorrow.

(エ) I'll get a pizza on my way home.

(オ) you don't have classes today.

(カ) that's what mums do!

(キ) what you want me to do.

(ク) why can't you meet her at the weekend?

(ケ) can you clean your room?

(コ) don't talk to me like that!

6 次の各文の（　　）に入る最も適切な語句を、(ア)～(エ)から1つずつ選び、その記号をマークしなさい。

1. Come home before it (　　) dark.
   ① (ア) get　(イ) got　(ウ) gets　(エ) will get

2. I read five books on the subject, but (　　) of them were useful.
   ② (ア) none　(イ) nobody　(ウ) nothing　(エ) no one

3. He often tells a lie. He (　　) be an honest man.
   ③ (ア) can　(イ) cannot　(ウ) must　(エ) must not

4. This book is written in English, so it is (　　) for my sister to understand.
   ④ (ア) so easy　(イ) too difficult　(ウ) enough easy　(エ) such difficult

5. He made (　　) mistakes on the exam than I.
   ⑤ (ア) many　(イ) little　(ウ) least　(エ) fewer

6. A: Peter isn't here yet.
B: That's strange. He's never late. He's always (　　) time.
⑥ (ア) for　(イ) by　(ウ) at　(エ) on

7. He (　　) me to play the piano.
⑦ (ア) said　(イ) told　(ウ) spoke　(エ) talked

8. The hamburger (　　) was made by his father is very big.
⑧ (ア) which　(イ) who　(ウ) whose　(エ) what

9. What is the star (　　) brightly in the sky?
⑨ (ア) shine　(イ) to shine　(ウ) shining　(エ) shone

10. You must (　　) these round pieces of medicine three times a day.
⑩ (ア) use　(イ) drink　(ウ) take　(エ) have

11. How many children (　　) to Bob's birthday party?
⑪ (ア) invite　(イ) invited　(ウ) was invited　(エ) were invited

12. My grandmother (　　) for ten years.
⑫ (ア) died　(イ) is dead　(ウ) has been dead　(エ) has died

13. My father is three (　　) as old as I am.
⑬ (ア) times　(イ) numbers　(ウ) years　(エ) months

7

次の英文の下線部（ア）～（エ）の語句に語法・文法上の誤りがあれば、その記号を１つマークしなさい。ただし、誤りがなければ（オ）をマークしなさい。

1. "(ア) Can you cook?" "Yes, (イ) I can cook as (ウ) good (エ) as my mother." ①

(オ) 誤りなし

2. My sister (ア) has (イ) been sick (ウ) from the end (エ) of last month. ②

(オ) 誤りなし

3. He has three sons; (ア) one (イ) is a doctor and (ウ) others (エ) are teachers. ③

(オ) 誤りなし

4. (ア) Is there anyone (イ) at the front door (ウ) which (エ) wants to meet me? ④

(オ) 誤りなし

5. They (ア) are very (イ) surprised (ウ) at hear that he (エ) has lost his wallet. ⑤

(オ) 誤りなし

6. You (ア) know (イ) where to see (ウ) in Kyoto, (エ) don't you? ⑥

(オ) 誤りなし

7. (ア) I'm going (イ) to abroad again (ウ) in April (エ) with my parents. ⑦

(オ) 誤りなし

8. Stop (ア) fighting, (イ) or our teacher (ウ) will get (エ) angry. ⑧

(オ) 誤りなし

8

次の各文が意味の通る英文になるように [　　　] 内の語句(ア)～(キ)を並べかえるとき、[　　　] 内の3番目と5番目に来るものを、それぞれマークしなさい。なお、文頭に来る語も小文字で始めています。

1. It was [(ア) in / (イ) to / (ウ) a car / (エ) difficult / (オ) made / (カ) the United States / (キ) find] in this small town.
3番目：①，5番目：②

2. It's [(ア) not as / (イ) week / (ウ) as / (エ) it / (オ) cold / (カ) was / (キ) last].
3番目：③，5番目：④

3. Have you [(ア) painted / (イ) ever / (ウ) by / (エ) the / (オ) him / (カ) seen / (キ) pictures] ?
3番目：⑤，5番目：⑥

4. [(ア) has / (イ) always / (ウ) blue / (エ) the cat / (オ) looks / (カ) eyes / (キ) which] lonely.
3番目：⑦，5番目：⑧

5. I [(ア) teacher / (イ) buy / (ウ) asked / (エ) my / (オ) dictionary / (カ) which / (キ) to].
3番目：⑨，5番目：⑩

6. To [(ア) took / (イ) around / (ウ) hours / (エ) the lake / (オ) me / (カ) two / (キ) walk].
3番目：⑪，5番目：⑫

7. [(ア) what / (イ) remember / (ウ) I / (エ) wearing / (オ) he / (カ) don't / (キ) was] yesterday.
3番目：⑬，5番目：⑭

8. What [(ア) fruit / (イ) called / (ウ) small / (エ) English / (オ) this / (カ) is / (キ) in] ?
3番目：⑮，5番目：⑯

【数　学】（50分）〈満点：100点〉

注意　分数は約分して答えること。また，根号の中は最も簡単な整数で答えなさい。

1　次の□に最も適する数字をマークせよ。

(1)　$\dfrac{7^2-(-3)^2}{2^3} \div \left\{\left(\dfrac{1}{2}\right)^3-3\div 6^3\right\}=\boxed{\text{ア}}\boxed{\text{イ}}$

(2)　$3\left(\dfrac{2x+5y}{4}-\dfrac{5x-3y}{6}\right)-\dfrac{3}{4}y=-\dfrac{\boxed{\text{ウ}}x-\boxed{\text{エ}}y}{\boxed{\text{オ}}}$

(3)　$(1+\sqrt{2}+\sqrt{3})(\sqrt{3}-\sqrt{2}-1)=-\boxed{\text{カ}}\sqrt{\boxed{\text{キ}}}$

(4)　$\left(\dfrac{\sqrt{3}}{2}-\dfrac{\sqrt{2}}{2}\right)(\sqrt{6}+2)+\left(1-\dfrac{\sqrt{2}}{4}\right)^2=\dfrac{\boxed{\text{ク}}}{\boxed{\text{ケ}}}$

2　次の□に最も適する数字をマークせよ。

(1)　$(x^2-ax+1)(x^2+2x+3)$を展開してx^2の係数が-20になるとき，$a=\boxed{\text{ア}}\boxed{\text{イ}}$である。

(2)　$x=\sqrt{5}+\sqrt{2}$，$y=\sqrt{5}-\sqrt{2}$のとき，$2x^2-3xy+2y^2$の値は$\boxed{\text{ウ}}\boxed{\text{エ}}$である。

(3)　$(2a^2x-a^2y)^2-(a^2x+3a^2y)^2$を因数分解すると，$a^{\boxed{\text{オ}}}\left(\boxed{\text{カ}}x+\boxed{\text{キ}}y\right)\left(x-\boxed{\text{ク}}y\right)$である。

(4)　xとyについての連立方程式$\begin{cases}20x-17y=26\\25x-22y=16\end{cases}$を解くと，$x=\boxed{\text{ケ}}\boxed{\text{コ}}$，$y=\boxed{\text{サ}}\boxed{\text{シ}}$である。

3 次の[ ]に最も適する数字をマークせよ。

(1) 関数 $y=\dfrac{a}{x}$ について，x の変域が $2 \leqq x \leqq 6$ のとき，y の変域が $b \leqq y \leqq -4$ である。

このとき，$a=-$[ア][イ]，$b=-$[ウ][エ]である

(2) 9枚のカードに1から9までの自然数が1つずつ記入してある。

3の倍数のカードは，そのカードの数を2倍した数を得点とする。

3の倍数以外のカードは，そのカードの数を得点とする。

これら9枚のカードの中から同時に2枚をとり出すとき，得点の合計が

5の倍数となる確率は $\dfrac{[オ]}{[カ]}$ である。

(3) $1\times2\times3\times\cdots\times2022$ のように，1から2022までの整数をすべてかけてできた数は，

一の位から0が[キ][ク][ケ]個連続して並ぶ。

(4) 下の図のように，線分ABを直径とする半円Oの周上に3点A，B，Cがあり，

AB＝12cm，∠BAC＝30°である。また，点DはACの延長上の点で，∠BDC＝45°

である。

このとき，斜線部分の面積は $\left([コ][サ]+[シ]\sqrt{[ス]}-[セ]\pi\right)$ cm^2 である。

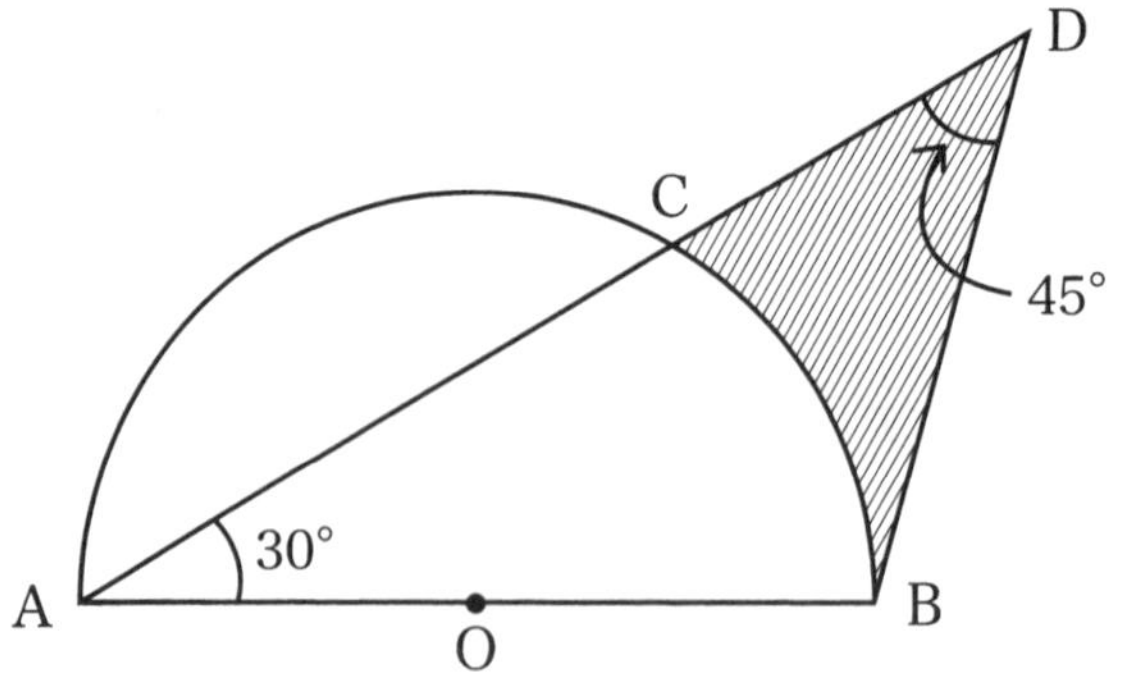

(5)　下の図で，四角形 ABCD はひし形，△AED は正三角形である。
$\angle ABC = 80^\circ$ のとき，$\angle BEC = \boxed{ソ}\boxed{タ}\boxed{チ}^\circ$ である。

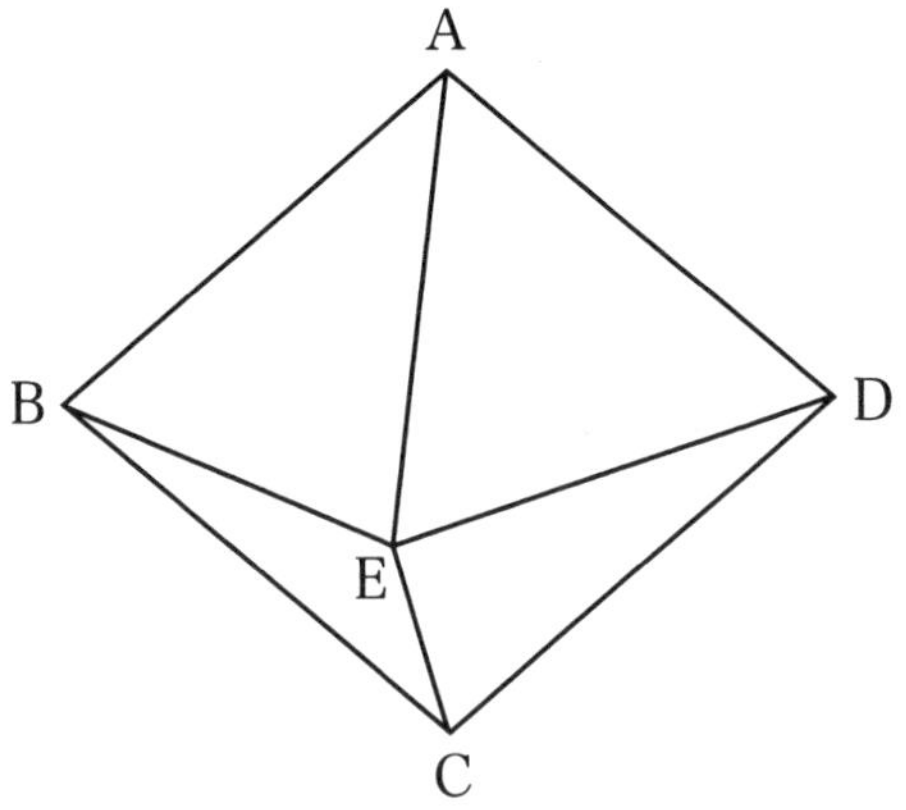

4　下の図は $AD = 6\,cm$，$BD = CD = 6\sqrt{3}\,cm$，$\angle ADB = \angle ADC = \angle BDC = 90^\circ$ の三角錐 A−BCD である。また，点 P は点 B，C を含まない辺 BC 上にある。

このとき，次の $\boxed{}$ に最も適する数字をマークせよ。

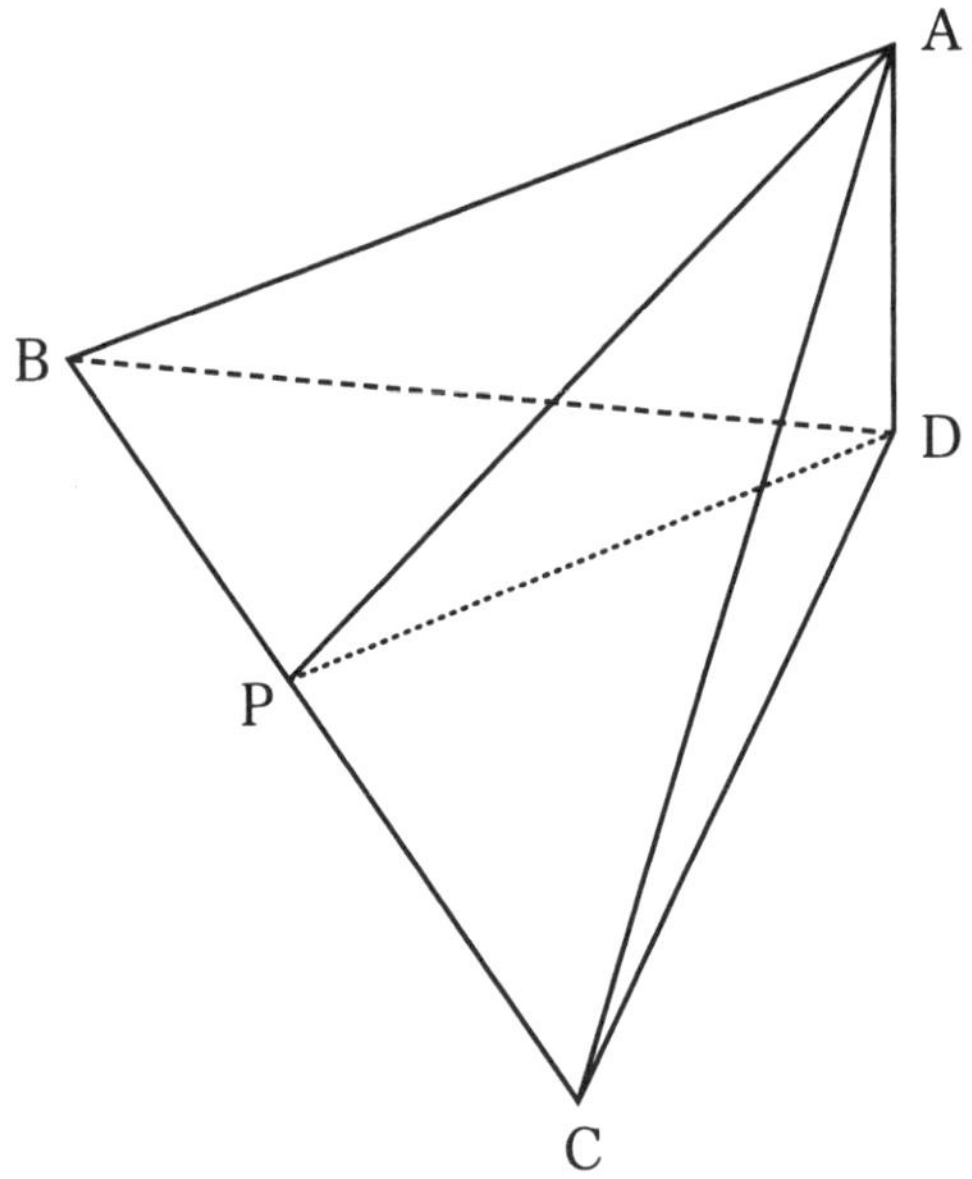

(1)　△APD の面積が最も小さくなるとき，△ABC の面積は△APD の面積の $\sqrt{\boxed{ア}\boxed{イ}}$ 倍である。

(2)　BP＜PC で，$AP = 3\sqrt{13}\,cm$ のとき，$BP = \left(\boxed{ウ}\sqrt{\boxed{エ}} - \boxed{オ}\sqrt{\boxed{カ}}\right)cm$ である。

5　下の図の四角形 ABCD において，辺 BC の中点を E とする。点 E を通り辺 AB に平行な直線と辺 CD の交点を F, 点 E を通り辺 CD に平行な直線と辺 AB の交点を G とする。また，線分 BF と EG の交点を H，CG と EF の交点を I，BF と CG の交点を J とするとき，次の□に最も適する数字をマークせよ。

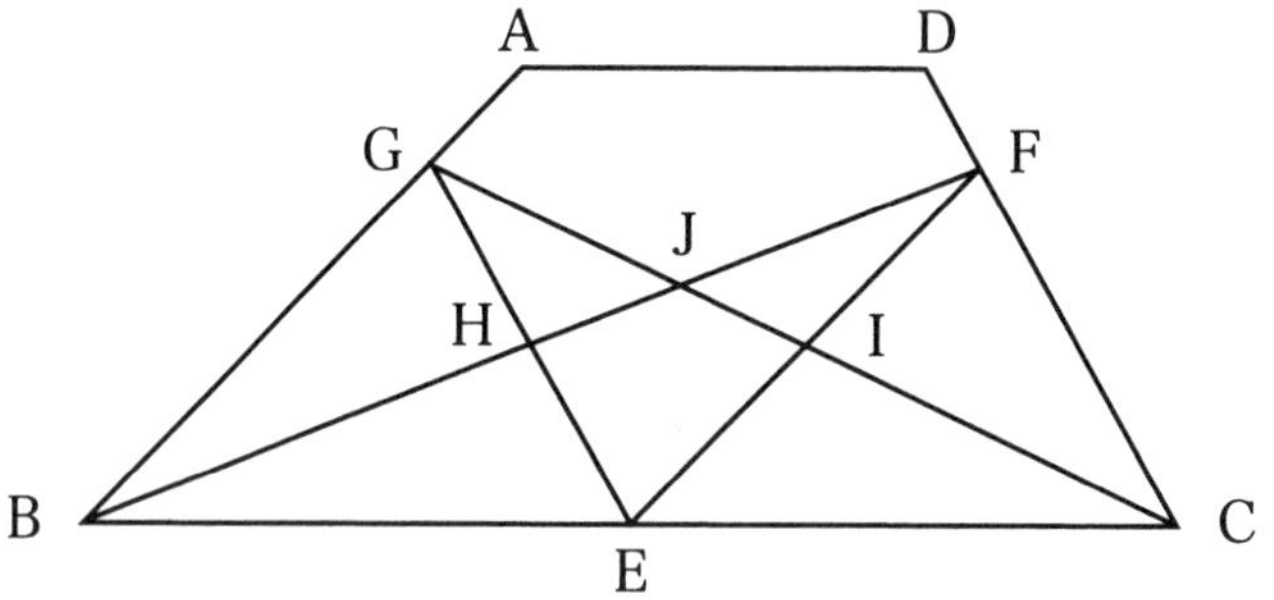

(1)　CI：JG= ア ： イ である。

(2)　△GHJ の面積が 3cm^2 のとき，△ECF の面積は ウ エ cm^2 である。

6　下の図のように，点 C(0,3) を中心とする円が，放物線 $y=\frac{1}{2}x^2$ と異なる 4 点で交わっている。その 4 つの交点の中で x 座標が正である 2 つの点のうち，原点に近い方を P，遠いほうを Q とする。また，PC を延長した直線と円の交点を R とし，円と y 軸の交点のうち原点に近い方を S とする。

このとき，次の [　] に最も適する数字をマークせよ。

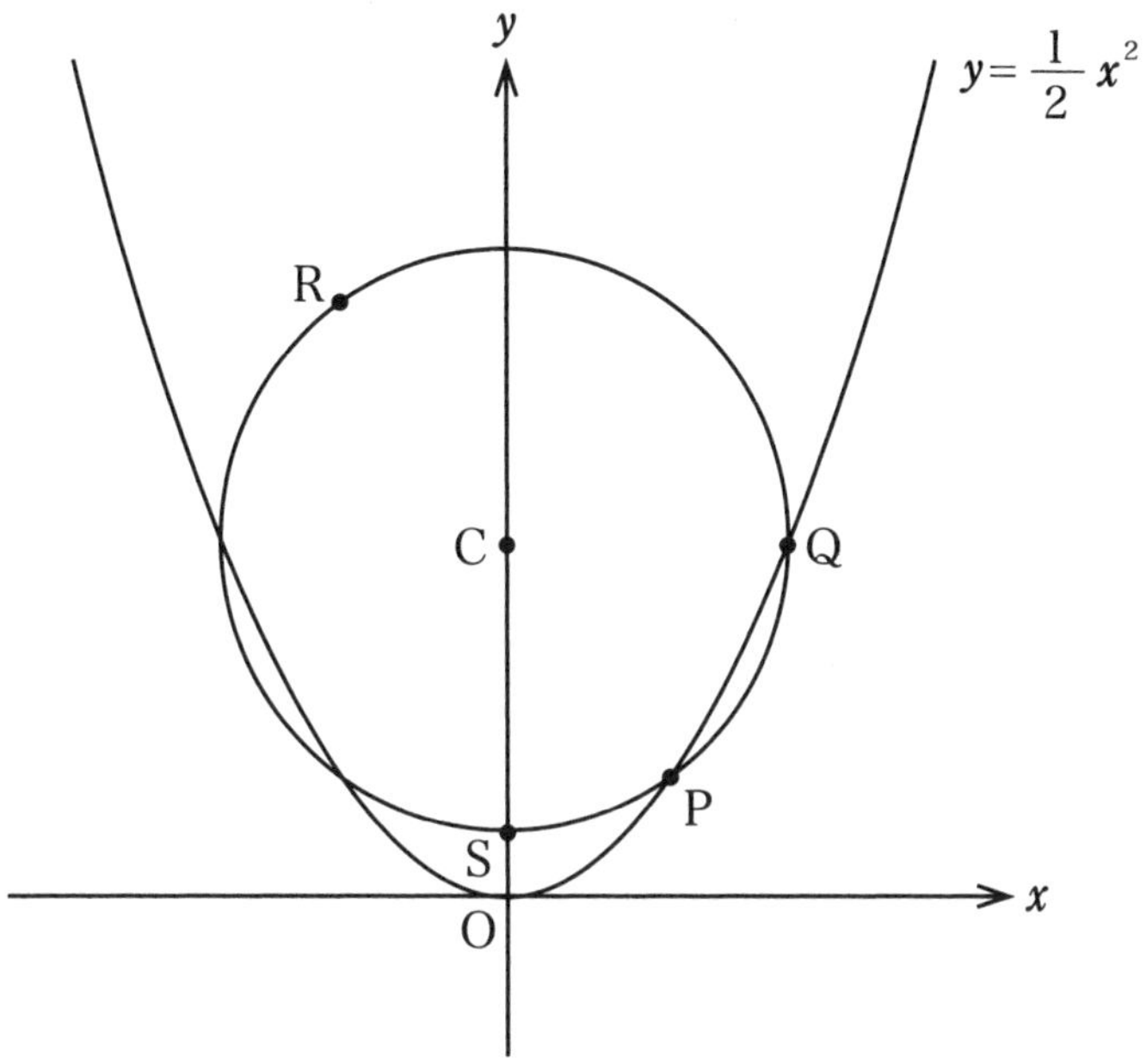

(1)　点 P の y 座標を a として，CP^2 を a を用いて表すと，a^2- [ア] $a+$ [イ] である。

(2)　点 C を中心とするこの円の半径が $\sqrt{6}$ のとき，点 P の x 座標は $\sqrt{\text{[ウ]}}$，点 Q の x 座標は $\sqrt{\text{[エ]}}$ である。

(3)　(2)のとき，∠QRS = [オ][カ]° である。

問5 ③――「わづらひを出ださむために」は「言いがかりをつけようとして」という意味ですが、「主」はなぜ「言いがかりをつけよう」と思ったのですか。その理由として最もふさわしいものを次から選びなさい。**(解答番号10)**

ア 銀貨を拾ってくれた夫に、お礼として銀貨を三枚あげるのが惜しくなったから。

イ 落とし主が本来落とした銀貨よりも、一枚多く返してもらおうと思ったから。

ウ 正直者だと思っていた夫が実は嘘つきであり、自分がだまされかけていたことに気づいたから。

エ 本当は自分の物でない銀貨を、夫をだますことですべて手に入れようと思ったから。

問6 ④――「一つをば隠されたるにや」の口語訳として最もふさわしいものを次から選びなさい。**(解答番号11)**

ア 一つをお礼に差し上げたのでしょうか。

イ 一つをお落としなされたのでしょうか。

ウ 一つをお隠しになったのでしょうか。

エ 一つを見つけなさったのでしょうか。

問7 この文章の内容として最もふさわしいものを次から選びなさい。**(解答番号12)**

ア 国の守は真相が見抜けなかったため、最終的な判断を保留してしまった。

イ 落とし主は銀貨を拾ってくれた夫婦に感謝して、すべての銀貨を夫婦にお礼として渡した。

ウ 夫は銀貨の落とし主をだまそうと試みたが、国の守に嘘を見抜かれ銀貨を手に入れる事ができなかった。

エ 国の守は、真実を見抜いたうえで、不正直者が損をし、正直者が利益を得るような裁定をした。

問8 □「不思議なれ」とありますが、これを文法的に説明した次の文の(A)～(C)にあてはまるものを、記号で答えなさい。**(解答番号13・14・15)**

「不思議なれ」は文末にもかかわらず、(A)でなく、(B)の活用形が用いられている。これは、上に強意の(C)「こそ」があるからである。

ア 未然形　イ 連用形　ウ 終止形　エ 連体形　オ 已然形

カ 命令形　キ 格助詞　ク 副助詞　ケ 係助詞　コ 終助詞

問9 『沙石集』は鎌倉時代に成立した仏教説話集である。『沙石集』と同じ「説話」のジャンルに属する作品を次から選びなさい。**(解答番号16)**

ア 枕草子　イ おくのほそ道　ウ 今昔物語集　エ 源氏物語

三　次の文章を読み、後の各問いに答えなさい。

唐土《もろこし》（中国）に、賤《いや》しき夫婦あり。餅を売りて、世を渡りけり。夫、道のほとりにして餅を売りけるに、人の袋を落としたりけるを取りて見れば、銀の南挺《なんてい》（銀貨）六つありけり。家に持ちて a帰りぬ。

妻、心素直に、欲なき者にて、「吾《われ》らは、商ひて過ぐれば、①ことも欠けず。この主、いかばかり嘆き求むらむ。Ⅰいとほしきことなり。主を尋ねて、返したまへ」と言ひければ、「まことに」とて、あまねく bふれけるに、主といふ者出で来て、②これを得て、あまりにうれしくて、「三つをば奉らむ（差し上げよう）」と言ひて、すでに分かつべかりけるとき、思ひ返して、③わづらひを出ださむために、「七つこそありしに、六つあるこそ不思議なれ。④一つをば隠されたるにや」と c言ふ。「さることなし。もとより六つなり」と論ずるほどに、果ては、国の守（長官）のもとにして、これをⅡことわらしむ。

国の守、眼さかしくして（見る目がすぐれていて）、この主は不実の者、この男は正直の者と見ながら、なほ不審なりければ、かの妻を召して、別の所にして、ことの子細を尋ぬるに、夫が申し状（言い分）に少しも違はず。この妻は極《きは》めたる正直の者と d見て、この主不実のこと確かなりければ、国の守の判《はん》に言はく、「このこと、確かの証拠なければ、判じがたし。ただし、ともに、正直の者と見えたり。夫妻、また、言葉違《たが》はず。主の言葉も正直に聞こゆれば、七つあらむ南挺を尋ねて取るべし。これは六つあれば、別の人にこそ」とて、六つながら e賜《た》びけり（お与えになった）。

（無住道暁『沙石集』より一部改変）

問1　‖ a〜eの主語をそれぞれ次から選び、記号で答えなさい。（同じ記号を繰り返し用いてもよい）**（解答番号1・2・3・4・5）**

ア　夫　イ　妻　ウ　主　エ　国の守　オ　夫婦

問2　波線Ⅰ「いとほしき」・Ⅱ「ことわらしむ」の文中の意味として最もふさわしいものを次からそれぞれ選びなさい。**（解答番号6・7）**

Ⅰ「いとほしき」

ア　愛らしい　イ　いい加減な　ウ　気の毒な　エ　やっかいな

Ⅱ「ことわらしむ」

ア　断らせる　イ　判断させる　ウ　謝罪させる　エ　認めさせる

問3　①——「ことも欠けず」の文中での意味として最もふさわしいものを次から選びなさい。**（解答番号8）**

ア　お金は大切である。

イ　お金は大切でない。

ウ　お金に困っている。

エ　お金に困っていない。

問4　②——「これ」の示す内容として最もふさわしいものを次から選びなさい。**（解答番号9）**

ア　賤《いや》しき夫婦　　イ　餅　　ウ　銀の南挺《なんてい》　　エ　申し状

問7　空欄a、bに当てはめるべき漢字と同じ文字を用いるものを、それぞれ選びなさい。（解答番号8・9）

ア　末□をけがす。　　　　イ　人の口に□は立てられぬ。

ウ　□を貸して母屋《おもや》を取られる。　　エ　目から□が落ちる。

オ　同じ□の貉《むじな》。

問8　⑥――「法科か経済に行って少しは世の中のことを勉強しろ」とあるが、「父」がこのように言う理由として最もふさわしいものを次より選びなさい。（解答番号10）

ア　芸術の道の厳しさを知る父自身が、芸術を諦め海軍に入り没落士族の境遇を克服したように、堅実な人生の為にはうわついた憧れを切り捨て実学を学ぶのが一番だと考えたから。

イ　当てのない絵空事にうつつを抜かし人生の目標も定めていない息子を案じ、自分が挫折した芸術の道には進まないよう、実学の方面に息子を誘導しようとしているから。

ウ　父の夢であった絵描きの道ならいざ知らず、父もよく知らない物書きの道で生計をたてようという息子の計画があまりに無謀で、まずは保険の意味でも実学を学ばせたかったから。

エ　父は、息子の文才の乏しさを熟知しており、東大に受かる程頭はいいのに文学部はもったいない、東大法科か経済への進学をみすみす逃すのは損だと功利的に考えているから。

問9　⑦――「弱みを見透かされている」とあるが、この時の「わたし」の「弱み」として最も適切なものを次より選びなさい。（解答番号11）

ア　物書きになろうにも書く資質と書くだけの人生経験が無いこと。

イ　物書きの人生の苦しさというものがわかっていないこと。

ウ　父の知っている文豪達に比べると文才が劣ること。

エ　東大文学部に合格できるほどの受験勉強に勤《いそ》しんでこなかったこと。

問10　＝＝AとBの「言ってやった」という言葉の意味合いとして、ふさわしいものをそれぞれ次より選びなさい。（解答番号12・13）

ア　優越感　　イ　腹いせ　　ウ　皮肉　　エ　抵抗

問11　6段落から7段落への「わたし」の心境の落差の表現から「わたし」自身が自分をどう描こうとしていると言えるか。最も適切なものを次より選びなさい。（解答番号14）

ア　不安と喜びの間でナイーブに揺れ動いた思春期の頃の純粋な心理を、父の偽善的な態度と対比しながら克明に描き出そうとしている。

イ　冷静さを失いすぐに感情の起伏が激しくなる「わたし」の元来の欠点を、それを含めて受け止めてくれた父の愛と共に、率直に描いている。

ウ　落第への怯えから一転合格の喜びにつけあがる自己像の過剰なデフォルメによって、父のみならず自分自身を突き放して描写している。

エ　不合格なら尚更、たとえ合格でも「わたし」にとって軍人の父の存在が常に抑圧であり、それが「わたし」の苦悩の元凶だったことを告発している。

問12　⑧――「さびしい幻滅の気分」とあるが、この時の「わたし」の気持ちとして最も適切なものを次より選びなさい。（解答番号15）

ア　今まで厳しく父権を振りかざしてきたのに、東大に合格したと言うだけで息子に媚《こび》を売る父の世俗的な価値観を目の当たりにし、父に失望と軽蔑を感じている。

イ　武官として大成した父が、文学や芸術の道に今尚《なお》未練と引け目を抱《かか》えることを知り、東大文学部合格が父の夢を代わりに叶えたのと同時に父を越えてしまったことに複雑な感情を抱いている。

ウ　息子の東大合格を我が事のように喜び自分を立ててくれる父のはしゃぎように、感謝よりむしろ父の「老い」を感じ、寂しい気持ちを抱いている。

エ　息子がせっかく東大に合格しながら、それが文学部であることに不服を感じ続け、その晩だけ負けたふりを装う父の見せかけの好意に、父と最後までわかり合えない孤独を感じている。

問1　①――「ほんとうは絵かきになりたかった」とあるが、「父」が絵かきになることを諦《あきら》めた理由として適切なものを、次の選択肢より二つ選びなさい。

（解答番号1・2　順不同）

ア　家が没落の途《と》にありに美大に行くような経済的余裕が無かったから。

イ　軟弱な絵描きなどより軍人の方が元士族の家柄のプライドを保てたから。

ウ　絵描きを職業に出来るほど自分の画才に自信がなかったから。

エ　田舎者の自分が東京の華やかな美術界に入ることに劣等感があったから。

オ　若くして知り合った妻との結婚をどうしても叶えたかったから。

問2　②――「なにがし中学に神童ありと知られた少年」とあるが、この場合「神童」という言葉に、その頃の父のどのような資質を読み取るべきか。次より最もふさわしいものを選びなさい。**（解答番号3）**

ア　父が田舎から東京の中学に進む程の並外れた秀才であったこと。

イ　父が田舎町では異例の垢ぬけた都会的センスを持った少年だったこと。

ウ　父が田舎では群を抜いて勉強が出来た上に、芸術的才能まで持ち合わせていたこと。

エ　父がどんな方面においても他者の追随を寄せ付けぬまさに「神」レベルの天才児だったこと。

問3　③――「気の抜けた伝説」にはどのような意味が読み取れるか。最もふさわしいものを次より選びなさい。**（解答番号4）**

ア　軍人としての出世を目標に生きた「父」が芸術への憧れを持っていたと言われてもおよそ信じる気にはなれないと「わたし」が思っていること。

イ　夢を途中で諦めるような「父」の若い日々など自分には何の教訓にもならないと「わたし」が思っていること。

ウ　「父」が今や何の夢も野心も持たない、日常に埋没した人間になっていること。

エ　芸術とはかけ離れた軍人となった「父」の「絵描きの才能を秘めた感受性豊かな少年」だった過去など、今では全く不釣り合いで現実味の無いこと。

問4　2段落から読み取れることとして**ふさわしくないもの**を次より一つ選びなさい。**（解答番号5）**

ア　秀才だが落ちぶれた旧家の三男だった「父」は、やむなく進んだ海軍士官学校を出、海軍大尉となり家の名誉を果たした。

イ　「父」は海軍大尉という当時の世間では最高の名利《みょうり》によって良家の子女との結婚も果たした。

ウ　自らの夢を捨てた「父」の心の屈折が、「父」を過去の栄光にすがるような自己顕示欲の強い人間にした。

エ　家の事情でやむなく世間的な名利を選ばざるを得なかった「父」としては、「海軍大尉」という自らつかみとった肩書きで己れの過去を肯定するしかなかった。

問5　④――「母はそばから～言って聞かせたものだ」とあるが、「母」に関するこの描写から、どのようなことを読み取るべきか。この後の～～ア、イの部分を踏まえて、最もふさわしいものを次より選びなさい。**（解答番号6）**

ア　「母」は高位の軍人である上に絵まで描く父親を子供に対して誇りとして考えている。

イ　「母」は絵かきを志しながら家のために軍人となり出世した夫の努力や苦労を尊敬している。

ウ　「母」は夫がかつて画家志望の夢を抱いていた気持ちは深く理解しているものの、息子にはそれを許せないでいる。

エ　「母」は堅《かた》い軍人である夫の意外な才能に魅力を感じているが、絵の道を捨てざるを得なかった夫の苦悩について理解している訳ではない。

問6　⑤――「父をそそのかしていた」のこの場合の意味として、最もふさわしいものを次より選びなさい。**（解答番号7）**

ア　父をけしかけていた。　イ　父をだましていた。

ウ　父を誘惑していた。　エ　父を牽制していた。

6 入試の発表は三月の二十二日だった。わたしは隣の町で草野球の試合に出場していて、朝から家にいなかった。陰気な受験の冬がおわって、野球のほうもシーズン初めての試合だった。わたしは自分で東京まで発表を見に行く勇気がなかったから、メンバーが足りなくて駆り出されたのをいいことに真っ先に出てきていた。風がまだ冷たくてわたしは薄着のユニフォーム姿でふるえていたが、ふるえる理由は他にもあるようだった。

悪い電報に恐れをなして逃げてきているわたしは、それでもふしぎに野球には打ち込めて試合は二つとも味方が勝った。わたしはとにかく家に帰りたくなかったので、あとやれと言われれば五試合でも十試合でもやるつもりでいた。しかし結局日が暮れてしまったので帰宅せざるを得なかったのである。

わたしは足音をしのばせて玄関に近づき、ドアをそっと細めにあけて家の中に聞き耳を立てた。しーんとしていた。駄目だったらしいとわたしは思った。もしも息子が合格していれば親たちのはずんだような声がしていてもよさそうなものだ。『残念　再起をまつ』というような電報を茶の間のテーブルの上に置いて父と母が黙りこんでいるのが目に見えるようだった。

わたしは靴を脱ぐ気力もなく、真っ暗な玄関の式台に五分ぐらい腰かけていた。それからやっと気をとり直して暗い廊下をあるいて行ったが、家出した息子がおそるおそる親の顔色をうかがいにきたような感じだった。

7 わたしは受かっていたのだった。父は息子の顔を見ると、さっきまでの興奮状態に立ちもどったように一枚の電報用紙をくりかえし声を出して読み上げ、そこに要約されていることをわたしに説明しにかかった。だがそれはべつにわたしに解読できないようなむずかしい電文でもなく、『おめでとう』という五つの文字が並んでいるだけだった。

わたしはまだ文学部のことで父と言い合ったことを忘れていなかったから、父のたわいのない喜びように拍子ぬけがした。そしてこの機会に大いに文学部を売りこんでおく必要があると感じて、試験場から持ち帰っていた国語の問題用紙を父に見せた。

「こんなのが出たんだ。」

とわたしは B言ってやった。

ついさっきまで玄関の暗がりでうなだれていた息子が、いまや嵩《かさ》にかかって父を試そうというわけだった。傍線の部分を解釈せよとか、正しい番号を選んでカッコの中に入れよとか……

しかし父は、問題の文章を手にとるとろくに読むでもなく一瞥《いちべつ》をくわえただけですぐわたしに返した。

「いや、こりゃむずかしくて、俺《おれ》にはさっぱりわからん。」

と言いながら。

わたしはその時、父がはじめて息子のわたしに見えすいたおべんちゃらを言ったのを感じた。そんなことはこれまで絶えて一度もなかったのに。つい昨日までは息子の勉強の内容にあれこれと口をはさんできたくせに。

父はきっとその晩だけは息子に負けたふりをして見せたかったのであろう。

だが息子は、軍人の父親が大学というものをそんなにも神聖視していたのかと考えて、⑧さびしい幻滅の気分さえあじわったのであった。

（阿部昭『千年・あの夏』より「父と子の夜」）

※東京の中学に入るため…「中学」とは旧制中学のこと。田舎からわざわざ東京の中学に進むとは、「父」がかなりの秀才であったということ。

二 次の文章を読み、後の各問いに答えなさい。

[1] 父は若い頃、①ほんとうは絵かきになりたかったのだと母には打ち明けていた。しかし絵かきにはならないで海軍に入ったのは、自信が持てなかったのか、境遇にひきずられたのか、それともその両方だったのだろう。落ちぶれた士族の三男坊だった父は※東京の中学に入るために汽車に乗って田舎から出てきた。その昔②なにがし中学に神童ありと知られた少年――というのが、父にまつわる③気の抜けた伝説の一つだった。

[2] 結婚した海軍大尉の父は若い母をつれて自分の郷里の町を案内して歩いた。その時、父はしばしば町かどに立ちどまって、「ここもわたしの家の持ち家だった。」「ここもわたしの家の土地だった。」と新婚の妻に説明せずにはいられなかった。二十歳の母はそんなふうに今は夫のものでもなければ自分とも何の関係もない家や家の跡ばかりいくつも見せられて、たよりない気持を味わうだけだったのである。父は自分よりずっと裕福な家から娘を貰ったので、そんなことでもして多少とも自分を慰めたのにちがいない。

[3] 少年時代に絵かきになりたかったことなど、父は自分でも忘れていることが多かっただろう。ただ、休暇で家族をつれて温泉旅行した時などに父は旅先でちょっとした風景のスケッチをこころみたりするくらいだった。すると④母はそばから父の画家志望の話を馬鹿《ばか》の一つ覚えのように持ち出して、子供のわたしに自慢げに言って聞かせたものだ。

「このお父さんは若い頃は絵かきさんになろうと思ったこともあったんですって……」

父はこそばゆそうに筆を動かしていた。

だがア父がもし絵かきになっていたら、母とは結婚していなかっただろうし、このわたしも従ってわたしの息子たちも生まれてきてはいなかっただろう。おかしなものだ。してみると、中学生の父がいまから何十年前のとある日、(やっぱり絵はやめて海軍に入ろう……)と決めた瞬間にわたしの運命はきまった訳だ。

[4] おなじような瞬間が息子のわたしにも訪れることになった。わたしは父が反対するのはよくわかっていたが、もう決めていた。イ父ばかりか母も息子の計画に不服でしきりに⑤父をそそのかしていた。

夜、茶の間の電灯の下で、絵かきになりそびれた過去をもつ父親は息子の顔を[a]のあくほど見つめた。

「文学部へなんか行って、一体何をするんだ?」

わたしはしばらく考えてから、物を書く人間になるんだ、とA言ってやった。

「物を書くって何を書くんだ? 書くことなどないじゃないか。」

書くことがないと言われてわたしはカッとなってしまった。あとの話はろくに耳に入らなかった。

「とにかくもう決めたんだから。」

わたしは最後にそう言い捨てて[b]を蹴るように父のそばから離れたが、父が横にいる母をつかまえて、

「何もわかっちゃいないんだ、あいつは……」

などと憐れむように言っているのが聞えた。

父の言い分では、小説なんて書きたきゃいつでも書ける、いくつになって書いたっていいものだ、だから今は⑥法科か経済に行って少しは世の中のことを勉強しろ、というわけだった。そして自分が若い頃読んで知っている文豪の名前を三つも四つも挙げてお前の書くものなど読めたものではないだろうと言うのだった。

[5] わたしはその晩からなんとなく父親に⑦弱みを見透かされているような気がして、父と話をする機会を避けて回っていた。父のほうではその間、息子の思いつめた表情に若い日の自分の姿を重ね合わせてみることも一度や二度はしたにちがいない。とにかく父は憮然としていた。

問10　a～f部分のカタカナと同じ漢字を後の選択肢からひとつずつ選び、記号をマークしなさい。**（解答番号17・18・19・20・21・22）**

a　リカン

ア　傷のカン部を冷やす。
イ　カン境に配慮したデザイン。
ウ　夜のカン散とした遊園地。
エ　映画のカン督を務める。

b　フサぐ

ア　言論の自由をヨク圧する。
イ　ボウ災訓練を行う。
ウ　暗ウツたる気分である。
エ　人生は「サイ翁が馬」だ。

c　タンネン

ア　精神をタン練する。
イ　タン精をこめる。
ウ　母のタン生日を祝う。
エ　何か魂タンのありそうな顔だ。

d　シキン

ア　成長企業に投シする。
イ　うまい話につい食シが動く。
ウ　彼の技はシ高の領域に近い。
エ　代表して祝ジを述べる。

e　キョクタン

ア　一タン帰国する。
イ　有名な冒険タンを読む。
ウ　相手にタン呵《か》を切る。
エ　領土問題にタンを発する紛争。

f　オオう

ア　身もフタもない話だ。
イ　フク水盆に返らず。
ウ　ヒ害者の家族に会う。
エ　彼をオウ援している。

問6　⑤――「その階層的分断が、先のバリアーの一つとしてあることも、このコロナ禍のなかでむきだしになった」とありますが、このことについて説明した次の文章の空欄（1）～（4）にあてはまる言葉をあとの選択肢から選び、それぞれ記号をマークしなさい。（なお、同じ番号の空欄には同じ言葉がはいる。）**（解答番号8・9・10・11）**

> 世界各地で厳格な都市封鎖が行われることにより、それぞれの社会の［1］が大きく露呈している。わずかな［2］層が大量の食糧を買い込んで広く快適な邸宅で過ごしている一方で、［3］層にある人々たちは狭くて粗末な小屋で身を寄せあって生活をしている。また、リモートワークが可能な職業に従事する人々とは対照的に、社会生活を支える労働に従事している「エッセンシャルワーカー」と呼ばれる人々が、日々感染の危険と隣り合わせの状況で働いている。さらには、このパンデミックは公衆衛生や経済面の問題のみにとどまらず、特定の民族に対する［4］行動も大きな問題となっている。このように、もともと我々の社会に存在していた［1］がコロナ禍の状況下で顕在化したのである。

ア　富裕　イ　都市　ウ　格差　エ　文化
オ　貧困　カ　郊外　キ　差別　ク　民族

問7　⑥――「密やかな願望」とありますが、何に対する願望ですか。ふさわしいものを次から二つ選び、それぞれ記号をマークしなさい。**（解答番号12・13　※マークの順序は問わない）**

ア　既存の自己規定とは対照的な枠組みに自らをあてはめることへの願望。
イ　未だ何者でもない新たな自分へと自らを再構築することへの願望。
ウ　世界から消失しわずらわしい人間関係から解放されることへの願望。
エ　都市生活において常にまとっている地位・役割からの解放の願望。
オ　他者と自分を隔てるすべての境界が曖昧になることへの願望。

問8　Ⅰ――「周りの化け物は人の顔を取り戻す」・Ⅱ――「野生という『化け物』にもどこかその『顔』を取り戻させる」とありますが、「顔を取り戻す」とはどのようなことを言っているのですか。その説明として最もふさわしいものを次から選び、記号をマークしなさい。**（解答番号14）**

ア　一方的なヒ害者としてではなく、加害者としての自分の立場をそれぞれが想像することができれば、様々な立場の存在も共生していける社会が築けるということ。
イ　コロナ禍において誰もが相互に不信感を抱きあっているが、他者との間に一線を引いて距離を取ることでかえって適度な関係性を見出すことができるということ。
ウ　「リカンしているのではないか」という他人からの自分に対する疑いの視線への恐怖が、他者を「化け物」に仕立て上げていたのだと気づくことができるということ。
エ　自身を守ろうとする一心で世界を二元的に判断している自分を相対化することができると、相手は「顔」を持った固有の「他者」としての尊厳を取り戻すということ。

問9　本文の内容に合致しているものを次から二つ選び、記号をマークしなさい。**（解答番号15・16　※マークの順序は問わない）**

ア　現代の都市空間においては、表に出すものとそうでないものが明確な秩序によって峻別されている。
イ　このウイルス禍は人間社会の秩序が自然の秩序を干渉したことに原因をみることができる。
ウ　マスクの主な役割としては、我々の内面性を外的世界から隠すというものが一番大きい。
エ　マスク装着の意味を考察することを通じて、人間関係のあり方を再考察すべきである。
オ　世界をどのように区切るかの線引きは恣意的なものであり、社会によって異なる。

問4　④――「マスクという言葉じたいが顔と仮面をともに意味する」とありますが、どのようなことを言いたいのですか。それを説明したものとして最もふさわしいものを次から選び、記号をマークしなさい。**（解答番号4）**

ア　ナチュラルメイクによって素顔を偽るように、もはや「素顔」と「仮面」は同義であるということ。

イ　マスクは素顔を隠すものであり、「甘いマスク」という時もそれは「仮面」の意味あいを多分に含むということ。

ウ　マスクという語のもっている二義性が、対象の「おもて」と「うら」の存在を想起させるということ。

エ　マスクは人間の二面性を象徴し、一見素顔にみえるそれは巧みに偽った仮面でしかないということ。

問5　[2]段落②――「マスクにあたるもの」の役割について生徒たちが話し合っています。生徒たちの会話を、本文[3]段落『　』内の内容をふまえて読み、後の問いに答えなさい。

【生徒A】X～～「私生活や家族の生活を知られないように閉じる玄関のあの厳重な鉄製のドア」とあるけれど、これは［　Ⅰ　］ために存在するものだよね。

【生徒B】なるほど、境界線というわけか。だったら、様々な場所に設置されている門や橋なども同じ役割をもっていると考えてよさそうだね。

【生徒C】でも、わざわざそんなものなくったって、その内側と外側にあるものが別のものだってわかりきっているじゃないか。

【生徒D】本当にそうかな。この境界線は決して自明のものではないよ。

【生徒E】たしかに。そのような境界線が、［　Ⅱ　］ために必要だから存在するんじゃないかな。

(1)［　Ⅰ　］にあてはまる言葉としてふさわしくないものを次からひとつ選び、記号をマークしなさい。**（解答番号5）**

ア　公的領域と私的領域とを分断する

イ　他との関係性の構築を拒む

ウ　〈外〉との接触を断ち〈内〉面を隠す

エ　〈内〉に入れるべき存在を選別する

(2)【生徒D】は＝＝部「この境界線は決して自明のものではない」と言っていますが、筆者はこの「境界線」をどのようなものだと述べていますか。最もふさわしいものを次から選び、記号をマークしなさい。**（解答番号6）**

ア　その社会特有の文化・風土・宗教などに合わせて先人たちが作り上げ受け継がれてきたもの。

イ　社会の構成員の合意によって定められたものではなく、社会から強制的に押し付けられるもの。

ウ　確かに実体として存在しながらも、一見境界線とはわからない形で巧みに隠されているもの。

エ　それぞれの社会で共有されている価値基準に基づいて社会ごとに異なった形で生成されるもの。

(3)［　Ⅱ　］にあてはまる言葉として最もふさわしいものを次から選び、記号をマークしなさい。**（解答番号7）**

ア　それぞれの社会の特色を決定づける

イ　安定した社会の秩序を維持してゆく

ウ　異なる人々が同じ社会で共生する

エ　差別などの社会的問題から個人を守る

なら取っ払ったほうがいいのか？　そのことをあらためて考えるきっかけだと思えば、あの鬱陶しいマスクの装着にも意味はある。人と人がともに生き延びるにあたっていちばん大事にしなければならないことは何かと、じっくり考える機会として。

（鷲田清一「マスクについて」より一部改変）

※1　マスクをつけだしてもう半年…本書籍は2020年11月に出版されたものである。本文にある新型コロナウイルス感染症に関する知識や、感染拡大防止対策に関する内容については執筆当時の内容である。

※2　もろ…俗に「もろに」を略したもの。完全に、まともに。ここでは「実際に」程度の意味。

※3　マスカレード…イタリア語で「仮面」を意味する「maschera」を語源とする。社会的地位も身分も異なる人々が、仮面をつけることでその素性を伏せて一夜限りの自由を楽しむ舞踏会。

※4　バリアー…障壁。

※5　病院や保健所のスタッフ〜要は現場を離れられない人たち…「エッセンシャルワーカー」と呼ばれる、主に健康やライフラインなどに関わる生活維持のために欠かせない労働に従事する人々のこと。社会の再生産に不可欠な職業である一方、不安定・低処遇であることも多い。

問1　①――「往来でも電車のなかでも、人びとは見えないマスクもつけだしていた」とありますが、「見えないマスク」を装着するとはどのようなことを比喩したものですか。最も ふさわしいものを次から選び、記号をマークしなさい。

（解答番号1）

ア　不快な人々に対する関与の負担を軽減するということ。

イ　見ず知らずの他人との接触による面倒を排除するということ。

ウ　不特定多数の相手と適度な距離を保ちつつ関心をもつということ。

エ　自分に害を与える相手との接触の機会を減少させるということ。

問2　A＝「暗黙の約束」の本文における言い換えとして最もふさわしいものを次から選び、記号をマークしなさい。**（解答番号2）**

ア　通念

イ　モラル

ウ　定律

エ　不文律

問3　③――「そうだとしても、しかし、マスクはじぶん（たち）の〈内〉を〈外〉にたいして隠すものだとは単純にはいえない」とありますが、どのようなことを言いたいのですか。それを説明したものとして最もふさわしいものを次から選び、記号をマークしなさい。**（解答番号3）**

ア　「隠す」ことによって逆説的に自らが〈内〉に隠しているものがことさら強く意識されるという効果を持っている。

イ　ただ単に「隠す」のではなく、人目に触れないようにすることで他者に対する礼儀を表す役割を担っている。

ウ　〈外〉に対して隠すことによって、相対的視座を失い内部から見ても全体像を把握できなくなってしまう。

エ　あからさまに「隠す」のではなく、あたかも自然のままの状態に見せかけることによって巧みに隠蔽している。

秩序とは、人びとが世界をどのようなものとみなし、区切っているかということだ。世界のさまざまの流動的な要素を一つ一つ、不同のもの（対象）の集合として捉えなおしてゆくこと、よいものとわるいもの、正しいことと正しくないこと、有益なものと有害なもの、敵と味方をしかと区別すること。生存を安定的なものにするために、人びとはずっとそういう共有できる秩序をつくり、修正し、維持してきた。混じってはならないもの、区別をあいまいにするものは、きびしく遠ざけられた。だからそういう秩序には、人種差別や身分差別、異邦人の排斥というのがついてまわった。じぶん（たち）とは違う者の排除だ。それらは「身の安全を確保する」という名目で、マンションのドアや学校の門扉、都市の区画などに形を変えて今も残る。眼をよくこらさないとそうとは見えないバリアー※4として。

　けれどもこれらのバリアー、とくに今わたしたちが回避を求められている濃厚接触が、ほんらいは人びとの喜びの源泉であったこと、あることを忘れないでいたい。人を喜ばせて喜ぶ、人が喜んでいるのを見て喜ぶというのは、人の習性ともいえるが、おそらくヒトだけのものではなくて、家族や集団を形成してきた哺乳動物には大なり小なり身についた習性であろうと、身近な小動物を見ていて思う。子どももそれ以外の動物も、体を押しつけあい、なすりつけあって、戯れる。押しくらまんじゅうをしているときの子どもの楽しそうなこと！

　大人だってそう。頭を小突きあったり、肘鉄砲をくらわしたり、背中を撫でたり、ふざけて顔を異様に近づけたりするのが好きなもの。狭い場所で肘をぶつけながら鍋をつつくのも、体を思い切りぶつけあうスポーツも、性的な愛着も、大好きなのだ。そして生きていてよかったという思いも、そういう楽しみがあってこそ抱ける。

　今、〝緊急事態〟のなかで、それとは逆に、無限定の人びととの接触に晒されざるをえない人、ウイルスに感染しやすい場で働かざるをえない人たちがいる。※5病院や保健所のスタッフであり、介護・保育職であり、スーパーマーケットのレジ係であり、清掃業務従事者であり、役所の窓口であり、テレワークのできない肉体労働者であり、要は現場を離れられない人たちだ。家で仕事をできる人とこのときこそ外でみなを支える仕事に就く人。⑤その階層的分断が、先のバリアーの一つとしてあることも、このコロナ禍のなかでむきだしになった。

4　マスクはたしかにそれを装着している人の存在を不明にする。けれどもそこには、消失の不安とともに、人を魅入らせる妖しさもある。他人が、そしてじぶんが、何者でもなくなるという、ぞくっとするような妖しさだ。それは世界がこれまでのかたどりを失ってしまうことの不安であるとともに、世界が別なふうにかたどられなおすことへの誘惑でもあるからだ。「もうぼくはあんな仕切りや区別にわずらわされなくていい。ずっとこのままの同じじぶんでなくてもいいのだ」という、これまでの「普通」がもはや「普通」でなくなることへの⑥密やかな願望といってもいい。仮面の妖しさには、そういう未だ見たことのない光景へと世界を組み換える、そういう誘いがある。

　ウイルス禍は、わたしたちが共有している生きものとしての秩序が、これとはまったく別の野生のいのちの秩序と接触したところから発生したといわれる。その接触の機会が世界各地の森林開発によって格段に増えた。それまで人びとは、野生の自然とのあいだに、「里山」など、一種の緩衝地帯を設けていた。それもまたマスクとおなじく境界を標《しる》す場だった。そこにはたんに「身の安全を護る」だけでなく、（さっき吉村さんも言っていたように）Ⅱ野生という「化け物」にもどこかその「顔」を取り戻させる、そんなリスペクトの気持ちもあったにちがいない。ともにそれぞれに生きるという、〈棲《す》み分け〉と〈共生〉の思いである。それは人びとが長いつきあいのなかで編みだした緩衝地帯であって、むやみにいじってはならないものなのである。

　こういう緩衝地帯の設定の仕方というのは多様にありうる。はたしてこれから、野生とのつきあいのなかで、人と人との交わりのなかで、どんな緩衝地帯のあり方を探ってゆけばいいのか？　あるいはまたこれを裏返していえば、どんな緩衝地帯まるで社会のいろんなほころびは最後は家族で処理しなさいと、中から開けるのではなくて外から閉められているみたいに見える。人と人の交わりを規制する仕切り、そういう関所のようなものが社会のいたるところにある。もちろん、むやみに入り交じってはならない「別にあるべきもの」は、わたしたちが選んだというよりは、社会のA暗黙の約束としてあるものだ。だからほんとうはそういうかたちでしかありえないというようなものではないはずだ。

もう一つ。じぶんをむきだしにしないという意味では化粧や衣服もマスクと本質的に変わらない。マスクはたしかに、じぶんというものを護るために、じぶんとは異なる〈他〉との接触を遮る皮膜ではある。いいかえると、〈他〉との仕切りをきちんとしておかないとという強い意識があるからひとはマスクを装着する。③そうだとしても、しかし、マスクはじぶん（たち）の〈内〉を〈外〉にたいして隠すものだとは単純にはいえない。

マスクは今でこそ異例に見えるが、顔をむきだしにすることのほうが、文明社会ではずっと異例だった。これはやんごとなき階層の人たちだけかもしれないが、かつて公家は眉を消してそのすこし上にそれこそ繭《まゆ》型に額に描きなおした――表情の微妙な変化が眉の線に出ない――し、婦人は横髪を垂らしたり、扇子を当てたりして表情を隠した。西洋では20世紀になるまで、男性なら髭で表情を見取られにくくするのがあたりまえだった。現代でも、女性はcタンネンな化粧で「すっぴん」を人前では見せないようにしている。

つまり、マスク姿が異様に映るのは、顔をむきだしにするのが世間の「普通」になったからだ。他人とdシキン距離で接するのがあたりまえとなった都市生活では、たがいに妙な思惑がないことを証明するために素顔を晒《さら》す。それは、武器を持っていないことを証するために素手で握手をするのと似ている。

[3]「現代の化粧といえば、一時期「ナチュラルメイク」という、それまでの化粧よりいっそう手の込んだ化粧法が流行ったことがある。まるでメイクしていない自然のままの顔みたいに見せるというのがそれ。ナチュラル（自然のままの顔）をメイクする（拵《こしら》える）というわけだ。素顔の偽装である。このとき素顔じたいが仮面になっている。いや、そもそも本音を表情で隠すときも顔はすでに偽りの仮面である。その点では、マスクもメイクも基本的には変わらない。だから、eキョクタンなことをいえば、いずれマスクの装着が不要になっても、顔の下半分を白く、あるいは黒く塗りたくるようなメイクが現れても不思議ではない。いやじっさい、マスクにメッセージを描き入れて、Tシャツのようにそれを身につける人も出てきている。

ここで思い起こしたいのは、④マスクという言葉じたいが顔と仮面をともに意味するということだ。マスカレード※3が仮面舞踏会を意味するように、マスクは顔をfオオう仮面であるが、同時に「彼は甘いマスクをしている」と言うように、顔そのものをも意味する。日本語なら「おもて」（面）がそうで、「おもて」は人がかぶるお面をいうとともに、「おもてをあげぇ」というように素顔も意味する。

マスクには、隠すこととは逆に隠されたものがより強く意識させられるという面もある。人が何かを隠せば隠すほど見たくなるという心根もそうだろう。しかも、身体のどこを秘せられるべき部位とみなし、隠すのかは、時代によって、さらに地域によって大きく異なる。便所といえばドアがつきものだが、そのドアがなくて代わりにお面が用意してあり、用を足すときにそれを装着するという文化もあったのである。さらに、顔をすっぽり隠すのがあたりまえの地域もあれば、顔をすっぽりおおえば罰せられる地域もある。

これらに共通しているのは、表に出していいものといけないものとが峻別されているということ。峻別するといっても、ここに何か根拠のようなものがあるわけではない。そのようにみなすのもまた暗黙の約束だということでしかない。というのも、そもそも自然には絶対に隠しておかねばならないものなどないからだ。でもその暗黙の約束を破ることは許されない。社会の秩序というものがそれによって崩れるからだ。

二〇二二年度　青稜高等学校

【国語】（五〇分）〈満点：一〇〇点〉

一　次の文章を読み、後の各問いに答えなさい。

1　外出時[※1]にマスクをつけだしてもう半年になる。が、いまだに慣れない。鬱陶しい。とくに夏場はきつかった。なかでもマスクの下の蒸れ。汗ばむだけでなく、生温かいじぶんの息や口臭までこもり、不快なことこのうえなかった。

マスクをつけないと外出できない。そんな奇妙な状況にいまわたしたちは落とし込まれている。

「あの人かな？　いや、違うみたい」

「あの人、ひょっとして彼？　『どうしてた』って声をかけてもいいかな？」

「この人、ちょっとヘンな動きをする。あまり近づかないほうがいいかな？」

いつのまにか、そんなふうに他人のことを探っている。風采とか眼つきとか。じぶんの視線が知らないあいだに尖ってきたなあと思う。

マスクは感染予防のため、自衛のためと、あたりまえのように思ってきた。そんなある日、新聞を開くと、作家の吉村萬壱さんの文章が目に入った――

《「自分は絶対に他人にうつさないぞ」と考えるだけで、Ⅰ周りの化け物は人の顔を取り戻すものである。》（「朝日新聞」東京本社版、4月22日夕刊）

じぶんでも気づいていないaリカンを人にうつさないためにマスクはあるのだと、記事は語っていた。吉村さんもいうように、コロナ禍のさなか、わたしもまた「自分だけは絶対にうつるもんか」と意識を尖らせているうち「周りは化け物だらけ」に見えていた。だれかが近づいてくるとたんに身構えていた。けれども、マスクは人にうつさないためにこそあると考えると、たしかに「化け物は人の顔を取り戻す」……。記事を読むうち、「マスクっていったい何？　何のためにあるのか？」と、あらためて考えずにはいられなくなった。

2　日々、他人の視線を怖れる人は、べつにコロナ禍が起こらなくても、以前からいた。花粉症の季節でないのにマスクをする、そんな人がいつのまにかすこしずつ増えていたような気がする。もろ[※2]マスクをしている人だけではない。①往来でも電車のなかでも、人びとは見えないマスクもつけだしていた。まわりを「ないこと」にするというマスク。エレベーターのなかでたがいに視線が合わないよう宙を見つめる人。前に高齢者や妊婦が立っていても、近くで騒いでいる人がいても、気づいていないふりをしてスマホに見入る人。いや、気づいていないふりではなく、ほんとうに気づいていないのかもしれない。透明の耳栓で耳をbフサぐこと。あえてまわりの人に関心をもたないようにすること。そのことにわたしたちは知らぬまに慣れきっていたのかもしれない。

関心を英語でいえばインタレスト、それはラテン語 inter-esse に由来する語で、直訳すれば、たがいに関係しあって(inter)あること(esse)。だから利害とも訳す。その意味では、まわりを「ないこと」にするとは、文字どおり関係をもつこと、他人に関与することを拒むということだ。

でも、これを異例な事態と考えないほうがいい。②マスクにあたるものをわたしたちはこれまでもずっとつけてきた。たぶんそこには二つの仕様があった。

一つは、「感染予防」。呼吸とともにウイルスが体内に入るのを防ぐというわけだ。何かを入れて何かを入れない。「感染」というのは、ここでは、たがいに別であるべきものが入り交じらないということ。そういう意味でなら、X私生活や家族の生活を知られないように閉じる玄関のあの厳重な鉄製のドアがそうだった。登校が完了するとすぐに閉ざされるあの学校の門扉もそうだし、国という単位でいえば厳重な出入国管理もそうだ。ひとは個人や家族や国の内／外の境をこんなふうに強く意識し、また規制してきた。あるいはそうさせられてきた。集合住宅のあの鉄の扉など、

英語解答

1 問1　3番目…(ク)　6番目…(オ)
問2　(イ)　問3　(1)…オ　(2)…イ
問4　(イ)
問5　(1)…(ア)　(2)…(イ)　(3)…(ア)　(4)…(ア)
(5)…(イ)

2【A】　1…(ウ)　2…(エ)　3…(イ)　4…(ウ)
【B】　1…(イ)　2…(ウ)　3…(ア)　4…(ウ)

3 ①　(エ)　②　(ア)　③　(エ)　④　(イ)
⑤　(イ)　⑥　(エ)

4 ①　(オ)　②　(エ)　③　(カ)　④　(ク)
⑤　(イ)　⑥　(キ)　⑦　(ウ)　⑧　(ケ)
⑨　(ア)　⑩　(コ)

5 ①　(イ)　②　(コ)　③　(キ)　④　(ケ)
⑤　(オ)　⑥　(ウ)　⑦　(ク)　⑧　(ア)
⑨　(カ)　⑩　(エ)

6 1　(ウ)　2　(ア)　3　(イ)　4　(イ)
5　(エ)　6　(エ)　7　(イ)　8　(ア)
9　(ウ)　10　(ウ)　11　(エ)　12　(ウ)
13　(ア)

7 1　(ウ)　2　(ウ)　3　(ウ)　4　(ウ)
5　(ウ)　6　(イ)　7　(イ)　8　(オ)

8 1　3番目…(キ)　5番目…(オ)
2　3番目…(ウ)　5番目…(カ)
3　3番目…(エ)　5番目…(ア)
4　3番目…(ア)　5番目…(カ)
5　3番目…(ア)　5番目…(オ)
6　3番目…(エ)　5番目…(オ)
7　3番目…(イ)　5番目…(オ)
8　3番目…(ウ)　5番目…(イ)

1〔長文読解―説明文〕

≪全訳≫❶17歳のとき，たいていの若者は高校卒業の準備をしている。しかし，マララ・ユスフザイはノーベル平和賞の最年少受賞者になろうとしていた。❷マララは何をしてそんなに若い年齢でこれほど重要な賞を受賞したのだろうか。彼女は女子が学校に行く権利のために立ち上がったのだ。彼女がパキスタンで育っていたとき，その国にはタリバンと呼ばれる，国内の物事を支配しようとするグループがいた。彼らは恐怖心を利用して人々を自分たちの望みどおりに動かしたが，彼らが望まなかったことの１つが，女子が学校に行くことだった。彼らは，教育は力を意味すると理解しており，女子や女性が力を持つことを望まなかった。❸マララはタリバンに同意しなかった。彼女は子どもの誰もが学校に行く権利を持つことを望み，そう言うことを恐れなかった。彼女はパキスタンのタリバンの支配区域で学校に通う女子としての自分の体験をインターネットに書き込んだ。彼女はたった11歳だった。しかし彼女は有名になり，彼女についての映画がつくられた。彼女は話を聞いてもらうことを望み，報道陣のインタビューに答えた。(2)タリバンにとって，若い女性が発言し，権利を要求することほど脅威になるものはない。ある日，タリバンのメンバー２人がマララのスクールバスに乗り込んで彼女を撃ったが，彼女は生き延びた。そして彼女は恐れなかった。マララは教育を受ける権利の運動を推進し続けた。❹マララの命を狙った襲撃の後，たくさんの支援が寄せられた。世界中で彼女は話す機会を多く得た。2014年，彼女と父はマララ基金という組織を立ち上げた。人々は彼女が体験してきたことについて知っているので，彼女の話を聞きたがった。彼女は自分のメッセージを発信するためにそれを使った。女子が教育を受けることを許されていない国はパキスタンだけではなかった。マララは多くの国を訪れ，全ての女子が高校で教育を受けられるようにする取り組みを支援した。彼女はその年にノーベル平和賞を受賞した。❺マララはそれ以来，女子が教育を受けるための支援で大きな成果を挙げてきた。また，マララ基金は，女子が自分たちの地域社会を変えるために声を上げることを助けている。マララは教育を平和達成への道だと考えている。⑴彼女は，それが世界を全ての人にとってより良い場所にする手段だと考えている。

問１＜整序結合＞there was a group called the Taliban「タリバンと呼ばれるグループがいた」が文の骨組み。その後ろに，「グループ」を修飾する「物事を支配しようとする」というまとまりを，関係代名詞の who を用いてつくる。　try to 〜「〜しようとする」　there was a group called the Taliban who was trying to control things in that country

問２＜文の区切り＞they did not want は things を修飾する語句で，want までが文の主語のまとまりになっているので，ここでいったん区切って読む。

問３＜適所選択＞⑴補う文は，「彼女は，それが世界を全ての人にとってより良い場所にする手段だと考えている」という内容で，第５段落最終文を補足するようなものになっている。it はその前の文の education を指している。　⑵補う文は，「タリバンにとって，若い女性が発言し，権利を要求することほど脅威になるものはない」といった内容。こうした考えに基づいて，タリバンはマララを襲撃した，という流れになる。

問４＜適語選択＞success は‘数えられない名詞’なので，「たくさん」は much で表す。また，‘get＋過去分詞’で「〜された状態になる」を意味するので，get educated で「教育された状態になる」，つまり「教育を受ける」という意味になる。

問５＜内容真偽＞⑴「マララは17歳のとき，ノーベル平和賞を受賞した」…○　第１段落に一致する。
⑵「マララは全ての子どもに学校に行く権利があると言えなかった」…×　第３段落第２文参照。
⑶「マララは11歳のとき，インターネットを使って自分の学校生活がどういうものかを伝えた」…○　第３段落第３，４文に一致する。　⑷「マララはタリバンに撃たれても，自分の意見を表明することを決してやめなかった」…○　第３段落最後の３文に一致する。　⑸「マララ基金は女子が学校に行くためだけに使われている」…×　第５段落第２文参照。

2〔音声総合〕

【A】＜単語のアクセント＞

１．㈠ chál-lenge　㈡ áth-lete　㈢ po-líce　㈣ pát-tern
２．㈠ mán-ag-er　㈡ ú-ni-form　㈢ chóc-o-late　㈣ mu-sé-um
３．㈠ vol-un-téer　㈡ of-fí-cial　㈢ in-tro-dúce　㈣ un-der-stánd
４．㈠ tél-e-vi-sion　㈡ ín-ter-est-ing　㈢ com-pe-tí-tion　㈣ sú-per-mar-ket

【B】＜単語の発音＞

１．① bread［e］　② weather［e］　③ breathe［iː］
２．① popular［ɑ］　② oven［ʌ］　③ only［ou］
３．① north［θ］　② cloth［θ］　③ thirsty［θ］
４．① ghost［ɡ］　② enough［f］　③ daughter［黙字］

3〔長文読解―適語(句)選択―説明文〕

≪全訳≫ホッキョクグマ❶私は誰だろう／私は白くて毛皮で覆われ，海で泳ぐ。冷たい雪と氷は私にぴったりだ。私は誰だろう。ホッキョクグマだ。❷大きなクマ／動物園でホッキョクグマを見たことがあるだろうか。ホッキョクグマは大きい――本当に大きい。彼らは陸上で最大の肉食動物だ。ホッキョクグマは男性７人と同じ重さになることがある。ホッキョクグマの体は北極で生きていけるようにできている。このクマには，体を温かく保つために厚い毛皮がある。分厚い脂肪もある。脂肪は体温を保ち，北極の寒さを防ぐ。**3**力強い足／ホッキョクグマの足は多くのことをする。足で雪を掘って巣をつくる。獲物を見つけるために足で氷を割る。水の中から足で獲物を引っ張り出す。**4**すごい泳ぎ手／ホッキョクグマはすばらしい泳ぎ手だ。彼らは水中で長い時間過ごす。前足で水をかく。後ろ足で舵を取る。脂肪はホッキョクグマが浮くのに役立つ。**5**食事は何だろうか／ホッキョクグマは他の動物を食べる。アザラシは彼らの好物だ。クマはアザラシを氷の上で狩る。アザラシは氷の穴から空気を吸いに上がってくる。アザラシを狩るため，ホッキョクグマはひたすら待つ。アザラシが現れると，クマは一瞬でそれをつかみ取る。／ホッキョクグマは鼻がよく利く。彼らは20マイル先のアザラシのにおいを嗅ぎつけることができる。ホッキョクグマは聴力と視力も優れている。これらは獲物を探すときに役に立つ。／春と夏には氷が解ける。ホッキョクグマは可能な間は氷上で暮らしている。海の氷がほぼなくなると，彼らは陸に移動する。／陸ではたいてい，彼らは何も食べない。鳥の卵を食べるクマもいるかもしれない。植物やベリーを食べるかもしれない。しかし，陸にはホッキョクグマのエサは多くない。**6**町に現れるクマ／カナダのチャーチルでは，秋になるとホッキョクグマが町にやってくる。毎年氷が解けるのが早くなっている。また，氷ができるのが遅くなっている。クマは空腹だ。彼らはエサを探している。私たちの地球は温暖化している。今や海の氷はますます少なくなってきている。これはホッキョクグマにとって危険だ。彼らは狩りのために氷が必要なのだ。**7**かわいい子グマ／ホッキョクグマの赤ちゃんは全て特別だ。母グマはカブ(子グマ)と呼ばれる赤ちゃんを産む。彼女は雪を掘って巣をつくる。子グマは巣の中で安全に温かく過ごす。子グマは母グマの栄養豊かなお乳を飲む。彼らは成長が早い。まもなく十分に大きくなって，巣から出ていく。母グマは子グマに狩りのやり方を教える。安全で温かく過ごすための方法も教える。子グマは２歳になると母親から離れる。自分たちで生きていくことができるようになるのだ。

＜解説＞①厚い毛皮は体を「温かく」保つのに役立つ。　②脂肪は浮くのに「役立つ」。‘help＋目的語＋動詞の原形’で「～が…するのに役立つ」。　③続く文から，ホッキョクグマは「鼻」が優れていることがわかる。　④food は‘数えられない名詞’なので，much や little で修飾する。また，３つ前の文から，陸上にはエサが多くないことが読み取れる。　⑤直前の文に地球が温暖化しているとあるので，海の氷が「ますます少なく」なっているとする。　little－less－least　⑥子グマは大きくなると巣を「離れる」。

4 〔長文読解─適語句・適文選択─説明文〕

≪全訳≫【プラスチックをめぐる問題】**1**コスタ・リカの近くの船の上で，海洋生物学者のチームがカメを助けている。カメはうまく呼吸できず，チームはその理由を発見する──①何かが鼻の中に入っているのだ。１人の科学者がその物体を引き抜こうとするが，カメは痛さで泣く。８分もたって，ようやく長い物体が引き抜かれる。②それは長さ10センチのプラスチックストローである。**2**カメ救出の映像はユーチューブで何百万回も視聴された。**3**誰もがどんな問題が起きているのか気づいた。③世界の海はプラスチックでいっぱいなのだ。2000年以降，世界のプラスチックの生産は大幅に増加したが，私たちはその５分の１足らずしかリサイクルしていない。このプラスチックごみは最後には海の中に行きつく。現在，沿岸地域から毎年約81億キログラムが海に流れ込んでいると科学者たちは考えている。④このプラスチックのほとんどは，決して粉々になって消えてしまうことはない。**4**この海洋プラスチックは毎年何百万もの海の生物を傷つけている。魚の中にはプラスチックを食べてしまうものもいるが，それは⑤プラスチックが海の植物で覆われていて，見た目やにおいがエサのようだからだ。一般的に，プラスチックを食べるとずっと飢えていることになる。**5**「想像してみてください，昼ご飯を食べたらだるくなり…一日中おなかがすいているんです」と海洋生物学者のマシュー・サヴォーカは言う。「そんなことって，とてもわけがわからなくなってしまうでしょう」　場合によっては，⑥プラスチックのとがったかけらを食べることで海の生物はひどく傷つき，死に至ることさえある。❻プラスチックは⑦強くて長もちするため，人間にとって有用である――しかしこのことは，それを食べたりそれにからまったりする海の生き物にとっては悪いニュースである。サヴォーカによると，「使い捨てのプラスチックが最悪だ」。これは⑧捨てる前に１度しか使われない物のことだ。よくある例として，ストローや，水のボトルやビニール袋がある。約700種の海の生物（映像のカメを含む）が，この種のプラスチックに捕まったり，これを食べたりしてきた。幸運なことに，⑨そのカメは生き延びて，海に放された。❼プラスチックは長期的には海の生き物にどのような影響を及ぼすのだろうか。「５年から10年もすれば，その答えがわかると思います」と，コロンビア大学のデブラ・リー・マガディーニは言う。しかしそれまでに，⑩新たなプラスチックが2500万トン海に流れ込んでしまっているだろう。

＜解説＞①カメがうまく呼吸できない理由として，鼻の中に何かあるという(オ)が適切。　②カメの鼻から引き抜かれた長い物体の説明として，(エ)が適切。　③続く３つの文から，海にプラスチックがあふれていることが読み取れる。　④海に流れ込んだプラスチックがどうなるかを説明した内容なので，これについて述べている第４段落の最後が適切。　⑤海の生物がプラスチックをエサと間違えて食べる理由として，(イ)が適切。　⑥「死に至る」に続く内容として(キ)が適切。　⑦プラスチックが人間にとって有用である理由が当てはまる。　⑧'single-use'を説明した文で，(ケ)はitemsを修飾する関係代名詞節になっている。　⑨後ろに「海に放された」とあるのでカメの話だとわかる。　⑩５年から10年後の未来の予測として，(コ)が適切。(コ)のanotherは「(今あるのとは)さらに別の」の意味。

５〔対話文完成―適文・適語句選択〕

≪全訳≫❶母親(M)：レイチェル…？　レイチェル…？　レイチェル！❷レイチェル(R)：何？❸M：①３回言ったわよ。❹R：ユーチューブを見てるの！❺M：あなたにしてもらいたいことが２つあるの。❻R：ええーっ。何？❼M：②私に向かってそんな話し方しないで！❽R：③私にしてほしいことだけ言ってよ。これを見ようとしてるんだから。❾M：洗濯機が回ってるの。服を外に干してくれる？❿R：わかった。⓫M：それから④自分の部屋を掃除してくれる？⓬R：ええーっ。別の日にやるわ。⓭M：だけど⑤今日は授業がないって言ったわよね。⓮R：うん，でも勉強しなきゃ。⑥明日テストがあるの。木曜までにレポートを仕上げなきゃならないし。それに今夜ジェーンに会うのよ。⓯M：⑦週末に彼女に会ったらどうなの？　それともユーチューブを見るのをやめるとか？　あなたは優先順位を変える必要があるわよ。19歳でしょ，子どもじゃないんだから！⓰R：ママ！　リラックスも必要よ！　⑧一日中仕事できないわ！⓱M：私は一日中働いて，それから家事をしているのよ。⓲R：ええ，だけど仕事でお金をもらってるじゃない。それにとにかく，私のお母さんだし。⑨それは母親の務めよ！⓳M：ふーん，そうですか。⓴R：冗談よ。㉑M：なるほど，私は冗談を言ってないわ。あなたの部屋を掃除してちょうだい！㉒R：わかった。わかったわよ。㉓M：７時に戻るわ。㉔R：ええっ！　晩ご飯は何時に食べるの？　私は８時に出かけなきゃならないのよ。㉕M：⑩帰る途中にピザを買ってくるわ。

＜解説＞①レイチェルをthree times「３回」呼んだのにきき返されたので，そのように伝えたのである。　②ユーチューブを見ながら，頼みごとに「ええーっ」と言う娘に対して母が言う言葉として，(コ)が適切。　③第５段落で「してもらいたいことが２つある」と言った母に対し，ユーチューブを見たいレイチェルは端的に用件を聞きたがったのである。　④２つ目の頼みごととして，(ケ)が適切。　⑤この後のレイチェルのセリフから，母は娘の授業がないことを当てにしていると推測できる。　⑥直前の文に続けて，勉強しなければならない理由を説明している。　⑦勉強しなければならないと言っているのに，夜には友達と会うと聞いた母の言葉として，週末にしたらどうかという(ク)が適切。　⑧「リラックスも必要」に続く内容として，「一日中仕事できない」という(ア)が適切。⑨仕事も家事もやっていると言う母親に対し，レイチェルは仕事にはお金が出るし，家事は母親の務めだ，と言っている。　⑩夕食について話している場面なので，(エ)が適切。

6〔適語(句)選択〕

1．‘時’を表す when「～とき」，before「～の前に，～しないうちに」，after「～の後に」，till「～まで」などの後ろでは，未来の事柄も現在形で表す。　「暗くならないうちに帰ってきなさい」

2．‘none of＋複数名詞’で「～のうちのどれ〔誰〕も…ない」。　「私はその主題について本を５冊読んだが，どれも役に立たなかった」

3．彼はよくうそをつくのだから，正直者である可能性はない。　cannot「～であるはずがない」「彼はよくうそを言う。彼が正直者であるはずがない」

4．‘too ～ for … to —’で「…にとって—するのは～すぎる，～すぎて…は—できない」。　「この本は英語で書かれているので，私の姉〔妹〕が理解するには難しい」

5．than があるので比較級の fewer が適する。　「彼が試験で犯したミスは私より少なかった」

6．on time で「時間どおりに」。　「A：ピーターはまだここに来ていないよ。／B：それは変だな。彼は決して遅れない。いつも時間どおりなんだ」

7．‘目的語＋to不定詞’の形をとれるのは told のみ。‘tell＋人＋to ～’で「〈人〉に～するように言う」。　「彼は私にピアノを弾くように言った」

8．the hamburger を修飾する関係代名詞のまとまりをつくる語として，‘人以外’を先行詞とする主格の関係代名詞 which が適切。　「彼の父によってつくられたハンバーガーはとても大きい」

9．「～している」の意味で名詞を修飾するまとまりをつくる現在分詞(～ing)が適切。　「空で明るく輝いているあの星は何ですか」

10．「(薬を)飲む，服用する」には take を使う。　「あなたはこの丸い錠剤を１日３回飲まなくてはなりません」

11．How many children「何人の子どもたち」が主語になっているので，‘be動詞＋過去分詞’の受け身形にする。主語が複数なので，‘be動詞’には were を用いる。　「何人の子どもたちがボブの誕生パーティーに招待されましたか」

12．have/has been dead for ～ で「～の間ずっと死んでいる」，つまり「～前に死んだ」を表せる。「私の祖母は10年前に亡くなった」

13．‘as ～ as …’「…と同じくらい～」の前に‘数詞＋times’を置くことで，「…の—倍～」を表せる。なお，「２倍」の場合は‘数詞＋times’の代わりに twice を用いる。　「私の父は私の３倍の年齢だ」

7〔誤文訂正〕

1．「上手に料理する」は cook good ではなく cook well となる。　「あなたは料理ができますか？—はい，私の母と同じくらい上手にできます」

2．現在完了の文で「～以来」を表す前置詞は since。　「姉〔妹〕は先月末からずっと体調が悪い」

3．3つ以上のものから1つを取った残り全部は the others で表す。 「彼には息子が3人いる。1人は医者で，あとの2人は教師だ」

4．at the front door の後ろは anyone という‘人’を修飾する関係代名詞節なので，関係代名詞には who を用いる。 「正面玄関に私に会いたがっている人が誰かいますか」

5．hear という動詞の原形が続いているので，‘be surprised to＋動詞の原形’「～して驚く」を用いる。 「彼が財布をなくしたと聞いて彼らはとても驚いている」

6．where to see「(～を)どこで見るべきか」ではなく what to see「何を見るべきか，見るべきもの」とする。 「あなたは京都で見るべきものをご存じですよね」

7．abroad は「海外に〔で〕」の意味の副詞で，前に to は不要。go abroad で「海外に行く」。「私は4月に両親と一緒にまた海外に行く予定だ」

8．stop ～ing で「～するのをやめる」，‘命令文，or ～’で「…しなさい，さもないと～」。誤りはない。 「けんかをやめろ，さもないと先生が怒るぞ」

8〔整序結合〕

1．‘it ～ to …’「…するのは～だ」の形にする。a car の後ろに，これを修飾するまとまりとして made in the United States「アメリカ製の」を置く。 It was difficult to find a car made in the United States in this small town.「この小さな町でアメリカ製の車を見つけるのは難しかった」

2．It's not の後に‘as ～ as …’「…と同じくらい～」を続ける。 It's not as cold as it was last week.「先週ほど寒くない」

3．‘Have you ever＋過去分詞...?’「今までに～したことはありますか」の形にする。painted by him は pictures を修飾する過去分詞のまとまりとしてその後に置く。 Have you ever seen the pictures painted by him ?「あなたは彼によって描かれた絵を見たことがありますか」

4．‘主語＋looks lonely’の形になる。主語を the cat とし，残りの語で cat を修飾する関係代名詞節をつくる。 The cat which has blue eyes always looks lonely.「青い目のそのネコはいつも寂しそうに見える」

5．‘ask＋人＋疑問詞＋to ～’「〈人〉に〈疑問詞〉～するか尋ねる」の形にする。 I asked my teacher which dictionary to buy.「私は先生にどの辞書を買うべきか尋ねた」

6．To の後に動詞の原形の walk を置き，名詞的用法の to不定詞をつくって主語とする。これに around the lake を続けて主語のまとまりとし，took は‘take＋人＋時間’「〈人〉が(～するのに)〈時間〉がかかる」の形で用いる。 To walk around the lake took me two hours.「私がその湖の周囲を歩くのに2時間かかった」

7．文の動詞になるのは don't remember か was wearing だが，過去形の後者は文末の yesterday に結びつくため，I don't remember で文を始める。remember の目的語は what で始まる間接疑問(‘疑問詞＋主語＋動詞...’)の語順にする。 I don't remember what he was wearing yesterday.「私は彼が昨日何を着ていたか覚えていない」

8．‘call＋A＋B’「AをBと呼ぶ」の‘B’を尋ねる疑問文で‘What is A called ...?’「Aは何と呼ばれるか」の形にする。 What is this small fruit called in English ?「この小さな果物は英語で何と呼ばれていますか」

2022年度／青稜高等学校

数学解答

1 (1) ア…4　イ…5
(2) ウ…2　エ…9　オ…2
(3) カ…2　キ…2
(4) ク…9　ケ…8

2 (1) ア…1　イ…2
(2) ウ…1　エ…9
(3) オ…4　カ…3　キ…2　ク…4
(4) ケ…2　コ…0　サ…2　シ…2

3 (1) ア…2　イ…4　ウ…1　エ…2
(2) オ…2　カ…9
(3) キ…5　ク…0　ケ…3
(4) コ…1　サ…8　シ…9　ス…3
セ…6
(5) ソ…1　タ…5　チ…0

4 (1) ア…1　イ…0
(2) ウ…3　エ…6　オ…3　カ…3

5 (1) ア…3　イ…2
(2) ウ…1　エ…8

6 (1) ア…4　イ…9
(2) ウ…2　エ…6
(3) オ…4　カ…5

1〔独立小問集合題〕

(1)＜数の計算＞与式 $=\frac{49-9}{8}\div\left(\frac{1}{8}-3\div216\right)=\frac{40}{8}\div\left(\frac{1}{8}-\frac{1}{72}\right)=5\div\left(\frac{9}{72}-\frac{1}{72}\right)=5\div\frac{8}{72}=5\div\frac{1}{9}=5\times9=45$

(2)＜式の計算＞与式 $=\frac{3(2x+5y)}{4}-\frac{5x-3y}{2}-\frac{3}{4}y=\frac{3(2x+5y)-2(5x-3y)-3y}{4}=\frac{6x+15y-10x+6y-3y}{4}=\frac{-4x+18y}{4}=\frac{-2x+9y}{2}=-\frac{2x-9y}{2}$

(3)＜数の計算＞与式 $=\sqrt{3}-\sqrt{2}-1+\sqrt{6}-2-\sqrt{2}+3-\sqrt{6}-\sqrt{3}=-2\sqrt{2}$

≪別解≫与式 $=\{\sqrt{3}+(\sqrt{2}+1)\}\{\sqrt{3}-(\sqrt{2}+1)\}$ として，$\sqrt{2}+1=A$ とおくと，与式 $=(\sqrt{3}+A)(\sqrt{3}-A)=3-A^2$ となる。A をもとに戻して，与式 $=3-(\sqrt{2}+1)^2=3-(2+2\sqrt{2}+1)=3-(3+2\sqrt{2})=3-3-2\sqrt{2}=-2\sqrt{2}$ である。

(4)＜数の計算＞与式 $=\frac{\sqrt{3\times6}}{2}+\sqrt{3}-\frac{\sqrt{2\times6}}{2}-\sqrt{2}+1-\frac{\sqrt{2}}{2}+\frac{2}{16}=\frac{\sqrt{3^2\times2}}{2}+\sqrt{3}-\frac{\sqrt{2^2\times3}}{2}-\sqrt{2}+1-\frac{\sqrt{2}}{2}+\frac{1}{8}=\frac{3\sqrt{2}}{2}+\sqrt{3}-\frac{2\sqrt{3}}{2}-\sqrt{2}+1-\frac{\sqrt{2}}{2}+\frac{1}{8}=\frac{3\sqrt{2}}{2}+\sqrt{3}-\sqrt{3}-\frac{2\sqrt{2}}{2}+\frac{8}{8}-\frac{\sqrt{2}}{2}+\frac{1}{8}=\frac{9}{8}$

2〔独立小問集合題〕

(1)＜式の計算＞展開したときの x^2 の項は，$x^2\times3-ax\times2x+1\times x^2=3x^2-2ax^2+x^2=4x^2-2ax^2=(4-2a)x^2$ となる。x^2 の係数が -20 になるので，$4-2a=-20$ が成り立ち，$-2a=-24$，$a=12$ である。

(2)＜数の計算＞与式 $=2x^2+2y^2-3xy=2(x^2+y^2)-3xy$ と変形する。$x^2+y^2=(\sqrt{5}+\sqrt{2})^2+(\sqrt{5}-\sqrt{2})^2=5+2\sqrt{10}+2+5-2\sqrt{10}+2=14$，$xy=(\sqrt{5}+\sqrt{2})(\sqrt{5}-\sqrt{2})=5-2=3$ だから，与式 $=2\times14-3\times3=28-9=19$ である。

(3)＜式の計算―因数分解＞与式 $=\{a^2(2x-y)\}^2-\{a^2(x+3y)\}^2$ として，$2x-y=A$，$x+3y=B$ とおくと，与式 $=(a^2A)^2-(a^2B)^2=(a^2A+a^2B)(a^2A-a^2B)=a^2(A+B)\times a^2(A-B)=a^4(A+B)(A-B)$ となる。A，B をもとに戻して，与式 $=a^4\{(2x-y)+(x+3y)\}\{(2x-y)-(x+3y)\}=a^4(2x-y+x+3y)(2x-y-x-3y)=a^4(3x+2y)(x-4y)$ となる。

(4)＜連立方程式＞$20x-17y=26$……①，$25x-22y=16$……②とする。①×5より，$100x-85y=130$……①′　②×4より，$100x-88y=64$……②′　①′−②′より，$-85y-(-88y)=130-64$，$3y=66$　$\therefore y=22$　これを①に代入して，$20x-17\times22=26$，$20x-374=26$，$20x=400$　$\therefore x=20$

3 〔独立小問集合題〕

(1)＜**関数—a，bの値**＞関数$y=\frac{a}{x}$において，xの変域が$2\leqq x\leqq 6$のときのyの変域が$b\leqq y\leqq -4$より，$x>0$のとき$y<0$となるので，$a<0$である。これより，関数$y=\frac{a}{x}$は，$x>0$の範囲でxの値が増加するとyの値も増加する。よって，$x=2$のときyは最小で$y=b$，$x=6$のときyは最大で$y=-4$である。$x=6$，$y=-4$を代入すると，$-4=\frac{a}{6}$，$a=-24$となる。関数は$y=-\frac{24}{x}$となるから，$x=2$，$y=b$を代入して，$b=-\frac{24}{2}$，$b=-12$である。

(2)＜**確率—数字のカード**＞9枚のカードから2枚のカードを取り出すとき，順番に取り出すとすると，1枚目は9通り，2枚目は8通りより，取り出し方は$9\times 8=72$(通り)となるが，同時に取り出すときは，順番が入れかわったものは同じ取り出し方で1通りと考えるから，例えば(1枚目，2枚目)＝(1，2)，(2，1)は同じ取り出し方で1通りとなる。72通りの中に同じ取り出し方となるものが2通りずつあるので，同時に取り出すときの取り出し方は$72\div 2=36$(通り)ある。このうち，得点の合計が5の倍数となるのは，3のカードの得点が$3\times 2=6$，6のカードの得点が$6\times 2=12$，9のカードの得点が$9\times 2=18$だから，1と4，2と8，2と9，3と4，6と8，6と9，7と8，7と9を取り出す場合の8通りある。よって，求める確率は$\frac{8}{36}=\frac{2}{9}$である。

(3)＜**数の性質**＞$10=2\times 5$だから，$1\times 2\times 3\times\cdots\cdots\times 2022$の一の位から並ぶ0の個数は，$1\times 2\times 3\times\cdots\cdots\times 2022$に含まれる素因数2と素因数5の個数で決まる。素因数2の個数より素因数5の個数の方が少ないので，含まれる素因数5の個数が，一の位から並ぶ0の個数となる。1から2022までの整数に5の倍数は，$2022\div 5=404$あまり2より，404個ある。5^2の倍数は，$2022\div 5^2=80$あまり22より，80個ある。5^3の倍数は，$2022\div 5^3=16$あまり22より，16個ある。5^4の倍数は，$2022\div 5^4=3$あまり147より，3個ある。5^5以上の倍数はない。以上より，1から2022までの整数の中に，素因数5を1個含む数は$404-80=324$(個)，2個含む数は$80-16=64$(個)，3個含む数は$16-3=13$(個)，4個含む数は3個だから，$1\times 2\times 3\times\cdots\cdots\times 2022$に含まれる素因数5の個数は$1\times 324+2\times 64+3\times 13+4\times 3=503$(個)であり，一の位から並ぶ0の個数は503個である。

(4)＜**平面図形—面積**＞右図1で，点Oと点C，点Bと点Cをそれぞれ結ぶ。斜線部分の面積は，△BCD＋△OBC－〔おうぎ形OBC〕で求められる。線分ABが半円の直径より，$\angle ACB=90^\circ$であり，$\angle BCD=90^\circ$となる。$\angle BDC=45^\circ$，$\angle BAC=30^\circ$だから，△BCDは直角二等辺三角形，△ABCは3辺の比が$1:2:\sqrt{3}$の直角三角形となる。よって，$CD=BC=\frac{1}{2}AB=\frac{1}{2}\times 12=6$となるので，$\triangle BCD=\frac{1}{2}\times BC\times CD=\frac{1}{2}\times 6\times 6=18$である。また，$AC=\sqrt{3}BC=\sqrt{3}\times 6=6\sqrt{3}$となる。$OA=OB$より，$\triangle OAC=\triangle OBC$だから，$\triangle OBC=\frac{1}{2}\triangle ABC=\frac{1}{2}\times\left(\frac{1}{2}\times BC\times AC\right)=\frac{1}{2}\times\left(\frac{1}{2}\times 6\times 6\sqrt{3}\right)=9\sqrt{3}$である。次に，$OC=OB=\frac{1}{2}AB=\frac{1}{2}\times 12=6$より，$OB=OC=BC$だから，△OBCは正三角形である。これより，$\angle BOC=60^\circ$だから，〔おうぎ形OBC〕$=\pi\times 6^2\times\frac{60^\circ}{360^\circ}=6\pi$である。以上より，斜線部分の面積は，$18+9\sqrt{3}-6\pi$ cm^{2}である。

図1

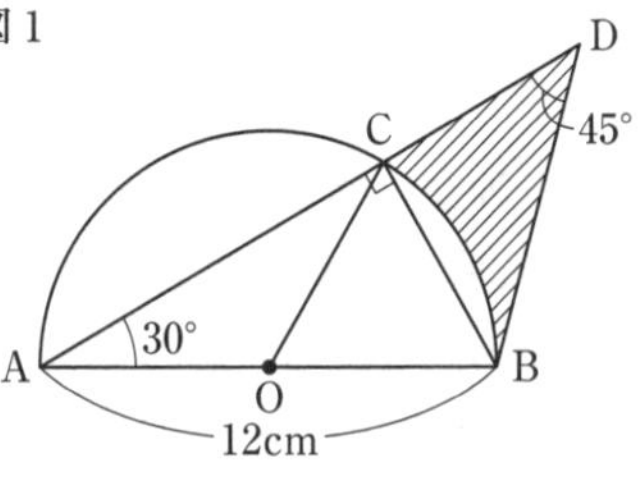

(5)＜**平面図形―角度**＞右図2で，四角形ABCDがひし形より，$\angle ADC=\angle ABC=80^\circ$であり，$\triangle AED$が正三角形より，$\angle EAD=\angle AED=\angle ADE=60^\circ$である。$\angle CDE=\angle ADC-\angle ADE=80^\circ-60^\circ=20^\circ$となり，$AD=CD$，$AD=ED$より，$\triangle DEC$は$CD=ED$の二等辺三角形だから，$\angle DEC=\angle DCE=(180^\circ-\angle CDE)\div 2=(180^\circ-20^\circ)\div 2=80^\circ$である。また，$\angle BAD=\angle BCD=(360^\circ-\angle ABC-\angle ADC)\div 2=(360^\circ-80^\circ-80^\circ)\div 2=100^\circ$だから，$\angle BAE=\angle BAD-\angle EAD=100^\circ-60^\circ=40^\circ$となる。$AB=AD$，$AE=AD$より，$\triangle ABE$は$AB=AE$の二等辺三角形だから，$\angle AEB=\angle ABE=(180^\circ-\angle BAE)\div 2=(180^\circ-40^\circ)\div 2=70^\circ$である。以上より，$\angle BEC=360^\circ-\angle AED-\angle DEC-\angle AEB=360^\circ-60^\circ-80^\circ-70^\circ=150^\circ$となる。

図2
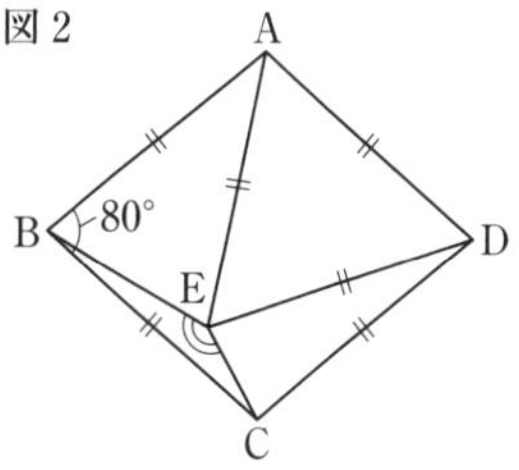

4〔**空間図形―三角錐**〕

≪**基本方針の決定**≫(1)　$DP\perp BC$のときであることに気づきたい。

(1)＜**面積比―三平方の定理**＞右図1で，$\angle ADB=\angle ADC=90^\circ$より，$AD\perp$〔面BCD〕だから，$\angle ADP=90^\circ$である。よって，$\triangle APD$は，底辺をDPと見ると，高さは$AD=6$となる。これより，$\triangle APD$の面積が最小となるのは，DPの長さが最小のときである。このとき，$DP\perp BC$である。$BD=CD=6\sqrt{3}$，$\angle BDC=90^\circ$より，$\triangle BCD$は直角二等辺三角形だから，$\angle DBP=\angle DCP=45^\circ$であり，$\triangle DBP$，$\triangle DCP$も直角二等辺三角形となる。$DP=\dfrac{1}{\sqrt{2}}BD=\dfrac{1}{\sqrt{2}}\times 6\sqrt{3}=3\sqrt{6}$となるので，$\triangle APD=\dfrac{1}{2}\times DP\times AD=\dfrac{1}{2}\times 3\sqrt{6}\times 6=9\sqrt{6}$となる。一方，$\triangle ABD\equiv\triangle ACD$となるので，$AB=AC$であり，$\triangle ABC$は二等辺三角形である。点Pは辺BCの中点となるから，$AP\perp BC$となる。$BC=\sqrt{2}BD=\sqrt{2}\times 6\sqrt{3}=6\sqrt{6}$であり，$\triangle APD$で三平方の定理より，$AP=\sqrt{DP^2+AD^2}=\sqrt{(3\sqrt{6})^2+6^2}=\sqrt{90}=3\sqrt{10}$だから，$\triangle ABC=\dfrac{1}{2}\times BC\times AP=\dfrac{1}{2}\times 6\sqrt{6}\times 3\sqrt{10}=18\sqrt{15}$となる。したがって，$18\sqrt{15}\div 9\sqrt{6}=\sqrt{10}$より，$\triangle ABC$の面積は$\triangle APD$の面積の$\sqrt{10}$倍である。

図1
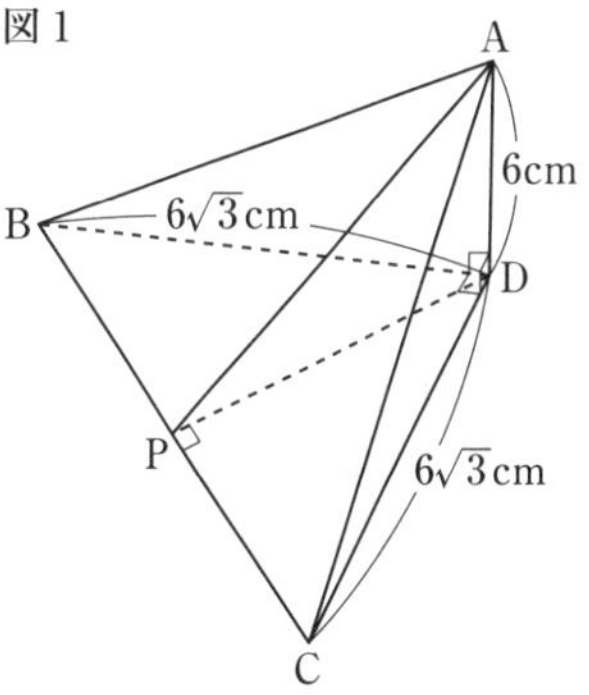

(2)＜**長さ―三平方の定理**＞右図2で，(1)のときの点PをP'とすると，$AP'=3\sqrt{10}$である。$\triangle APP'$で三平方の定理より，$PP'=\sqrt{AP^2-AP'^2}=\sqrt{(3\sqrt{13})^2-(3\sqrt{10})^2}=\sqrt{27}=3\sqrt{3}$となる。$BP'=DP'=3\sqrt{6}$だから，$BP=BP'-PP'=3\sqrt{6}-3\sqrt{3}$(cm)である。

図2
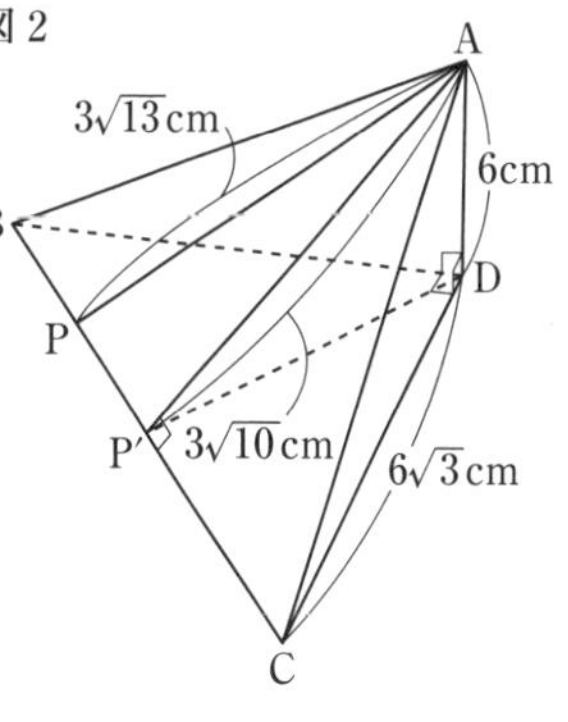

5〔**平面図形―四角形**〕

(1)＜**長さの比**＞右図で，点Eが辺BCの中点より，$BE=EC$であり，$AB\parallel FE$，$GE\parallel DC$より，同位角は等しいから，$\angle GBE=\angle FEC$，$\angle GEB=\angle FCE$である。よって，$\triangle BEG\equiv\triangle ECF$だから，$GB=FE$となり，$GB\parallel FE$より，点Gと点Fを結ぶと，四角形GBEFは平行四辺形となる。これより，$GF\parallel BC$だから，$\angle JGF=\angle JCB$，$\angle GFJ=\angle CBJ$となり，$\triangle GFJ\backsim\triangle CBJ$となる。したがって，$JG:CJ=GF:BC$となる。また，$GF=BE$だから，$GF:BC=BE:2BE=1:2$となり，$JG:JC=1:2$より，$JG=\dfrac{1}{1+2}GC=\dfrac{1}{3}GC$となる。次に，四角形GECFも同様に平行四辺形である。これより，$CI=IG$

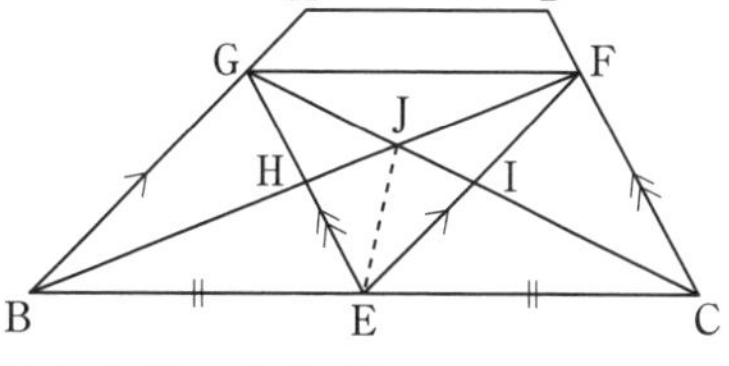

$=\frac{1}{2}$GC である。以上より，CI：JG＝$\frac{1}{2}$GC：$\frac{1}{3}$GC＝3：2 である。

(2)＜**面積**＞前ページの図で，点 J と点 E を結ぶ。四角形 GBEF は平行四辺形だから，GH＝HE であり，△GHJ＝△HEJ となる。よって，△GEJ＝2△GHJ＝2×3＝6 である。次に，△IEC，△GEJ の底辺をそれぞれ CI，JG と見ると，高さが等しいので，(1)より，△IEC：△GEJ＝CI：JG＝3：2 となる。これより，△IEC＝$\frac{3}{2}$△GEJ＝$\frac{3}{2}$×6＝9 となる。さらに，四角形 GECF が平行四辺形より，EI＝IF だから，△IEC＝△FIC となり，△ECF＝2△IEC＝2×9＝18(cm²)である。

6 〔**関数—関数 $y=ax^2$ と一次関数のグラフ**〕

≪基本方針の決定≫(1)　三平方の定理を利用する。　(3)　∠QCS の大きさがわかる。

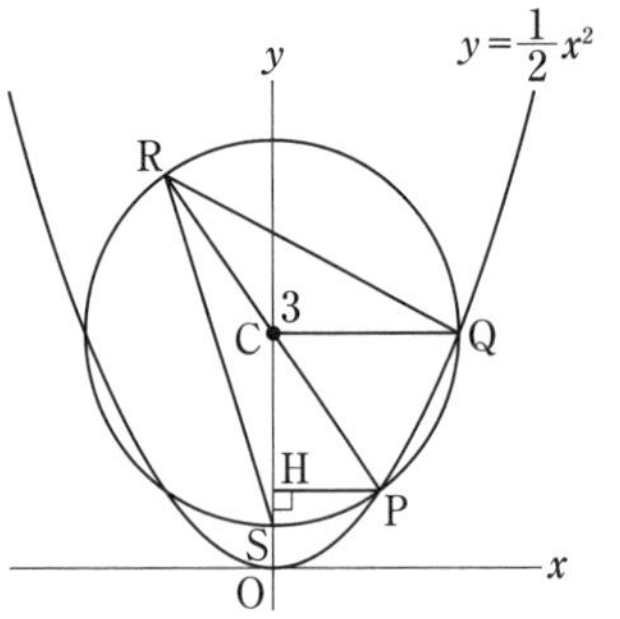

(1)＜**長さ—三平方の定理**＞右図で，点 P は放物線 $y=\frac{1}{2}x^2$ 上の点だから，y 座標が a より，$a=\frac{1}{2}x^2$，$x^2=2a$，$x=\pm\sqrt{2a}$ となる。これより，点 P の x 座標は $\sqrt{2a}$ だから，P($\sqrt{2a}$，a)である。点 P から y 軸に垂線 PH を引くと，PH＝$\sqrt{2a}$ である。また，C(0，3)だから，CH＝3－a となる。よって，△PCH で三平方の定理より，$CP^2=PH^2+CH^2=(\sqrt{2a})^2+(3-a)^2=2a+9-6a+a^2=a^2-4a+9$ である。

(2)＜**座標**＞右図で，円の半径が $\sqrt{6}$ より，CP＝$\sqrt{6}$ だから，$CP^2=(\sqrt{6})^2=6$ である。(1)より，$CP^2=a^2-4a+9$ なので，$a^2-4a+9=6$ が成り立つ。これを解くと，$a^2-4a+3=0$，$(a-1)(a-3)=0$ より，$a=1$，3 となる。よって，点 C を中心とする半径が $\sqrt{6}$ の円と放物線 $y=\frac{1}{2}x^2$ との交点の y 座標が 1，3 なので，原点に近い方の点 P の y 座標 a は，$a=1$ となる。$a=3$ は点 Q の y 座標を表す。したがって，点 P の x 座標は，$\sqrt{2a}=\sqrt{2\times1}=\sqrt{2}$ となる。同様にして，点 Q の x 座標は，$\sqrt{2a}=\sqrt{2\times3}=\sqrt{6}$ である。

(3)＜**角度**＞右上図で，C(0，3)，Q($\sqrt{6}$，3)より，CQ は x 軸に平行だから，∠QCS＝90°である。よって，$\overset{\frown}{QS}$ に対する円周角と中心角の関係より，∠QRS＝$\frac{1}{2}$∠QCS＝$\frac{1}{2}$×90°＝45°となる。

＝読者へのメッセージ＝

6 では，座標平面上に円がありました。座標平面上にある円も，x，y の式で表すことができます。6 の円は，中心が C(0，3)，半径が $\sqrt{6}$ なので，その式は，$x^2+(y-3)^2=6$ となります。一般的に，中心が点(a，b)，半径が r の円は，$(x-a)^2+(y-b)^2=r^2$ と表されます。

国語解答

一 問1 イ　問2 エ　問3 ア
問4 ウ
問5 (1)…ウ　(2)…エ　(3)…イ
問6 (1)…ウ　(2)…ア　(3)…オ　(4)…キ
問7 イ，エ　問8 エ
問9 イ，オ
問10 a…ア　b…エ　c…イ　d…ウ
e…エ　f…イ

二 問1 ア，ウ　問2 ウ　問3 エ
問4 ウ　問5 エ　問6 ア
問7 a…オ　b…ア　問8 ア
問9 ア　問10 A…エ　B…ア
問11 ウ　問12 イ

三 問1 a…ア　b…ア　c…ウ　d…エ
e…エ
問2 Ⅰ…ウ　Ⅱ…イ　問3 エ
問4 ウ　問5 ア　問6 ウ
問7 エ
問8 (A)…ウ　(B)…オ　(C)…ケ
問9 ウ

一〔論説文の読解―社会学的分野―現代社会〕出典；鷲田清一「マスクについて」（『ポストコロナ期を生きるきみたちへ』所収）。

≪本文の概要≫コロナ禍でマスクをつける生活が続いているが，マスクとは何かについて改めて考えてみた。マスクには二つの仕様がある。一つは「感染予防」，つまり，互いに分かれているべきものが入り交じることを防ぐためであり，もう一つが自分をむき出しにしないためである。マスクには，隠すこととは逆に隠されたものがより強く意識させられるという面もあり，しかも，身体のどこを隠すべきと見なすのかは時代や地域によって異なるが，これらに共通しているのは，表に出していいものといけないものを峻別《しゅんべつ》していることである。この峻別は暗黙の約束で決められ，これによって社会の秩序は安定して維持されていく。自分たちの秩序と他の秩序が接触する場では，その間に緩衝地帯が設けられる。マスクも緩衝地帯であり，コロナ禍にマスクを装着することは，人と人がともに生き延びるにあたって一番大事にしなければならないことは何かを考える機会になる。

問1＜文章内容＞高齢者や妊婦，近くで騒ぐ人などの「まわりの人に関心をもたないようにする」ことで，起こるかもしれない面倒ごとを避けようとすることが，「見えないマスク」を装着することである。

問2＜語句＞「暗黙」は，口に出さないで黙っていること。「暗黙の約束」は，人々が口に出さないが社会の中で決まっていることであり，文章にされず明示されていない「不文律」ともいえる。

問3＜文章内容＞「マスクには，隠すこととは逆に隠されたものがより強く意識させられるという面」があるため，人は，マスクで隠されて見えなくなったものを，逆に見たくなるし，隠している当人も，自分が内に隠したものを意識することになるのである。

問4＜文章内容＞マスクという言葉が，隠す道具としての仮面と隠される部分である顔の両方の意味で使われることは，隠すものである「おもて」と，隠されるものである「うら」の両面をイメージさせることになるのである。

問5＜文章内容＞(1)集合住宅の鉄の扉は，公的な社会の場である外部と，私的な家族の場である内部を分け，「人と人の交わりを規制する仕切り」であり（ア・イ…○），関所のように内に入れるものを選別している（エ…○）。しかし，境界線としての門や橋が持つ役割には，内面を隠すことは含まれない（ウ…×）。　(2)境界線は，社会ごとにその構成員が暗黙の了解として認めて従うものであり，社会によって異なってくる。　(3)「暗黙の約束を破ること」は，「社会の秩序というものがそれによって崩れる」ことにつながってしまうため，境界線は，安定した社会の秩序の維持にとって重要なのである。

問6＜文章内容＞⑴社会には，広い邸宅で過ごす層と狭くて粗末な小屋で生活する層の間に見られるように，大きな生活水準の差がある。　⑵大量の食糧を買い込み，広い邸宅で過ごせるのは，裕福な人々である。　⑶狭く粗末な小屋で生活することを強いられるのは，貧しい人々である。　⑷もともと秩序を維持するうえでついてまわった「人種差別や身分差別，異邦人の排斥」が，コロナ禍で特定の民族に対する差別行動として表れている。

問7＜文章内容＞マスクをすることで，これまで縛られてきた「仕切りや区別にわずらわされなくていい」という願望と(…エ)，「ずっとこのままの同じじぶん」から変わりたいという願望がかなえられるのである(…イ)。

問8＜文章内容＞自衛のため，周りの人間を自分に感染させてくる化け物のような敵対的存在と見なしていたのを，自分も周りの人間に感染させてしまうかもしれない点では周りの人間と変わるところはないと考えれば，周りの人間は化け物のようには見えず，固有の他者と見なせるようになる。それは，敵対的存在に見えた野生の生物が，里山などの緩衝地帯では自然の一員と見なせることと同様である。

問9＜要旨＞マスクには二つの仕様がある。一つは「感染予防」，つまり，互いに別であるべきものが入り交じることを防ぐためのものであり，もう一つは「じぶんをむきだしにしない」ためであるが，どちらがより大きい役割であるかは述べられていない(ウ…×)。身体のどこを隠すべきと見なすのかは時代や地域によって異なるが，共通しているのは，表に出していいものといけないものを峻別していることである。この峻別は社会の秩序を守るための「暗黙の約束」で決められており，明確な根拠があるわけではない。ここでいう「秩序」とは，「人びとが世界をどのようなものとみなし，区切っているかということ」である(ア…×，オ…○)。ウイルス禍は，「生きものとしての秩序」が「野生のいのちの秩序」と接触して発生したといわれる(イ…○)。「人と人とがともに生き延びるにあたっていちばん大事にしなければならないことは何か」などをじっくり考える機会だと思えば，「マスクの装着にも意味はある」のである(エ…×)。

問10＜漢字＞a．「罹患」と書く。イは「環境」，ウは「閑散」，エは「監督」。　b．「塞(ぐ)」と書く。アは「抑圧」，イは「防災」，ウは「暗鬱」。　c．「丹念」と書く。アは「鍛錬」，ウは「誕生日」，エは「魂胆」。　d．「至近」と書く。アは「投資」，イは「食指」，エは「祝辞」。　e．「極端」と書く。アは「一旦」，イは「冒険譚」，ウは「啖呵」。　f．「覆(う)」と書く。アは「蓋」，ウは「被害者」，エは「応援」。

二〔小説の読解〕出典；阿部昭『父と子の夜』(『千年・あの夏』所収)。

問1＜文章内容＞父が絵描きにならずに海軍に入ったのは，絵の道だけでやっていけるほどに自分に絵の才能があるか「自信が持てなかった」ことと(ウ…○)，かつての持ち家や土地を失った「落ちぶれた士族の三男坊」で金銭的に余裕がないという「境遇にひきずられ」たこと(ア…○)が理由であろう，と「わたし」は考えていた。

問2＜文章内容＞並外れて才能がある子どもを指す「神童」という呼び名は，父が中学で圧倒的な勉学の才能を示したことだけでなく，絵描きとしての才能も非凡であったことにも由来する。

問3＜文章内容＞絵描きの才能を生かさない人生を選んだ父が，かつて「神童」と呼ばれていたことに対して，「わたし」は，輝かしい価値を見出せず，父の伝説をむなしく感じていたのである。

問4＜文章内容＞絵描きの道を諦めざるをえなかった父は，結婚したばかりの裕福な家の出身の妻に，かつての自分の家の栄光を示すことで，「自分を慰め」ようとしたのだろうと「わたし」は考えていた。

問5＜文章内容＞「父がもし絵かきになっていたら，母とは結婚していなかった」はずであるので，母がかつて父は画家志望であったことを自慢げに言うのは本当はおかしなことである。また，「わたし」が文学部という実利につながらない進路を選ぼうとしたときに，母が「息子の計画に不服」を抱くのも，父のかつての画家志望を「馬鹿の一つ覚えのように」自慢げに言い聞かせてきたことと矛盾する。つまり母は，父がかつてどのように苦悩して自らの進路を決めたかを，真剣にとらえて理解してはいなかったのである。

問6＜文章内容＞「そそのかす」は，自分が狙ったとおりになるように他人を仕向ける，という意味。母は，「わたし」が文学部に進学しようとするのが気に食わないため，やめさせるように父から言わせようとしたのである。

問7＜語句＞ア.「末席をけがす」は，仲間に加わったり，会合に出席したりすることを謙遜していう言い方。「席を蹴る」は，怒ってその場を去る，という意味(…ｂ)。　イ.「人の口に戸は立てられぬ」は，世間のうわさや評判は止めることができない，という意味。　ウ.「軒を貸して母屋を取られる」は，一部を貸したために結局全部を取られる，という意味。　エ.「目から鱗が落ちる」は，何かがきっかけとなって，急に物事が理解できるようになる，という意味。　オ.「同じ穴の貉」は，一見別のものに見えても実は同類であること。「穴のあくほど」は，他人の顔などをじっと見つめるようす(…ａ)。

問8＜文章内容＞父は，かつて自分が諦めた経済的には厳しい絵描きの道と，「わたし」が進みたがっている文学部を重ね合わせてとらえていたのである。「わたし」が，法科か経済を扱う学部に進学すれば，世の中で確実に実利を得ていくことができるため，父は文学部進学に反対していた。

問9＜文章内容＞「わたし」は，父に書くことがないと言われて腹が立ったものの，論理的に反論できなかった。それは，自信を持って物書きになると言えるほど自分の才能に自信がないうえに，未熟で実際に書こうと思っている内容が頭の中でまとまっていなかったからである。

問10＜心情＞Ａ.「わたし」は，父が自分の文学部進学に反対することはわかっていたが，あらためて「文学部へなんか行って，一体何をするんだ？」と問われると，即答できなかった。何とか父に反論するために苦しまぎれに言った答えが，「物を書く人間になる」だったのである。　Ｂ.「わたし」は，文学部が他の学部に引けを取らない格式であると父に思わせるため，自分には解けても父には解けないであろう国語の問題用紙を見せつけたのである。

問11＜表現＞「わたし」は，入試の発表日に現実逃避して草野球の試合に出かけてから入学試験の結果を知るまでは，悲観的かつ消極的になっていて，合格していたとわかるや急に態度を変えて国語の問題用紙を自慢げに父に見せつけた。そのような軽薄さを持つ「わたし」の二面性が，隠されることなく客観的に描写されている。

問12＜心情＞父は，「わたし」の文学部進学に当初反対していたものの，自身が諦めた芸術の道と同様の文学の道を追求し続けた「わたし」を誇らしく感じ，国語の試験問題も自分には全く解けないものであると言って息子を立てていた。そのような父に対して，「わたし」は，寂しい幻滅の気分を味わったのである。

三〔**古文の読解―説話**〕出典；『沙石集』巻第七ノ三。

≪現代語訳≫中国に，身分の低い夫婦がいる。(夫婦は)餅を売って，生活していた。(ある日)夫が，道ばたで餅を売っていたところ，人が袋を落としたのでそれを取って見たところ，銀貨が六つ入っていた。(夫は袋を)家に持って帰った。／妻は，心が素直で，欲のない者であって，「私たちは，商売をして生活しているので，お金に困っていません。この(銀貨の)持ち主は，どれほど嘆いて探しているでしょう。気の毒なことです。持ち主を探して，お返しなさい」と言ったので，(夫は)「本当に(そのとおりだ)」と思って，(このことを)広く知らせたところ，持ち主だという者が出てきて，これ(銀貨)を受け取って，あまりにうれしくて，「(銀貨)三つを差し上げよう」と言って，いよいよ分けようとしたとき，(持ち主は)思い直して，言いがかりをつけようとして，「(銀貨が)七つあったのに，六つしかないのは奇妙だ。一つをお隠しになったのでしょうか」と言う。(夫は)「そんなことはありません。もともと六つでした」と議論するうちに，しまいには，国の長官のもとで，これを判断させる。／国の長官は，見る目が優れていて，この(銀貨の)持ち主は誠実でない者で，この(銀貨を拾った)男は正直な者だと思ったけれども，やはりはっきりしなかったので，その(夫の)妻をお呼びになって，別の場所で，事情の詳細を尋ねると，夫の言い分と少しも違わない。(国の長官は)この妻は極めて正直な者だと判断して，この持ち主は誠実でないことは確かだったので，国の長官の判決で言うことには，「このことは，確かな証拠がないので，判断しにくい。ただし，(夫と持ち主の)どちらも，正直な者だと思われる。夫婦は，また，言い分に食い違いはない。持ち主の言葉も正直だと思われるので，(持ち主は)七つあるような銀貨を探して受け取るのがよい。これは六つしかないので，他の人のものであろう」と言って，六つとも(夫婦に)お与えになった。

問１＜古文の内容理解＞ａ．夫が，銀貨を家に持って帰った。　ｂ．夫が，拾った銀貨について広く知らせた。　ｃ．持ち主が，言いがかりをつけようとした。　ｄ．国の守が，妻は正直者だと判断した。　ｅ．国の守が，六つの銀貨を夫婦に与えた。

問２＜古語＞Ⅰ．「いとほし」は，気の毒だ，という意味。　Ⅱ．「ことわらしむ」は，判断するという意味の「ことわる」に，使役の意味の助動詞「しむ」がついた表現。

問３＜古文の内容理解＞「こと」は，ここではお金のやりくりをして生活することを指している。それが「欠けず」，つまり十分であるということ。妻は，自分たちは商売をして生活しているので，お金に困っていない，と言ったのである。

問４＜古文の内容理解＞夫婦は，名乗り出た持ち主に，銀の南挺(銀貨)を返した。

問５＜古文の内容理解＞持ち主は，落とした六つの銀貨のうち三つをお礼として渡そうと思ったが，急に惜しくなり，逆に言いがかりをつけることでお礼を渡すのをやめたのである。

問６＜現代語訳＞「隠され」は，「れ」が尊敬の意味の助動詞「る」の連用形であり，お隠しになる，という意味となる。

問７＜古文の内容理解＞国の守は，見る目が優れていたので，夫と持ち主では夫の言い分が正しいだろうと感じていたが，念のため妻にも話を聞くことで，夫が正直者だと判断した。そして，夫が損をせず，銀貨を六つ得られる判決を下したのである。

問８＜古典文法＞文中に係助詞が使われている場合は，係り結びの法則により，文末が終止形から変化する。強意の係助詞「こそ」が使われたときは，文末は已然形となる。

問９＜文学史＞『今昔物語集』は，平安時代に成立した説話集で，作者は不詳。『枕草子』は，平安時代に成立した，清少納言による随筆。『おくのほそ道』は，江戸時代に成立した，松尾芭蕉による紀行文。『源氏物語』は，平安時代に成立した，紫式部による物語。

2021年度 青稜高等学校

【英　語】（50分）〈満点：100点〉

1 次の英文を読み、以下の問いに答えなさい。

What is the secret to a long life? The oldest known person on record is a French woman, Jeanne Calment. She seemed to disprove the idea that healthy living was the answer. Despite smoking for 100 years, she lived to the age of 122. She believed her long life was thanks to her diet.

The average life expectancy for all people in the world today is 63 years. This figure varies widely from country【 a 】country. Japan has the world's highest life expectancy; 85 for women and 78 for men. More than 20,000 of its population have celebrated their 100th birthday. Researchers believe part of the reason for this lies in the healthy Japanese diet and their good health care system.

People living in developed countries generally live longer than those living in poorer parts of the world. [ア] Factors like war, disease, quality of diet, and access to health care all affect life expectancy. When a country's health care and education improve, life expectancy goes up.

Another important factor is gender. Women, on average, live longer than men. ①Over 80 percent of people living beyond the age of 100 are women. [イ] Some scientists believe that women's genes help them live longer than men. Others argue that men often lead more risky lifestyles. The lifestyles put them at greater chance of dying than women. They have more dangerous jobs. Also, men generally drive more, and also smoke more than women. Men are even killed more often than women.

Researchers have looked【 b 】another area: marital status. They have not found a clear difference in life expectancy between married women and single women. However, one British study found that married men appeared to live longer, on average, than single men. [ウ] This may be because married men tend to have a healthier lifestyle than single men. They eat [A] healthily, and, on average, take [B] risks.

Jeanne Calment did not seem to worry【 c 】taking risks. At the age of 85, she learned fencing. At the age of 100, she was still riding a bicycle. She gave【 d 】smoking when she was 121, but not for health reasons. [エ] She couldn't see clearly enough to light the cigarettes herself, and ②[(ア) to ask / (イ) proud / (ウ) other people / (エ) too / (オ) she / (カ) to do it / (キ) was] for her. Perhaps the secret to her age was that she never got bored with life.

注：

record 記録	disprove ～の誤りを証明する
Despite ～にもかかわらず	diet 食事
average life expectancy 平均寿命	figure 数字
varies < vary 変わる	celebrated < celebrate ～を祝う
lies in < lie in ～にある	Factors 要因

affect ～に影響する
genes 遺伝子
marital status 結婚状況
tend to ～する傾向がある
got bored with～ < get bored with～ ～に飽きる
gender 性別
argue ～だと主張する
appeared to < appear to ～のように見える
light the cigarettes タバコに火をつける

問1　文中の【 a 】～【 d 】に入る最も適切な語を、以下の（ア）～（オ）からそれぞれ1つずつ選び、その記号をマークしなさい。

(ア) up ／(イ) for ／(ウ) at ／(エ) about ／(オ) to

a：[①]　b：[②]　c：[③]　d：[④]

問2　文中の[A]と[B]に入る語の組み合わせとして適切なものを、以下の（ア）～（エ）から1つ選び、その記号をマークしなさい。

（ア） many ／ fewer　　（イ） more ／ fewer　　[⑤]
（ウ） much ／ less　　（エ） more ／ less

問3　以下の文が入る適切な箇所を本文中の[ア]～[エ]から1つ選び、その記号をマークしなさい。

The reasons for this are not fully understood.　[⑥]

問4　下線部①を1ヶ所区切って読むとすればどこか。最も適切なところを（ア）～（エ）から1つ選び、その記号をマークしなさい。

Over 80 percent /(ア) of people living /(イ) beyond the age of 100 /(ウ) are /(エ) women.　[⑦]

問5　下線部②が「彼女はプライドが高すぎて、自分のためにそれを他の人々にしてほしいと頼むことができなかった」という意味になるように[　　]内の語句を並べかえたとき、[　　]内の3番目と5番目に来る語句の記号をそれぞれマークしなさい。

3番目：[⑧]　5番目：[⑨]

問６　次の各文が、本文の内容と合えば（ア）を、合わなければ（イ）をマークしなさい。

（1）Though she smoked for a long time, Jeanne Calment lived to be 122. ⑩

（2）France has the second highest life expectancy in the world. ⑪

（3）Life expectancy rises when a country's health care and education get better. ⑫

（4）Thanks to their genes, men can live longer than women. ⑬

（5）Married women live longer than single women. ⑭

（6）Jeanne Calment started riding a bicycle at the age of 100. ⑮

問７　この文章のタイトルとして最も適切なものを、以下の（ア）～（エ）から1つ選び、その記号をマークしなさい。 ⑯

（ア）The life of Jeanne Calment

（イ）The average of life expectancy

（ウ）The key to healthy lifestyle

（エ）The secret to a long life

2　以下の〔A〕・〔B〕の問いに答えなさい。

〔A〕次の（ア）～（キ）の英文のうち、それぞれの文の２ヶ所につけられた下線部の発音が同じである文を３つ選び、その記号をマークしなさい。順番は問わない。 ① ② ③

（ア）My hobbies are making things and fixing broken things.

（イ）He tried to repair the machine before his coach came back.

（ウ）They used to take care of a lighthouse on that small island.

（エ）He had to walk through the woods though it was getting dark.

（オ）She missed the bus, so she walked four kilometers to get to school.

（カ）Visitors can see sea animals such as turtles and whales in aquariums.

（キ）A new way to grow those mushrooms was discovered in the 1970s.

〔B〕各組の（ア）～（エ）の中で、最も強いアクセントの位置が他とは異なるものを１つ選び、その記号をマークしなさい。

④	1.	（ア）in-ter-est	（イ）de-ci-sion	（ウ）news-pa-per	（エ）el-e-phant
⑤	2.	（ア）ad-ven-ture	（イ）im-por-tance	（ウ）com-put-er	（エ）vol-un-teer
⑥	3.	（ア）pho-to-graph	（イ）hand-ker-chief	（ウ）suc-cess-ful	（エ）ham-burg-er

3 次の英文の ① ～ ⑥ に入る最も適切な語句を、あとの選択肢（ア）～（エ）からそれぞれ1つずつ選び、その記号をマークしなさい。

"What's your name?" asked Doctor Cox.

The man in the bed did not answer.

"Open your eyes," said Doctor Cox.

The man in the bed opened his eyes. He looked at the doctor.

"Do you understand the ① ?" asked Doctor Cox.

"Yes," said the man in the bed. "I do."

"Good," said Doctor Cox again. The doctor smiled at the man. It was a nice smile. "And do you know your name?"

"No," said the man in the bed. "I don't know what my name is."

The man in the bed said ② for a moment. The doctor waited and watched him.

"Who is this man?" thought Doctor Cox. "I don't know who he is or where he comes from. I know that a woman found him yesterday in the street. The woman telephoned the police and the police brought him here to the hospital. I know he had blue jeans and a jacket, a green shirt and black socks and shoes. His clothes were clean, but he had no money and no ③ ."

"I'm Doctor Philip Cox," Doctor Cox said to the man. "You can call me Philip."

"You're a doctor," said the man. He looked at the doctor. "And this is a hospital." The man in the bed spoke very slowly.

"Yes," answered Doctor Cox, but now he did not smile. "What's the ④ with this man?" thought Doctor Cox. "He has language. He understands words, but he doesn't know who he is or where he comes from. Does he remember or doesn't he? The police don't know who he is. I don't know who he is. And we need to know these things. Somewhere, somebody is waiting for him.

"You look at a man and what do you see?" thought Doctor Cox. "You see very little. It's not easy to know a man without language. You need words, you need names and places. People have ⑤ and friends. Who am I, for example?" he thought.

"I'm a doctor. Yes, this is my work. At the hospital, I'm Doctor Cox. But my friends and my wife know me as Philip and my children know me as Dad. They don't know Doctor Cox. Doctor Cox, Philip and Dad. They are all me, but they are not the ⑥ . Without family and friends, and without work, what am I? I need to know more, much more, about this man," he thought. He spoke to the man again.

① （ア） answer　（イ） police　（ウ） question　（エ） woman

② （ア） anybody　（イ） anything　（ウ） nobody　（エ） nothing

③ （ア） clothes　（イ） diseases　（ウ） papers　（エ） tickets

④ （ア） crime　（イ） dream　（ウ） goal　（エ） problem

⑤ （ア） animals　（イ） family　（ウ） food　（エ） knowledge

⑥ （ア） different　（イ） right　（ウ） same　（エ） wrong

4 次の会話はDr. Pettitが宇宙飛行士としての人生についてインタビューを受けているものです。本文中の空所 ① ～ ⑩ に入る最も適切なものを、あとの選択肢（ア）～（コ）からそれぞれ1つずつ選び、その記号をマークしなさい。なお、文頭に来る語も小文字で始めています。

Interviewer: I'm sure people ask you this question all of the time, Dr. Pettit, but I have to ask it: ①

Dr. Pettit: Yes, I have. I was a crew member of Expedition 6, and ② We call it the ISS.

Interviewer: ③

Dr. Pettit: I've ridden the space shuttle to the ISS twice.

Interviewer: And ④

Dr. Pettit: Being able to float. It was the worst part, too.

Interviewer: ⑤

Dr. Pettit: Well, I lived in Russia for about two years while I was training to fly to the ISS. I've also been to Antarctica.

Interviewer: ⑥ I understand that you like to work with tools. ⑦

Dr. Pettit: Yes. During my second trip into space, ⑧ I just couldn't get used to drinking coffee out of a small bag through a straw!

Interviewer: I don't think I could get used to that, either. But ⑨

Dr. Pettit: Without the bag or my special cup, the coffee floats in space, too.

Interviewer: Of course! Well, you've accomplished so much, Dr. Pettit. Considering all of it, what's the most exciting thing ?

Dr. Pettit: ⑩

Interviewer: Wow, what a life! Thanks so much for sharing, Dr. Pettit.

注：

float 浮かぶ

accomplished < accomplish 達成する

Antarctica 南極大陸

Considering ～を考慮すると

(ア) I made a special coffee cup so we could drink in space.

(イ) I spent five and a half months at the International Space Station.

(ウ) not many people can say that!

(エ) seeing the birth of my twin boys.

(オ) have you visited any other interesting places while working for NASA?

(カ) have you ever been to space?

(キ) have you ever invented anything?

(ク) what was the best part about being in space?

(ケ) why did you have to drink coffee that way before?

(コ) how many times have you gone up on a space shuttle?

5 次の文はロンドンの「濃霧 (thick fog)」について述べたものです。本文中の空所 [①] ～ [⑩] に入る最も適切なものを、あとの選択肢（ア）～（コ）からそれぞれ1つずつ選び、その記号をマークしなさい。なお、文頭に来る語も小文字で始めています。

In early December 1952, the weather in London was very cold. In their houses, people lit fires [①]. On the streets, they took cars, buses, or trains [②]. There was little wind, so [③]. Pollution from the fires and vehicles also stayed in the air. When people woke up on the morning of December 5th, [④].

Londoners experienced thick fogs for hundreds of years. These thick fogs were called pea-soupers because [⑤]. But the Great Smog of 1952 was the worst one ever. It was so thick and so dark that [⑥] of other cars, [⑦] on the streets, and nobody could see the sun.

By Tuesday, December 9th, [⑧], but its effects continued. The air quality was so bad that [⑨] and about 100,000 became sick. Luckily, not all of the effects were negative. Soon after the Great Smog, the government created the Clean Air Act. [⑩] people breathe easier by reducing the level of pollution across the country.

注：

lit fires 火を起こした　Pollution 汚染（物質）　vehicles 乗り物
Londoners ロンドン市民　quality 質
Luckily 幸運にも　negative 否定的な
the Clean Air Act 「大気浄化法」（法律の名前）　breathe 呼吸する
reducing < reduce ～を減らす

（ア） they saw thick fog

（イ） the fog was gone

（ウ） this law helped

（エ） to work

（オ） to stay warm

（カ） people walked into each other

（キ） thousands of people died

（ク） the cold air stayed over the city

（ケ） drivers could not see the lights

（コ） their color was like soup made from yellow peas

6 次の各文の（　　）に入る最も適切な語句を、（ア）～（エ）から１つずつ選び、その記号をマークしなさい。

1. Mr. Takahashi is away from Japan. He (　　) in New York since April.
① （ア） is　（イ） will be　（ウ） has gone　（エ） has been

2. If it (　　) tomorrow, we will have to put off the picnic.
② （ア） rained　（イ） rains　（ウ） will rain　（エ） will be rainy

3. Oh, you didn't eat breakfast this morning. You (　　) be hungry!
③ （ア） cannot　（イ） must　（ウ） have to　（エ） mustn't

4. My watch is made (　　) Switzerland.
④ （ア） from　（イ） by　（ウ） in　（エ） of

5. It was careless (　　) to leave your key in the car.
⑤ （ア） you　（イ） for you　（ウ） to you　（エ） of you

6. Mr. White came to school early today because the traffic was (　　) than usual.
⑥ （ア） stronger　（イ） darker　（ウ） lighter　（エ） weaker

7. Dorothy makes her son (　　) the violin every day, but he isn't really so interested in music.
⑦ （ア） practice　（イ） practiced　（ウ） to practice　（エ） practicing

8. Please speak more slowly (　　) I can understand you.
⑧ （ア） case　（イ） because　（ウ） whether　（エ） so that

9. The price of coffee is getting lower. This is (　　) more and more countries around the world have started to produce it.
⑨ （ア） how　（イ） because　（ウ） what　（エ） where

10. These shoes are too small for me. Do you have larger (　　)?
⑩ （ア） one　（イ） ones　（ウ） it　（エ） some

11. Some like animals very much, but (　　) don't.
⑪ （ア） any　（イ） the other　（ウ） few　（エ） others

12. Someone called me (　　) my absence yesterday.
⑫ （ア） during　（イ） among　（ウ） while　（エ） as

7

次の英文の下線部（ア）～（エ）の語句に語法・文法上の誤りがあれば、その記号を1つマークしなさい。ただし、誤りがなければ（オ）をマークしなさい。

1. I (ア) can' t see these pictures (イ) without (ウ) remember my (エ) high school days.
(オ) 誤りなし　①

2. My sister and I (ア) were (イ) surprised when we (ウ) were spoken by (エ) a stranger.
(オ) 誤りなし　②

3. I learned (ア) that light (イ) travels (ウ) faster (エ) than sound.
(オ) 誤りなし　③

4. I' m (ア) having a party (イ) this weekend and I want you (ウ) come if you (エ) are free.
(オ) 誤りなし　④

5. (ア) Almost of the people (イ) in Singapore (ウ) speak more than (エ) one language.
(オ) 誤りなし　⑤

6. There (ア) is still (イ) a lot of coffee in the pot, (ウ) so you can have (エ) some more.
(オ) 誤りなし　⑥

7. There (ア) were two cars in the (イ) parking area. (ウ) One was white, and (エ) other was black.
(オ) 誤りなし　⑦

8 次の各文が意味の通る英文になるように［　　］内の語句(ア)～(キ)を並べかえるとき、［　　］内の3番目と5番目に来るものを、それぞれマークしなさい。

1. You [(ア) as / (イ) better / (ウ) had / (エ) possible / (オ) see / (カ) soon as / (キ) your doctor].
3番目：①，5番目：②

2. Can you [(ア) far / (イ) from / (ウ) how / (エ) is / (オ) it / (カ) me / (キ) tell] your house to the station?
3番目：③，5番目：④

3. Do you [(ア) his hands / (イ) his pockets / (ウ) in / (エ) know / (オ) the boy / (カ) walking / (キ) with]?
3番目：⑤，5番目：⑥

4. Cars [(ア) are / (イ) much / (ウ) than / (エ) those / (オ) safer / (カ) with airbags / (キ) without] them.
3番目：⑦，5番目：⑧

5. The heavy fog [(ア) anything / (イ) for us / (ウ) made / (エ) impossible / (オ) it / (カ) see / (キ) to] in front of us.
3番目：⑨，5番目：⑩

6. Whether [(ア) depends / (イ) on / (ウ) not / (エ) succeed or / (オ) you / (カ) your / (キ) will] efforts.
3番目：⑪，5番目：⑫

7. How [(ア) a novel / (イ) interesting / (ウ) is / (エ) it / (オ) read / (カ) to / (キ) written] in English!
3番目：⑬，5番目：⑭

8. Most of them [(ア) enough / (イ) kind / (ウ) me / (エ) my homework / (オ) to help / (カ) were / (キ) with].
3番目：⑮，5番目：⑯

【数　学】（50分）〈満点：100点〉

注意　分数は約分して答えること。また，根号の中は最も簡単な整数で答えなさい。

1

次の $\boxed{}$ に最も適する数字をマークせよ。

(1)　$\left\{(-2)^3-3^2\right\}\div\left\{\dfrac{5}{3}-\left(-\dfrac{1}{2}\right)^2\right\}=-\boxed{\text{ア}}\boxed{\text{イ}}$

(2)　$\sqrt{2}\,(\sqrt{3}-\sqrt{6})-\sqrt{6}\,(\sqrt{3}-\sqrt{2})+(\sqrt{3}-\sqrt{2})^2=\boxed{\text{ウ}}-\boxed{\text{エ}}\sqrt{\boxed{\text{オ}}}-\sqrt{\boxed{\text{カ}}}$

(3)　$5.4\,xy^6\times\left(\dfrac{2}{3}x^3y\right)^3\div\dfrac{1}{15}(4x^3y^2)^2=\dfrac{\boxed{\text{キ}}}{\boxed{\text{ク}}}x^{\boxed{\text{ケ}}}y^{\boxed{\text{コ}}}$

(4)　$4\left(\dfrac{1}{4}-\sqrt{2}\right)^2+4\left(\dfrac{1}{4}-\sqrt{2}\right)\left(\dfrac{1}{2}+\sqrt{2}\right)+\left(\dfrac{1}{2}+\sqrt{2}\right)^2=\boxed{\text{サ}}-\boxed{\text{シ}}\sqrt{\boxed{\text{ス}}}$

2

次の $\boxed{}$ に最も適する数字をマークせよ。

(1)　$9a^2+4b-6ab-6a$ を因数分解すると，$\left(\boxed{\text{ア}}a-\boxed{\text{イ}}b\right)\left(\boxed{\text{ウ}}a-\boxed{\text{エ}}\right)$ である。

(2)　$(2x-y):(2y-x)=2:3$ のとき，$\dfrac{64x^2+16xy+35y^2}{8xy}$ の値は $\boxed{\text{オ}}\boxed{\text{カ}}$ である。

(3)　x と y についての連立方程式 $\begin{cases}2x-3y=-6\\ \dfrac{a}{x}-y=-\dfrac{4xy}{a}+4\end{cases}$ の解が $3x-2y=1$ を満たすとき，$a=\boxed{\text{キ}}\boxed{\text{ク}}$ である。

(4)　不等式 $x-1-\dfrac{2x+1}{3}<\dfrac{6x+1}{9}$ を満たす整数 x のうち，絶対値が8以下のものは全部で $\boxed{\text{ケ}}\boxed{\text{コ}}$ 個ある。

3　次の［　］に最も適する数字をマークせよ。

(1)　20 個の自然数 1,2,3,……, 20 のうちから 2 つの数を選ぶとき，選んだ 2 つの数の積が 5 の倍数となるような選び方は全部で［ア］［イ］通りである。

(2)　$m^2 - n^2 = 99$ を満たす自然数 m，n の値のうち，m と n の最大公約数が 1 でないのは，$m=$［ウ］［エ］，$n=$［オ］［カ］である。

(3)　$\sqrt{49-3n}$ が整数となるような自然数 n の値をすべて求めると，それらの和は［キ］［ク］である。

(4)　下の図のように，円周上に 5 点 A，B，C，D，E があり，AE // BD，∠DBC = 43°，∠ECD = 32° である。また，AC と BE の交点を F とする。

このとき，∠AFB =［ケ］［コ］［サ］°である。

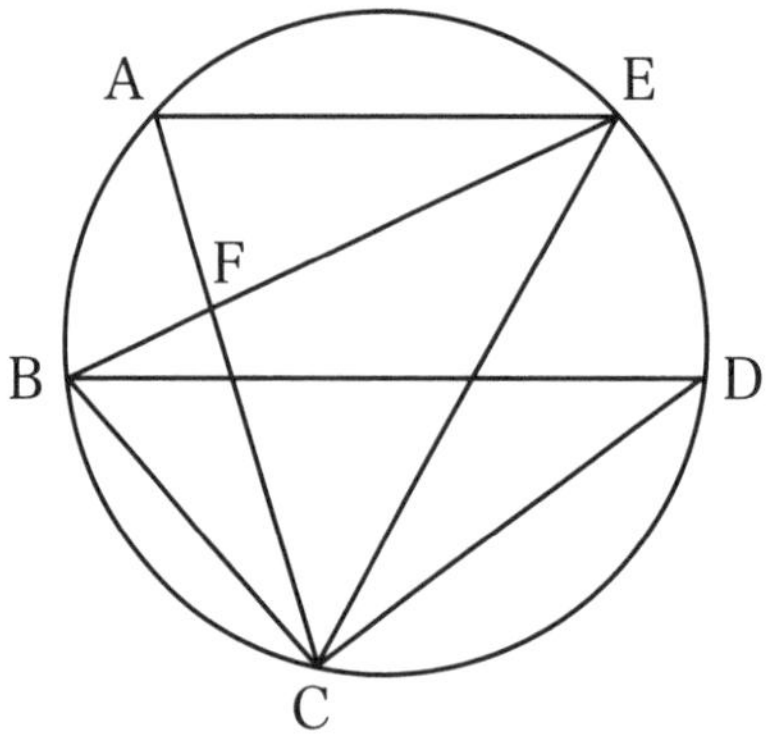

(5)　下の図は，AB = 5cm，BC = 6cm，CA = 4cm の△ABC である。∠BAD = ∠DAC，∠ABD = ∠ADE となるように 2 辺 BC，CA 上にそれぞれ 2 点 D，E をとるとき，△ABD と△DCE の面積比をもっとも簡単な整数比で表すと，［シ］［ス］：［セ］［ソ］である。

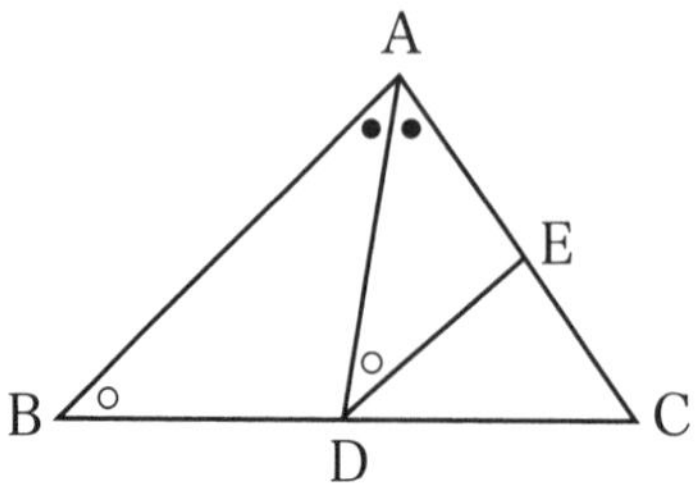

4　下の図の△ABC において，2 点 D，E はそれぞれ辺 BC，CA の中点，点 F は線分 AD，BE の交点である。AF⊥BE，AB＝12cm のとき，次の□に最も適する数字をマークせよ。

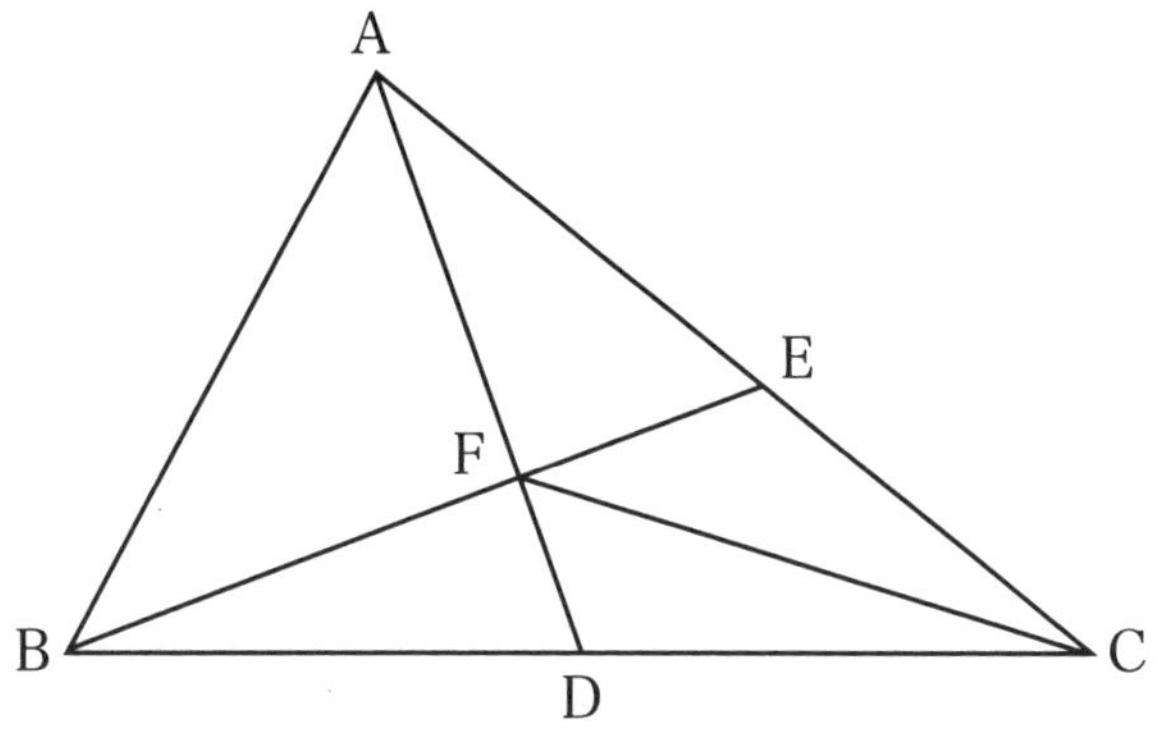

(1)　△AEF＝13cm^2 のとき，△ABC の面積は **アイ** cm^2 である。

(2)　線分 CF の長さは，**ウエ** cm である。

5　下の図は，線分 AB を直径とする円 O である。円 O の円周上に $\overset{\frown}{AP}:\overset{\frown}{PQ}=1:2$，$AP /\!/ OQ$ となる 2 点 P，Q をとるとき，次の □ に最も適する数字をマークせよ。ただし，弧の長さは短い方の弧の長さを示すものとする。

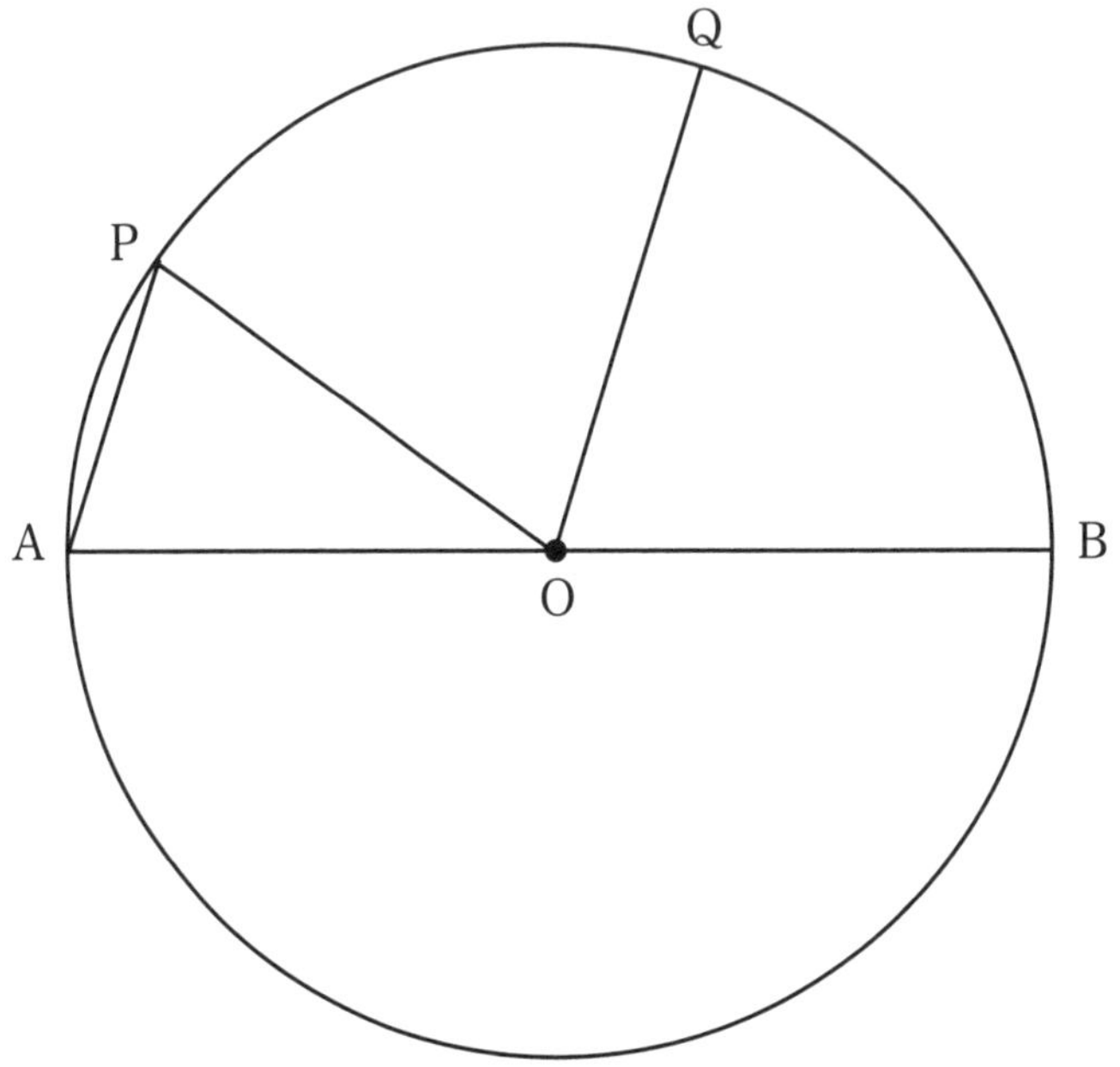

(1)　∠POQ＝［ア］［イ］°である。

(2)　$\overset{\frown}{PQ}=8\pi$ cm とし，直線 OQ と円 O の交点のうち Q でない方を R とするとき，$\overset{\frown}{BR}=$［ウ］［エ］π cm であり，円 O の半径は［オ］［カ］cm である。ただし，弧の長さは短い方の弧の長さを示すものとする。

6　下の図のように，関数 $y=ax^2$（a は定数）上に 2 点 A，B があり，直線 AB の傾きは $\frac{1}{2}$ である。また，直線 AB と関数 $y=\frac{b}{x}$（b は定数，$x<0$）の交点を C とし，y 軸上に y 座標が負である点 D をとる。点 A の x 座標が -2，点 B の x 座標が 4，点 C の x 座標が -6 のとき，次の □ に最も適する数字をマークせよ。

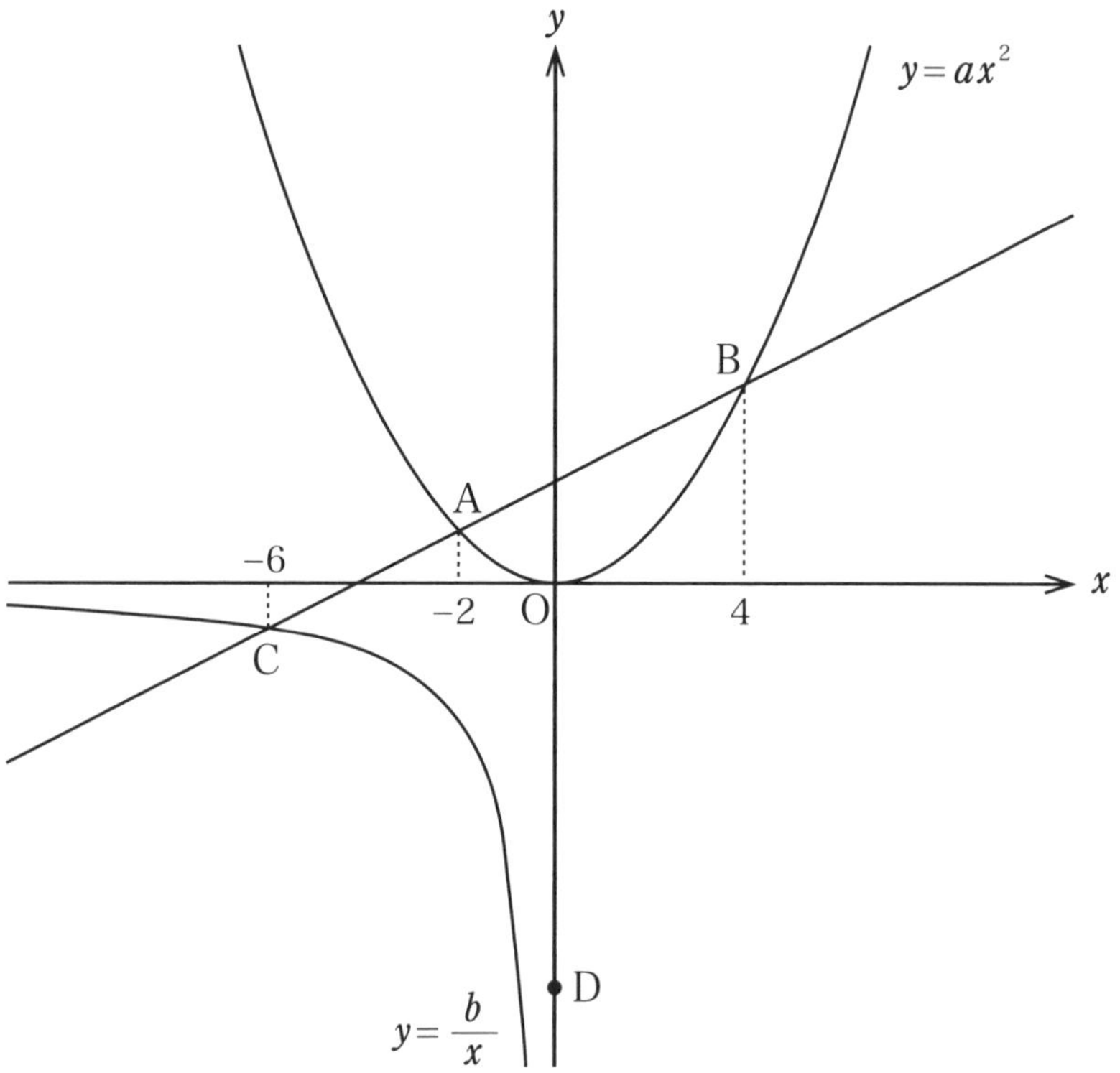

(1)　a，b の値はそれぞれ，$a=\frac{\boxed{ア}}{\boxed{イ}}$，$b=\boxed{ウ}$ である。

(2)　四角形 OACD の面積が 46 のとき，点 D の座標は $\left(0,-\boxed{エ}\boxed{オ}\right)$ である。

(3)　四角形 OACD の面積と△ODB の面積の比が 5：3 のとき，点 D の座標は $\left(0,-\boxed{カ}\boxed{キ}\right)$ である。

問9　本文の内容と一致するものとして最もふさわしいものを次から選びなさい。

（解答番号15）

ア　母は長岡に住んでいて、京で一人暮らしをしている男とは何年も全く会えずに寂しく過ごしていた。その母から男の体調を気遣う手紙が届いた。

イ　男は京で宮中での職務のため、長岡にいる母と会える機会がすくなかった。男は年老いて病気がちの母の身の上を心配して手紙を送った。

ウ　母は長岡に住んでいて、男は京で宮中での職務のため、なかなか母に会いにいく事が出来なかった。母は男を想い、死ぬ前に会いたいとの手紙を送った。

エ　母は長岡に住んでいて、病気がちで長生きすることが出来ない。心配した男は母に会いに行きたかったが、職務のためかなわず、母の身の上を心配する手紙を送った。

問5　⑪――「人の子」とは誰のことですか。最もふさわしいものを問4の選択肢から選びなさい。**（解答番号7）**

問6　①――「身はいやしながら」、④――「えまうでず」、⑤――「いとかなしうしたまひけり」、⑨――「さらぬ別れ」、⑩――「なくもがな」の口語訳として最もふさわしいものをそれぞれ選びなさい。

①「身はいやしながら」**（解答番号8）**

ア　その男は官位が低かったが
イ　その男の身なりは粗末であったが
ウ　その男は心が卑しかったのであるが
エ　その男の自分の性格は下品だったが

④「えまうでず」**（解答番号9）**

ア　宮中から退出することは難しかった
イ　長岡へうかがうことはしなかった
ウ　母の元へうかがうことは出来なかった
エ　長岡へ参上することは難しかった

⑤「いとかなしうしたまひけり」**（解答番号10）**

ア　とてもかわいい姿になさった
イ　たいそうお可愛がりなさった
ウ　大変かわいそうだとお思いになった
エ　とても悲しいとお思いになった

⑨「さらぬ別れ」**（解答番号11）**

ア　決別　　イ　生別
ウ　別離　　エ　死別

⑩「なくもがな」**（解答番号12）**

ア　ないだろうか　　イ　あるだろうか
ウ　ないといいなぁ　　エ　ないにちがいない

問7　『伊勢物語』の説明として最もふさわしいものを次から選びなさい。**（解答番号13）**

ア　平安時代に紫式部が書いた長編の物語
イ　平安時代に紀貫之が書いた日本最古の物語
ウ　平安時代に成立した最初の短編の物語
エ　平安時代に成立した在原業平を主人公にした歌物語

問8　和歌A・Bの説明として最もふさわしいものを次から選びなさい。**（解答番号14）**

ア　Aの和歌は、死期の近い母が息子に会いたいとの気持ちが詠まれている。Bの和歌は、Aの和歌の内容に安堵すると共に母に長生きしてほしいとの子どもの気持ちが詠まれている。
イ　Aの和歌は、死期の迫っている母が子どもに会えない悲しみが切実に表現されている。Bの和歌には、私も長生きをするので母にも長生きしてほしいとの思いを読んでいる。
ウ　Aの和歌には、子どもとの再会を望む気持ちは永遠に続くと死後の世界のことまで詠まれている。Bの和歌は、母よりも先に死んでしまう息子の無念の思いが詠まれている。
エ　Aの和歌には、母の子どもと再開できる喜びの思いが切々と表されている。Bの和歌には、母のこれからの幸せを祈る子どもの純粋な愛情が示されている。

問十三 〜〜A〜Dの各空欄に当てはめるのに最もふさわしいものをそれぞれの選択肢より選び記号をマークしなさい。**（解答番号20、21、22、23）**

A ア 撫《な》で下ろした イ 詰まらせた ウ 躍らせた エ 突かれた

B ア とっさに イ おそるおそる ウ 念のために エ 殊更《ことさら》に

C ア 何気ない イ 素っ気ない ウ 味気ない エ 意味のない

D ア 十 イ 百 ウ 千 エ 万

三 次の文章を読んであとの問いに答えなさい。

昔、男ありけり。①身はいやしながら、母なむ宮※1なり［ A ］。その時、長岡※2といふ所に②住みたまひけり。子は京に宮仕へしければ、③まうづとしけれど、しばしば④えまうでず。ひとつ子※3にさへありければ、⑤いとかなしうしたまひけり。さるに、⑥十二月ばかりに、とみのこと※4とて御文あり。⑦おどろきて見れば、歌あり。

A 老いぬればさらぬ※5別れ⑧のありといへばいよいよ見まくほしき君かな

かの子、いたうち泣きてよめる。

B 世の中に⑨さらぬ別れの⑩なくもがな千代もと祈る⑪人の子のため

（『伊勢物語』より）

※1 宮… 宮様・内親王。（天皇の子ども）
※2 長岡… 京都府長岡市。平安京に遷都される前に都がおかれていた。
※3 ひとつ子… 一人っ子。
※4 とみのこと… 急なこと。
※5 さらぬ… 避《さ》ら＋ぬ で 避けられないの意。

問1 ［ A ］に入る言葉として最もふさわしいものを次から選びなさい。**（解答番号1）**

ア けら イ けり ウ ける エ けれ

問2 ⑥――「十二月」の読みとして最もふさわしいものを次から選びなさい。**（解答番号2）**

ア 卯月《うづき》 イ 師走《しはす》 ウ 葉月《はづき》 エ 長月《ながつき》

問3 ⑧――「の」と同じ意味・用法のものとして最もふさわしいものを次から選びなさい。**（解答番号3）**

ア 今は昔、竹取の翁といふものありけり。
イ 百千の家も出できなん。
ウ 夏は夜。月のころはさらなり。
エ 雪の降りたるは言ふべきにあらず。

問4 ②――「住みたまひけり」**（解答番号4）**、③――「まうづとしけれど」**（解答番号5）**、⑦――「おどろきて見れば」**（解答番号6）**の主語として、最もふさわしいものをそれぞれ次から選びなさい。

ア 男 イ 母 ウ 帝 エ 父

エ　古い因習に固執する父に対し、現実的で合理的な生き方を指し示す啓蒙《けいもう》的な態度。

問10　⑩――「奥の間の方から猫がニャンと啼いてのそ〱やって来た～母と弟とはドッと笑い出した。恭三は黙って居った」の部分から読み取るべきこととして最も適切なものを次の選択肢より選び記号をマークしなさい。**（解答番号16）**

ア　手紙のことでただでさえ腹を立てていた父が、猫にまでからかわれ家族に当たり散らしたのを、母と弟が冷笑するという家族の不協和音が露呈している。

イ　夫婦の口論に息子が仲裁に入り、飼い猫の登場でその場があっさり和むような家族の日常からは、恭三が門外漢であることを見せつけられている。

ウ　犬ならぬ猫も食わない「夫婦喧嘩」を息子がなだめ、一瞬の嵐もたちまち元の日常に戻る家族というものの温かさに、恭三の心も癒されている。

エ　恭三の対応のせいとはいえ猫にまで当たり散らす父の剣幕を、自分たちには無関係とばかりに義母と弟がせせら笑うことに恭三が言葉を失っている。

問11　（1）⑪――『私の手紙は言文一致《はなし》で～』という恭三の考え方に対し、文字を読めない父が手紙に求めることはどのようなことか。次より最もふさわしいものを選び記号をマークしなさい。**（解答番号17）**

ア　内容自体より、書いた人の言葉遣いや自分へ贈られる気持ちの表れを、節をつけたような流暢な読み方で読まれるのが聞きたい。

イ　文字の読めない者にはどんな些細な内容も省くことなくすべてつまびらかにしてくれた上に、こちらの質問にも一々答えて欲しい。

ウ　同じ内容でも書き方の違いや、読み手の読み方による様々な表現の違いの面白さを味わいたい。

エ　金を送ってくれっていう以外何も内容のない手紙ではなく、本当は親への感謝の言葉やねぎらいの言葉が書かれた手紙を読みたい。

（2）（1）の答えを踏まえ、文中の空欄Eにふさわしい漢字一字を次より選び、記号をマークしなさい。**（解答番号18）**

ア　文　　イ　話　　ウ　歌　　エ　絵

問12　⑫――「何とも言われぬ妙な気持」とあるが、恭三のこの気持ちとはどのようなものか。次より最もふさわしいものを選び記号をマークしなさい。**（解答番号19）**

ア　自分の手紙は言文一致だといった恭三の言葉に完全に感情をこじらせた父の怒りに、恭三は取り付く島もなく今更どうなだめて良いか分からず呆然としている。

イ　無学な父や父の再婚後の家庭を疎ましく思ってきたが、父の自分に対する素朴な情愛を知らされ、知的世界を一途《いちず》に拠《よ》り所としてきた自分の考えの身勝手さをふと思い知らされている。

ウ　恭三の合理的な考えを最後まで理解できず、古い共同体の中での社交辞令にいつまでもこだわり、また手紙程度の簡単な文字さえ読もうとしなかった父に諦めと絶望を感じている。

エ　学費を要求する恭三の手紙のことを引き合いに出され、今の自分では解決できないことを盾に取って責めてくる父の、ひとの弱みに付け込む態度に怒りを覚えている。

のこの不服な気持ちを構成している要素としてあてはまるものをすべてマークしなさい。（完答）**（解答番号9）**

ア　浅七の怠慢は叱らないくせに、自分にばかり用事を押し付けるのは不公平だ。

イ　文字の読めない父に手紙が来て手紙の来るべき自分に手紙が来ないことが面白くない。

ウ　人に読んでもらう立場の父が、逆にいきなり居直って怒り出したのが不服だ。

エ　特に何の用件もない手紙をなんで知識人の自分が読んでやらなきゃいけないのか。

オ　父親を怒らせてしまった以上、今更父の機嫌を伺って父との関係をとりなすのも煩わしい。

問7　⑦――「呼吸がせわしくなって胸がつかえる様であった。腋《わき》の下に汗が出た」とあるが、恭三をこのような精神状態に追い込んだものを次のア～エのように列挙した時、恭三の想起した順に記号を並べ替えなさい。（完答）

（解答番号10、11、12、13）

ア　鼻につく灰の匂い、うっとおしい蚊の羽音が恭三の苛立つ神経を更に逆撫でする。

イ　浅七の代わりに自分が蚊に刺され、父の手紙などという何の意味もないものを浅七の代わりに大学生の自分が読まされることになった。

ウ　知的な大学生としての尊重を受けないばかりか三人家族の関係から弾《はじ》かれている自分を思い知らされる。

エ　義母が何気なく言った「浅七が蚊帳に入ってから（手紙が）来たもんじゃさかい読まなんだのやわいの」という浅七を庇《かば》う言葉を聞く。

問8　⑧――「恭三は両方共読み終えたが、不図《ふと》した心のはずみで妙に間拍子《まびょうし》が悪くなって」とあるが、恭三が父親宛の手紙を読んだ時、彼の胸中にはどんなことが兆したと考えられるか。次よりあてはまるものをすべてマークしなさい。（完答）

（解答番号14）

ア　どちらも古い共同体内の特段意味の無い社交辞令に過ぎないが、そこには人と人との懐かしく慕わしい関係がにじみ出ている。

イ　知識人の自分には学友からの返信は無いのに、文字の読めない父にはこの稚拙ながら温かい手紙が来た。

ウ　父は自分には冷たいのに、意外にもこんなに地元の人々から信頼されていたのが面白くない。

エ　こんな田舎の共同体の繋がりが、家族からの疎外感の上に一層の孤独を突きつけてくる。

オ　こんな内容のない手紙を読んでやっても意味がない、早く部屋に入って自分の時間を過ごしたい。

問9　⑨――「でも一つは暑中見舞だし、一つは長々お世話になったという礼状ですもの。他に言い様がないじゃありませんか」とあるが、恭三は三度も「読まない理由」をこのように父に言っている。それは父に対するどんな態度だと言えるか。次より最もふさわしいものを選択肢より選び記号をマークしなさい。

（解答番号15）

ア　内容の無い形式的な手紙の無意味さを伝えることで父に本当の手紙の意義を分からせようとする態度。

イ　酒によって癇癪《かんしゃく》を起こした父に手紙の趣旨だけは伝え、この場を凌《しの》ごうとする態度。

ウ　手紙に合理性を強調することで大学生としての知性を振りかざし、文字を読めない父を見下す態度。

問2　②――「夕飯後に村を一周して来る」とあるが、その行為には、この後の～～～部「郵便は一日に一度午後の八時頃に配達して来る～楽みながら帰るのが常であった」という理由以外に、どのような理由があるのか。次の中で最も適切なものの記号をマークしなさい。**（解答番号2）**

ア　夜の退屈を紛らす時間つぶしのため。
イ　暑さや蚊の多さで勉強がはかどらない焦りを鎮《しず》めるため。
ウ　友人への手紙に書く題材を見つけるため。
エ　夕食後の父・義母・弟との団欒《だんらん》の時間を共にしたくないため。

問3　③――「端書に二字か三字の熟語の様なものを書いて送る」とあるが、それは何のためか。次の中で最も適切なものの記号をマークしなさい。**（解答番号3）**

ア　あまりにも見慣れた景色ばかりでもう他に身辺に題材を見つけられなくなったため。
イ　漢籍の教養を示して自分が知的な相手であるのを友人にアピールするため。
ウ　友情が変わらぬものであることを熟語に込めて伝えたいため。
エ　友人の歓心を買うような言葉をあえて書いて友人からの応答を得るため。

問4　④――「家のものは今、[i]の中に入った所らしかった」について、

（1）[i]にふさわしい言葉を次より選び記号をマークしなさい。**（解答番号4）**

ア　家　　イ　部屋　　ウ　蚊帳《かや》　　エ　布団《ふとん》

（2）ここからは字義通りの意味以外に、恭三が置かれた状況を物語る慣用句である「[i]の[ii]」を読み取ることができるが、[ii]に入れるべき漢字一字を次より選び記号をマークしなさい。**（解答番号5）**

ア　内　　イ　外　　ウ　上　　エ　下

（3）また、この慣用句が表す意味として正しいものを次より選び記号をマークしなさい。**（解答番号6）**

ア　違和感　　イ　嫌悪感　　ウ　寂寥感　　エ　疎外感

問5　⑤――「恭三は不平そうに言った」のはなぜか。その不愉快の原因の最も中心となるものを次より選び記号をマークしなさい。**（解答番号7）**

ア　父が、特段用事は書いていないとわかっていながら父に来た手紙を読んでくれと頼んできたこと。
イ　普段威張っている父が、手紙を読んでもらいたいばかりに嫌らしいまでに下手に出てきたこと。
ウ　弟の浅七が、薄情にも父のために手紙を読んでやらなかったこと。
エ　父が可愛がっている浅七が読めば済んだのに、こんな時ばかり父が自分をあてにしてくること。

問6　⑥――「恭三はハッとした。意外なことになったと思った。が妙な行きがかりで其儘《そのまま》あっさり読む気にはなれなかった」とあるが、

（1）恭三が「ハッとした。意外なことになったと思った」のはどのような事実に対してか。次の中で最も適切なものの記号をマークしなさい。**（解答番号8）**

ア　父がいつもは浅七に読ませる手紙を、今日に限ってどういう訳か恭三に読ませようとしたこと。
イ　父へのぞんざいな気持ちが恭三の態度に現れたのを父が見逃さず、思いの外父の機嫌を損ねてしまったこと。
ウ　いつもは優しい父が、手紙を読んでやるのを渋ったくらいで突然豹変して怒り出したこと。
エ　恭三には手紙の返事が来ないのに、文字も読めない父親に手紙が来たこと。

（2）「が妙な行きがかりで其儘《そのまま》あっさり読む気にはなれなかった」とあるが、恭三

「まるで心狂《しんきょう》のようやが。」と母は稍々《やや》小さな声で言った。

⑩奥の間の方から猫がニャンと啼《な》いてのそ〳〵やって来た。それで父親は益々癪《ますますしゃく》に触ったと見えて、

「屁糞喰らえ!」と呶鳴《どな》りつけた。

母と弟とはドッと笑い出した。恭三は黙って居った。猫は恭三の前に一寸立ち止って、もう一度ニャンと啼いてすと〳〵と庭に下りて行った。父親は独言《ひとりごと》の様に、

「己りゃこんな無学なもんじゃさかい、愚痴やも知れねど、手紙というものはそんなもんじゃないと思うのじゃ。同じ暑さ見舞でも種々《いろいろ》書き様があろうがい。大変暑くなったが、そちらも無事か私も息災《そくさい》に居る。暑いさかい身体を大切にせいとか何とか書いてあるじゃろうがい、それを只だ一口に暑さ見舞じゃ礼手紙じゃと言うた丈《だけ》では、聞かして貰う者がそれで腹がふくれると思うかい。お前等みたいに眼の見える者なら、それで宜いかも知れねどな、こんな※明盲《あきめくら》には一々詳しく読んで聞かして呉れるもんじゃわい。」大分優しく意見する様に言った。

恭三も最早争うまいと思ったが、

「だってお父様、こんな拝啓とか頓首《とんしゅ》とかお定《きま》り文句ばかりですもの、いくら長々と書いてあっても何にも意味《わけ》のないことばかりですから、そんなことを一々説明してもお父様には分らんと思ってあゝ言ったのですよ。悪かったら御免下さい。」

「分らんさかい聞くのじゃないか。お前はそう言うがそりゃ負《まけ》惜しみというものじゃ、六《むつ》かしい事は己等《おれら》に分らんかも知れねど、それを一々、さあこう書いてある、あゝ言うてあると[E]でも読む様にして片端から読うで聞かして呉れりゃ嬉しいのじゃ。お前が他人に頼まれた時に、それで宜いと思うか考えて見い。無学な者ちゅう者は何にも分らんとって、一々聞きたがるもんじゃわい。分《わか》らいでも皆な読うで貰うと安心するというもんじゃわい。」と少し調子を変えて、「お前の所から来る手紙は、金を送って呉れって言うより外ね何もないのやれど、それでも一々浅七に初めから読ますのじゃ。それを聞いて己でも、お母さんでも心持《こころもち》よく思うのじゃ。」

「そりゃ⑪私の手紙は言文一致《はなし》で、其儘《そのまま》誰が聞いても分る様に……」と皆まで言わぬ中《うち》に、

「もう宜い!!」と父親は鋭く言い放った。そして其後何とも言わなかった。

恭三は⑫何とも言われぬ妙な気持になって尚《な》お暫くたって居たが、やがて黙って自分の部屋へ行った。

(加能作次郎『恭三の父』より「手紙」)

※明盲《あきめくら》・・・「めくら」は現代では差別用語。ここでは父が文盲《もんもう》(文字が読めないこと)であることをこのように言っているが、作品のオリジナル性を尊重しそのまま掲載した。

問1 ①――とあるが、恭三が「夫々《それぞれ》故郷へ帰って居る友達へ手紙を書く」理由として、正しいものを次の選択肢よりすべてマークしなさい。(完答)

(解答番号1)

ア 元々手紙を書いたり読んだりするのは億劫《おっくう》で性《しょう》に合わないが、田舎では勉強などはかどらず話相手になる友人もいない毎日の退屈さを、身辺雑記をすることで紛らすため。

イ 田舎じみた郷里の実家に自分の居場所は無いことを突き付けられるにつけ、東京の学友との知的なやり取りこそが自分の居場所だと彼らへの手紙にのめりこんでいるから。

ウ せっかく親しくなった東京の学友と離れていることでこのまま忘れられてしまうのではと恐れ、他愛のないことでも毎日便りを送って友人との交流を何とか繋《つな》いで置こうとするため。

エ 標準語の「言文一致」で手紙を書き記し、またそのように書かれた自分への便りを読んでいる時は、郷里の方言が示す古い共同体に引き戻される不快感から解放されるから。

「蚊が居って呉れねば、本当に極楽やれど。」と母は毎晩口癖の様に言うことを言った。

恭三は何時《いつ》までも黙って居るので、父は、

「読んだかい？」

「え、読みました。」と明瞭《はっきり》と答えた。

「何と言うて来たかい。」

「別に何でもありません。八重さのは暑中見舞いですし、弟様のは礼状です。」

「それだけか？」

「え、それッ限《きり》です。」

「ふーむ。」

恭三の C［　　］返事がひどく父の感情を害したらしい。それに今晩は酒が手伝って居る。それでも暫《しばら》くの間は何とも言わなかった。やがてもう一度「ふーむ」といってそれから独言《ひとりごと》の様に「そうか、何ちゅうのー。」と不平らしく恨めし相《そう》に言った。

恭三は父の心を察した。済まないとは思ったが、さて何とも言い様がなかった。

「もう宜い、もう宜い、お前に読んで貰《もら》わんわい、これから……。へむ、何だい。あんまり……。」

恭三はつとめて平気に、

「このお父さまは何を仰有《おっしゃ》るんです。何も別にそれより外のことはないのですよ。」

父は赫《かっ》と怒った。

「馬鹿言えッ！　それならお前に読《よ》うで貰わいでも、己《お》りゃちゃんと知っとるわい。」

「⑨でも一つは暑中見舞だし、一つは長々お世話になったという礼状ですもの。他に言い様がないじゃありませんか。」

「それだけなら、おりゃ眼が見えんでも知っとるわい。先刻《さきがた》郵便が来たとき、何処から来たのかと郵便屋に尋ねたのじゃ、そしたら、八重さ所からと、弟様とこから来たのやと言うさかい、そんなら別に用事はないのや、はヽん、八重さなら時候の挨拶やし、弟様なら礼手紙をいくいたのやなちゅうこと位はちゃんと分っとるんじゃ。お前にそんなことを言うて貰う位なら何も読うで呉れと頼まんわい。」

「だって……」

「もう宜い、宜いとも！　明日の朝浅七に見て貰うさかい。さア寝て呉れ、大《でか》い御苦労でござった。」と皮肉に言った。

こう言われると恭三も困った。黙って寝るわけにも行かぬし、そうかと言って屈従《くつじゅう》する程淡白でもなかった。こヽで一寸《ちょっと》気を変えて、「悪うございました。」と一言謝ってそして手紙を詳しく説明すれば、それで何の事もなく済んで了《しま》うのであることは恭三は D も承知して居たが、それを実行することが頗《すこぶ》る困難の様であった。妙な羽目に陥って蚊にさされながら暫くモジモジして居た。

「じゃどう言うたら宜いのですか？」と仕方なしに投げだす様に言った。

「己りゃ知らんない。お前の心に聞け！」

今まで黙って居た母親は此時《このとき》始めて口を出した。

「もう相手にならんと、蚊が食うさかい、早う蚊帳《かや》へ入らっしゃい。お父さんは酔うとるもんで、又いつもの愚痴が始まったのやわいの。」

「何じゃ！　おれが酔うとる？　何処に己りゃ酔うて居るかいや。」

「そうじゃないかいね、お前様、そんなね酔うて愚痴を言うとるじゃないかね。」

「何時《いつ》愚痴を言うたい？　これが愚痴かい。人に手紙を読うでやるのに、あんな読方《よみかた》が何処の国にあろい？」

「あれで分ってるでないかいね、執拗《しつこ》い！」

「擲《たた》きつけるぞ！　貴様までが……」と父は恐しい権幕《けんまく》になった。枕でも投げようとしたのか、浅七は、

「父様《とうと》何するがいね、危い。……この母様《かあか》また黙って居らっされかア。」と仲裁する様に言った。

今夜も矢張《やはり》そうであった。
④家《うち》のものは今、[i]の中に入った所らしかった。納戸《なんど》の入口に洋灯《ランプ》が細くしてあった。
「もう寝たんですか。」

「寝たのでない、横に立って居《お》るのや。」と弟の浅七が洒落《しゃれ》をいった。

「起きとりゃ蚊が攻めるし、寝るより仕方がないわいの。」と母は[i]の中で団扇《うちわ》をバタつかせて大きな欠伸《あくび》をした。

恭三は自分の部屋へ行こうとして、

「手紙か何か来ませんでしたか。」と尋ねた。

「お、来とるぞ。」と恭三の父は鼻のつまった様な声で答えた。彼は今日笹屋の土蔵の棟上に手伝ったので大分酔って居た。

手紙が来て居ると聞いて恭三はA胸を[　　]。

「えッ、どれッ!!」慌てて言って直《す》ぐに又、「何処《どこ》にありますか。」と努めて平気に言い直した。

「お前のとこへ来たのでない。」

「へえい……。」

急に張合《はりあい》が抜けて、恭三はぼんやり広間に立って居た。一寸《ちょっと》間を置いて、

「家《うち》へ来たんですか。」

「おう。」

「何処から？」

「本家《おもや》の八重さのとこからと、清左衛門の弟様《おっさま》の所から。」と弟が引き取って答えた。

「一寸《ちょっと》読んで見て呉《く》れ、別に用事はないのやろうけれど。」と父がやさしく言った。

「浅七、お前読まなんだのかい。」
⑤恭三は不平そうに言った。
「うむ、何も読まん。」

「何をヘザモザ言うのやい。浅七が見たのなら、何もお前に読んで呉れと言わんない!!　あっさり読めば宜《よ》いのじゃないか。」

父親の調子は荒かった。
⑥恭三はハッとした。意外なことになったと思った。が妙な行きがかりで其儘《そのまま》あっさり読む気にはなれなかった。それで、
「何処にありますか。」と大抵其《その》在所が分って居たがB[　　]尋ねた。

父は答えなかった。

「炉縁《ろぶち》の上に置いてあるわいの。浅七が蚊帳に入ってから来たもんじゃさかい、読まなんだのやわいの。邪魔でも一寸読んで呉《く》んさい。」と母は優しく言った。

恭三は洋灯を明るくして台所へ行った。炉縁の角の所に端書と手紙とが載って居た。恭三は立膝のまゝでそれを手に取った。

生温《ぬる》い灰の香が鼻についた。蚊が二三羽耳の傍《そば》で呻《うな》った。恭三は焦立《いらだ》った気持になった。⑦呼吸がせわしくなって胸がつかえる様であった。腋《わき》の下に汗が出た。

先《ま》ず端書を読んだ。京都へ行って居る八重という本家の娘からの暑中見舞であった。手紙の方は村から一里余離れた富来《とぎ》町の清左衛門という呉服屋の次男で、つい先頃七尾《ななお》の或る呉服屋へ養子に行った男から来たのであった。彼は養子に行く前には毎日此《この》村へ呉服物の行商《ぎょうしょう》に来た男で、弟様《おっさま》といえば大抵誰にも通ずる程此村に出入《でいり》して居た。恭三の家とは非常に懇意《こんい》にして居たので、此処《ここ》を宿にして毎日荷物を預けて置いて、朝来てはそれを担《にな》って売り歩いた。今度七尾へ養子に行ったのについて長々厄介になったという礼状を寄越《よこ》したのであった。
⑧恭三は両方共読み終えたが、不図《ふと》した心のはずみで妙に間拍子《まびょうし》が悪くなって、何でもない事であるのに、優しく説明して聞かせることが出来にくいような気持になった。で何か言われたら返事をする積りで煙草に火をつけた。
蚊が頻《しき》りに攻めて来た。恭三は大袈裟《おおげさ》に、

「非道《ひど》い蚊だな！」と言って足を叩いた。

問13　(ａ)～(ｆ)‖部分のカタカナと同じ漢字を後より選び、解答欄にマークしなさい。**（解答番号19～24）**

(ａ)根カン
ア　警察カンを呼ぶ　　イ　戴カン式に出席する
ウ　親にカン当される　　エ　忘年会のカン事

(ｂ)円カツ
ア　資源が枯カツする　　イ　試合でカツ躍する
ウ　鳥がカツ空する　　エ　国交省の管カツである

(ｃ)スイ行
ア　都がスイ退する　　イ　生スイの江戸っ子である
ウ　殺人未スイの罪　　エ　詩をスイ敲する

(ｄ)剥ダツ
ア　ダツ三振記録　　イ　君にはダツ帽する
ウ　先ダツに学ぶ　　エ　ご鞭タツください

(ｅ)無イ
ア　虎のイを借る狐　　イ　人イを超えた存在
ウ　特イな存在である　　エ　イ怖の対象である神

(ｆ)発キ
ア　仕事がキ道にのる　　イ　決キ集会を開く
ウ　先頭で指キをとる　　エ　キをてらう

二　次の小説を読み後の問いに答えなさい。

明治三十年代、地方の北陸から東京の大学（早稲田大学）に苦学して入学した恭三は、夏休みで郷里の石川県・能登の実家に帰省した。恭三の上京後は、実家は父・浅次郎と、恭三の母の死後父がすぐに再婚した義母、父と義母の間に生まれた弟・浅七との三人暮らしであった。恭三は帰省中も既に東京の学友との知的な交流が恋しく、田舎の生活に退屈と軽蔑を感じ、毎日友人からの音信を心待ちにしていた。

恭三は夕飯後例の如く村を一周して帰って来た。

帰省してから一カ月余になった。昼はもとより夜も暑いのと蚊が多いのとで、予《かね》て計画して居た勉強などは少しも出来ない。話相手になる友達は一人もなし毎日毎日単調無味な生活に苦しんで居た。仕事といえば昼寝と日に一度海に入るのと、①夫々《それぞれ》故郷へ帰って居る友達へ手紙を書くのと、こうして②夕飯後に村を一周して来ることであった。彼は以上の事を殆《ほとん》ど毎日欠かさなかった。中にも手紙を書くのと散歩とは欠かさなかった。方々に居る友達へ順繰《じゅんぐり》に書いた。大方端書《はがき》であった。彼は誰にも彼にも田舎生活の淋しい単調なことを訴えた。そして日々の出来事をどんなつまらぬ事でも書いた。隣家の竹垣に蝸牛《かたつむり》が幾つ居たということでも彼の手紙の材料となった。何にも書くことがなくなると、③端書に二字か三字の熟語の様なものを書いて送ることもあった。こんなことをするのは一つは淋しい平凡な生活をまぎらすためでもあるが、どちらかと言えば友達からも毎日返事を貰いたかったからである。友達からも殆ど毎日消息があったが時には三日も五日も続いて来ないこともあった。そんな時には彼は堪《たま》らぬ程淋しがった。郵便は一日に一度午後の八時頃に配達して来るので彼は散歩から帰って来ると来ているのが常であった。彼は狭い村を彼方《あちら》に一休み此方《こちら》に一休みして、なるべく時間のかゝる様にして周《まわ》った。そして帰る時には誰からか手紙が来て居ればよい、いや来て居るに相違ないという一種の予望を無理にでも抱いて楽《たのし》みながら帰るのが常であった。

問9 ⑦――「システムからの要請で歪んでしまっている時間志向を補正するもの」とはどのようなことをいっているのか。それについて説明した次の文の空欄にあてはまることばとして最もふさわしいものをあとの選択肢より選びそれぞれ記号をマークしなさい。**(解答番号13・14(順不同)・15)**

〈近代の「時間」に関わる規範にかぶれ、[a]や[b]をないがしろにしがちな偏った時間への志向を、人間が本来持つ[c]時間の感覚を取り戻すようなもの〉

ア 過去　イ 現在　ウ 未来　エ 人生　オ 規範
カ 一方通行の直線的　キ 往来する柔軟な　ク 人によって異なる

問10 [Z]には近代的時間の特徴を端的に示した語があてはまる。最もふさわしいものを次より選び記号をマークしなさい。**(解答番号16)**

ア 不可逆　イ 不可避　ウ 恣意　エ 断続

問11 ⑧――「近代社会は基本的に未来志向の社会である」とあるが、「未来志向」であることにはどのようなデメリットがあるのか。ふさわしいものを次から二つ選び記号をマークしなさい。**(解答番号17)**

ア 先の見えない不安感を誘発しやすい不景気の社会において、すぐに結果を求める短絡的思考を持ち、継続的な努力を要する活動を忌避する風潮が広まる。
イ 抑圧への反発を誘発しやすい不景気の社会において、未来を志向すべきという社会からの強制の反動として、「古き良き時代」への郷愁に支配される風潮が広まる。
ウ 暗く陰鬱な気分を誘発しやすい不景気の社会において、過去の出来事にとらわれて身動きできない状況にありながらも、無理やりに未来に希望を抱くことで解消しようとする風潮が広まる。
エ 楽観主義的思考を誘発しやすい好景気の社会において、現在すべきことを先延ばしにする怠惰な態度を生み出し、今さえ楽しければ良いという風潮が広まる。
オ 希望的観測を誘発しやすい好景気の社会において、自らの軌跡ともいえる過去を軽視し、未来を展望する思いばかりが先行してしまうという風潮が広まる。

問12 本文の内容と合致しないものを次よりひとつ選び記号をマークしなさい。**(解答番号18)**

ア [9]・[10]段落では、近代において我々が獲得した人生に関わる様々な「自由」が挙げられ、その中で「時間の使い方の自由」もやはり人生デザインにおいて最も重要な「自由」のひとつであることを述べている。
イ [16]段落の「お先に帰らせていただきます」という台詞《せりふ》は、社会システムに反旗を翻《ひるがえ》そうという力強い宣言であるが、現代ではそれがほとんど不可能であるということを示すための例として挙げられている。
ウ [20]段落の「五箇条の御誓文」は「夢を抱いて未来を希求すべきである」という未来志向の例として示されている。
エ [20]段落の、近代社会の「過去を振り返ることを無意味なこと、ネガティブなこととして切り捨てる」という発想はまさに止まることなく前に進み続ける時計の在り方そのものであり、時計は近代の時間意識を具現化した機械であるといえる。
オ [21]段落末の「よけいなお世話かもしれないが」という一言は、[12]段落「自由時間に何をするべきかを論じるのはよけいなお世話である」に対応させた皮肉である。

と認識している社会という限りでその「平等性」を担保されるものである。

ウ　本質的には「平等な資源」で間違いないが、「資源」である以上、その価値は状況によって変化するもので、厳密には「平等」とはいえない資源である。

エ　表向きは「平等な資源」とされるが、実際には社会的弱者の時間は強者から搾取される側面も持つという矛盾をはらんだ「不平等な資源」である。

（2）前問の時間の「平等性」と同じ状況が「時間」の他の側面にもあらわれる。それについて説明した次の文の空欄にあてはまることばとして最もふさわしいものをあとの選択肢より選びそれぞれ記号をマークしなさい。**（解答番号5・6）**

〈［a］時間に［b］が介入する状況にも、時間の「平等性」において説明されたものと同じ、近代の「時間」がもつ特殊な性質がみられる〉

ア　労働　イ　生活　ウ　権力　エ　主体　オ　自由

カ　平等　キ　他者

問5　④――「生まれたあとの人生の自由度は、近代社会において格段に大きくなった」とあるが、ここで近代人が獲得した「自由」とは異なる「自由」が含まれるものを〰〰㋐～㋓より選び記号をマークしなさい。**（解答番号7）**

問6　⑤――「制度のなかで強制されている活動を一時的に停止すること、『休む』こと」とあるが、「休む」ことには字義通り「身体を休める」ことの他にどのような意味があるのか。それについて説明した次の文の空欄にあてはまることばとして最もふさわしいものをあとの選択肢より選びそれぞれ記号をマークしなさい。

（解答番号8・9・10）

〈自由時間は単に「休む」だけではなく、社会システムへの［a］状態から距離をとって個人の［b］性を担保するためにも、［c］自分のしたいことをする時間であるべきだ。〉

ア　隷属　イ　抵抗　ウ　特権　エ　自律　オ　固有

カ　システムの要請と無関係に

キ　システムとのバランスを保ちながら　ク　システムに追随しつつ

問7　⑥――「声をそろえて歌っている光景を想像すると、なんとも不気味である」とあるが、このような光景に現代の「われわれ」が「不気味」さを感じる理由を説明したものとして最も適当なものを次より選び記号をマークしなさい。

（解答番号11）

ア　時計は近代の規範そのものであり、それを暗に示した歌詞を全校生徒が歌う姿は、彼らが揃って一義的な価値観を持っていることを示唆するから。

イ　「歌う」という行為は身体的な記憶装置によって、子どもたちに人間が機械であるかのような意識を植え付け、洗脳している印象をうけるから。

ウ　声をぴたりと揃えて楽しげに歌う子どもの従順さに、近代以降の人間が失ってしまった集団への帰属意識をみた思いがするから。

エ　産業社会における労働力の養成機関としての学校で、時計のように働き続ける人間を「量産」している印象を受けるから。

問8　［Y］に補うべき内容として最もふさわしいものを次より選び記号をマークしなさい。**（解答番号12）**

ア　人間は機械的存在なのだ

イ　人間は機械とは違うのだ

ウ　時間は一定には流れないのだ

エ　時間は止まることはないのだ

去を共有している昔の知り合いに久しぶりに連絡をとって旧交を温めたらどうだろう。ほかにもいろいろな活動が考えられるはずである。まずは自分の時間志向のありようを反省してみて、そのバランスを回復するにはどうしたらよいかを考えることから始めてみてはどうだろうか――よけいなお世話かもしれないが。

（大久保孝治「現代社会と自由時間」一部改変）

※アナーキー…無秩序・無権力・無支配。
※形而上学的議論…机上の空論。理屈は通っているが、実際には役に立たない議論。
※尋常小学読本唱歌…当時の国語の教科書の詩にメロディーをつけて曲にしたものが載っている音楽の教科書。
※「官武一途庶民ニ至ル迄、各其志ヲトゲ、人心ヲシテ倦マザラシメン事ヲ要ス」…官吏・武士、庶民にいたるまで、誰もが目指す夢（志）をとげ、国民が失望しないようにすべきだ、という程度の意。

問1　①――「労働市場だけではなく、家族という共同体においても、『時間を守る』ことは重要である」とあるが、それはなぜか。その理由について説明したものとして最もふさわしいものを次より選び記号をマークしなさい。**（解答番号1）**

ア　近代的家族は労働市場と同じように構成員がそれぞれ役割分業を担うことで「家族」の形を維持しているから。

イ　家族という共同体は構成員が揃って家族の時間を共有することによって共同体の絆を強固にし、それを維持してゆくから。

ウ　近代の家庭においては未来の労働力としての「子ども」を育てるという目的のため普段から時間に関するしつけ・教育が不可欠であるから。

エ　「他者」である個人が家族というひとつの共同体を築くことは「時間」という規定の共有によって可能となるから。

問2　②――「『時間を守れ』という規範の背後には、どの集団の時間を優先するのかという問題が存在している」とあるが、ここから読み取るべきこととして、最もふさわしいものを次より選び記号をマークしなさい。**（解答番号2）**

ア　「時間」が規範となり得るとき、その背後には必ず「優劣」の概念があり、産業社会において、より生産性の高い集団が優位性を保つことができるということ。

イ　「時間」が規範となり得るとき、その背後には必ず複数の「社会的自己」の存在があり、その中から真の自分を選択することを求められるということ。

ウ　「時間」が規範となり得るとき、その背後には必ず「集団」の存在があり、個人はそれに同調することが求められるということ。

エ　「時間」が規範となり得るとき、その背後には必ず「個人はそれぞれひとつの集団に属する」という前提があり、生涯特定のひとつの集団に従属していくことが推奨されるということ。

問3　［X］にあてはまる語として最もふさわしいものを次より選び記号をマークしなさい。**（解答番号3）**

ア　仲間　　イ　社会　　ウ　集団　　エ　個人

問4　③――「平等な資源としての時間の大切さを唱えることは、平等な社会という理念に抵触しないのである」について

（1）「平等な資源としての時間」の性質についての筆者の考え方を説明したものとして最もふさわしいものを次より選び記号をマークしなさい。**（解答番号4）**

ア　他の社会的資源とは異なり、資質や努力の有無に関わらず万人に等しく与えられているという点で「平等な資源」である。

イ　「平等な資源」としての時間は、我々が時間を貨幣と同じく価値のあるものだ

15 全国の小学生が教室で「かっちんかっちん」と⑥声をそろえて歌っている光景を想像すると、なんとも不気味であるが、それはいまのわれわれの感覚で、「とけい」（機械時計）は「汽車」や「電車」がそうであったように、到来しつつある産業社会のメディアであり、「時間を守れ」「時間を無駄にするな」という近代社会の根カンにかかわる規範の象徴であった。ここでは時計は産業社会の人間のメタファー（隠喩）である。「休む」ことは、［ Y ］ということを確認し、機械の歯車としてシステムに組み込まれ埋没してしまうことを拒否することである。

16 休めば心身は楽になる。しかし、「休む」ことは決して楽なことではない。上司や同僚が習慣的に残業（それもしばしばサービス残業）をしている職場で「お先に帰らせていただきます」と言うことが、休日出勤が常態化している職場で有給休暇をとることが、どれほど大変か、経験者でなくともわかるだろう。そこでは、「休む」ことは集団的戦闘状況からの一時的な戦線離脱である。職場の人間関係を良好に保ちたいとわれわれの多くは考えているから、休むに休めないのである。理不尽な話ではあるが、「休む」には決意がいるというのがわれわれの社会の現状である。そして、にもかかわらずではなく、まさにそれゆえに、そうした現状を変えるために、システムに対する個人の自律性を担保するために、決然として「休む」ことが大切なのである。

17 決然として「休む」として、制度的に強制されている活動を一時的に停止すること自体は本来制度的に要請されていることであるから、実質的には現状に対する抵抗であるとはいえ、形式的には遵法的な行為である。だからただ「休む」＝活動停止だけでは、システムに対する個人の自律性の発(f)キとしては弱いだろう。「休む」ことに加えて、システムが要請しているわけではないが、自分がやりたいからするという何らかの活動をすることで、自由時間は名実ともに個人に所属するものとなるだろう。

18 その活動はもちろん何でもよいわけだが、時間とのかかわりで考えると、⑦システムからの要請で歪んでしまっている時間志向を補正するものであることが肝要ではないかと考える。

19 人間とは本質的に時間的な存在で、将来に希望や不安を抱いてその実現や回避のために努力したり（未来志向）、いま目の前で起こっている事態に一喜一憂したり（現在志向）、過ぎ去った出来事を懐かしんだり悔んだりする（過去志向）。そうやって時間軸の上を行ったり来たりしながら生きている。人間の時間は物理的時間のように過去→現在→未来と一方的・［ Z ］的に流れているわけではない。

20 しかし、⑧近代社会は基本的に未来志向の社会である。明治天皇が発した明治政府の基本方針「五箇条の御誓文」（一八六八年）にある「※官武一途庶民ニ至ル迄《まで》、各其《その》志ヲトゲ、人心ヲシテ倦マザラシメン事ヲ要ス」とはまさにそうした未来志向の宣言であった。未来志向そのものは悪いものではないが、過度の未来志向は現在を未来に従属させ（欲求の充足の先延ばし）、過去を振り返ることを無意味なこと、ネガティブなこととして切り捨てる。経済が右肩上がりだった時代にはそういう風潮が広まっていた。ところが経済が右肩下がりの時代に入ると、ロングタームで未来を展望する未来志向は衰退し、ショートタームで成果を求める近視眼的な未来志向が台頭してきたり、将来の不安については考えないようにして現状に楽しみを求める刹那《せつな》主義的な現在志向が広まったり、過去を理想化して懐かしむ懐旧主義的な過去志向や、反対に過去のある出来事を取り返しのつかない負の出来事として認識しそれにとらわれるトラウマチックな過去志向が流行したりする。

21 このようにわれわれの時間志向は変化する社会経済的状況のなかで変形し、ややもするとバランスを失いがちである。こうしたアンバランスを補正するための活動こそ、自由時間に行うにふさわしいものではないだろうか。未来志向が不足している人は生活設計をしっかり立てて、その実現のための具体的活動をするようにしたらどうだろう。現在志向が不足している人は、一日一日を大切に自覚的に生きるために日記をつけるようにしたらどうだろう。過去志向が不足している人は、過

9 「自由時間」とは、自由に使用できる資源としての時間という意味である。平等と同じく、自由という理念もわれわれの社会では重要である。どこに生まれるか、地理的な意味でも、階層的な意味でも、子どもはそれを自分で決めることはできない。性別や健康などの身体的条件についても同じ。それは昔からそうだったし、いまでもそうである。たぶん、これからもそうだろう。しかし、④生まれたあとの人生の自由度は、近代社会において格段に大きくなった。どのような人生を生きようとそれは(ア)本人の自由である、とわれわれは考えている。思想の自由とか結社の自由とか、さまざまな自由があるが、普通の人々にとって決定的に重要な自由は、職業選択の自由と配偶者選択の自由であろう。仕事と結婚は生活＝人生のデザインを考えるうえでの二大要素である。

10 自分の所有する(イ)時間という社会的資源をどのように使うかについての自由も、これに負けず劣らず重要な自由である。この自由が(ウ)職業選択の自由や配偶者選択の自由に影響を及ぼすこともある。たとえば、ある人が会社勤めという労働の仕方を選択しないのは、会社に多くの時間を拘束されたくないためかもしれないし、ある人が結婚をしないのは、家庭に多くの時間を拘束されたくないためかもしれない。そこまで極端でなくとも、労働時間の長さ、労働の時間帯、休暇の取りやすさ、定年退職の年齢などが、就職先を決めるうえで、ときには配偶者を決めるうえで、重要な要素となることもある。

11 自由時間とはいっても、それは※アナーキーな状況のなかに存在するものではない。規範のシステムとしての制度の外部にあるものではなく、(エ)「自由に使ってよい」時間として制度的に認められたものである。そんなものは本当の自由時間ではないと哲学青年なら言うかもしれないが、いまはそうした※形而上学的議論はひとまず措いて、現実の社会生活のレベルで考えると、問題は制度的に認められた自由時間のなかに権力が介入してくることである。「自由に使ってよい」と口では言いながら、実際には「ああしろ」「こうしろ」と口出しをしてくることである。会社における「休日出勤」や、学校における「夏休みの宿題」はその典型であろう。「休日」と「出勤」は水と油だし、「夏休み」が自由時間であるとすれば、宿題を課すことはよけいなお世話である。よけいなお世話の背景には自由時間を(e)無イに過ごしてしまうことへの懸念があるのだろう。「時間を無駄にするな」という規範は自由時間についても適用されるのである。

12 自由時間に何をするべきかを論じるのはよけいなお世話である。しかし、実際には、自由時間への権力の介入という現実があるわけだから、その介入にどう対抗するかという視点から、自由時間に何をするべきかを論じることには意味があるだろう。

13 自由時間にするべきことの第一は、⑤制度のなかで強制されている活動を一時的に停止すること、「休む」ことである。「休む」ことで心身の疲労が回復する。さらに、ここが重要なことだが、社会システムへの従属状態から一時的に距離をとることができる。

14 一九一〇（明治四三）年に発行された『※尋常小学読本唱歌』（文部省）に「とけいのうた」という歌が載っている。

とけいはあさから　かっちんかっちん。
おんなじひびきで　うごいて居れども、
ちっともおんなじ　所をささずに、
ばんまでこうして　かっちんかっちん。

とけいはばんでも　かっちんかっちん。
われらがねどこで　やすんで居るまも、
ちっとも休まず　いきをもつかずに、
あさからこうして　かっちんかっちん。

二〇二一年度
青稜高等学校

【国語】（五〇分）〈満点：一〇〇点〉

一 次の文章を読んであとの問いに答えなさい。

1 数ある規範のなかでも時間にかかわる規範は重要である。「時間を守れ」、「時間を無駄にするな」、われわれは子どもの頃からそう言われ続けてきた。そしてそれはおとなになったいまも変わらない。おそらく時間にかかわる規範は社会の根ⓐカンにかかわる規範なのである。

2 ここでちょっと立ち止まって考えてみると、「時間を守れ」というときの「時間」と、「時間を無駄にするな」というときの「時間」とは意味が違うことに気づくだろう。

3 「時間を守れ」というときの「時間」は目盛（指標）としての時間である。具体的には「時刻」「曜日」「日付」などのことである。われわれは、共通の時間の目盛（時計やカレンダー）の下で、別々の場所で活動している。労働市場においては、それは分業という形で現れる。分業的な労働が円ⓑカツに行われるためには、各自が「時間を守る」必要がある。

4 ①労働市場だけではなく、家族という共同体においても、「時間を守る」ことは重要である。家族といえども、ずっと同じ屋根の下で生活しているわけではない。夫は会社へ、子どもは学校や塾へ、妻も職場のある人もいれば、何かの集まりに出かけることもあるだろう。夕食の時間や門限といった指標を守ることで、言い換えれば、各自の生活時間と家族の時間を同調させることで、家族は家族としての共同性を維持しているのである。

5 こうした個人の時間と集団の時間の同調性の必要は、会社という集団についても、学校という集団についても、仲間という集団についても同じようにあてはまるだろう。通常、個人は複数の集団に所属しているから、特定の集団への過剰な同調は他の集団への非同調という問題を生むだろう。②「時間を守れ」という規範の背後には、どの集団の時間を優先するのかという問題が存在している。

6 近代社会は別名、産業社会とも呼ばれる。産業が社会システムを動かす原動力となっている社会である。こうした産業社会の生産中心的な思考は、ほとんど必然的に、産業活動の主要な担い手である会社の時間を他の集団の時間よりも上位に置く考え方につながっている。そして、学校を労働力の養成機関として見る限りにおいて、学校の時間も会社の時間に準じるものとして優先的な地位を占めることになる。軽んじられるのは［X］の時間である。

7 一方、「時間を無駄にするな」というときの「時間」は、社会的資源としての時間である。社会的資源とは行為のⓒスイ行において必要とされるもの、役に立つものの総称である。お金、権力、人脈、知識、資格などと同じように、時間もまた社会的資源である。お金が足りないためにできないことがあるように、時間が足りないためにできないことがある。他の多くの社会的資源がその所有量において個人差があるのに対して（富者と貧者、強者と弱者）、誰にとっても、一日は二四時間であり、一週間は七日間であり、一年は三六五日である。われわれの社会は平等を理念とする社会であるから、③平等な資源としての時間の大切さを唱えることは、平等な社会という理念に抵触しないのである。

8 しかし、お金や権力といった社会的資源の配分が不平等であるために、富者や強者は貧者や弱者から彼らが所有する時間をお金や権力によって購入したり剥ⓓダツしたりすることができる。剥ダツは駄目だが、購入であれば、それは時間とお金という種類の異なる社会的資源の交換であるからそれが合理的な行為であるとみることもできるが、交換にはレートというものがあり、売り手市場ではなく買い手市場のときは、貧者や弱者の時間は安く買いたたかれることになる。時間の搾取である。

英語解答

1 問1　a…(オ)　b…(ウ)　c…(エ)　d…(ア)
問2　(イ)　問3　イ　問4　(ウ)
問5　3番目…(エ)　5番目…(ア)
問6　(1)…(ア)　(2)…(イ)　(3)…(ア)　(4)…(イ)
(5)…(イ)　(6)…(イ)
問7　(エ)

2 〔A〕　(ウ), (オ), (キ)
〔B〕　1…(イ)　2…(エ)　3…(ウ)

3 ①　(ウ)　②　(エ)　③　(ウ)　④　(エ)
⑤　(イ)　⑥　(ウ)

4 ①　(カ)　②　(イ)　③　(コ)　④　(ク)
⑤　(オ)　⑥　(ウ)　⑦　(キ)　⑧　(ア)
⑨　(ケ)　⑩　(エ)

5 ①　(オ)　②　(エ)　③　(ク)　④　(ア)
⑤　(コ)　⑥　(ケ)　⑦　(カ)　⑧　(イ)
⑨　(キ)　⑩　(ウ)

6 1　(エ)　2　(イ)　3　(イ)　4　(ウ)
5　(エ)　6　(ウ)　7　(ア)　8　(エ)
9　(イ)　10　(イ)　11　(エ)　12　(ア)

7 1　(ウ)　2　(ウ)　3　(オ)　4　(ウ)
5　(ア)　6　(オ)　7　(エ)

8 1　3番目…(オ)　5番目…(ア)
2　3番目…(ウ)　5番目…(オ)
3　3番目…(カ)　5番目…(ア)
4　3番目…(イ)　5番目…(ウ)
5　3番目…(エ)　5番目…(キ)
6　3番目…(エ)　5番目…(ア)
7　3番目…(ウ)　5番目…(オ)
8　3番目…(ア)　5番目…(ウ)

1〔長文読解総合―説明文〕

≪全訳≫❶長生きの秘けつは何だろうか。知られている過去最高齢の人物はフランス人女性，ジャンヌ・カルマンである。彼女は，健康な生活がその答えであるという考えが誤っていることを証明したようだ。100年間の喫煙にかかわらず，彼女は122歳まで生きた。彼女は自分の長寿は食事のおかげだと考えていた。❷今日，世界全体では人々の平均寿命は63歳である。この数字は国によって大幅に変わる。日本の平均寿命は世界で最も高く，女性が85歳，男性が78歳である。人口のうち２万人以上が100歳の誕生日を祝ってきた。この理由の一部は日本の健康的な食生活と整った医療体制であると研究者たちは考えている。❸先進国で暮らす人々は世界のより貧しい地域に暮らす人々より一般的に長生きである。戦争，病気，食事の質，医療へのアクセスといった要素は全て平均寿命に影響する。国の医療と教育が改善されれば平均寿命は延びる。❹別の重要な要素にジェンダーがある。平均して女性は男性より長生きだ。100歳を超えて生きる人々の80パーセント以上が女性である。この理由は十分にはわかっていない。女性の遺伝子が男性より長生きするのに役立っていると考える科学者もいる。多くの場合，男性の方がリスクの多い人生を送るからだと論じる科学者もいる。その生き方のせいで彼らは女性より死亡する可能性が高くなる。彼らはより危険な仕事についている。また一般的に男性の方が女性より多く運転し，また多くたばこを吸う。殺人の被害者も男性の方が女性より多い。❺研究者たちは別の領域にも目を向けてきた。結婚状況である。既婚女性と独身女性とでは平均寿命に明らかな違いは見られない。しかし，あるイギリスの研究によると，既婚男性は独身男性より平均して長生きするようである。これは，既婚男性は独身男性より健康的な生活を送る傾向があるからだろう。彼らはより健康的な食事をし，一般にリスクをとることが少ない。❻ジャンヌ・カルマンはリスクをとることを気にしていなかったようだ。85歳のとき，彼女はフェンシングを習った。100歳で彼女はまだ自転車に乗っていた。彼女は121歳でタバコをやめたが，それは健康上の理由からではなかった。自分でタバコに火をつけるのにはっきり見えなくなり，彼女はプライドが高すぎて，自分のためにそれを他の人々にしてほしいと頼むことができなかったのだ。ひょっとすると彼女の年齢の秘けつは，彼女が人生に決して飽きることがなかったことかもしれない。

問1＜適語選択＞a．vary from country to country「国によって変わる」　b．look at ～「～に目を向ける，注目する」　c．worry about ～「～について心配する，気にする」　d．give up ～ing「～するのをやめる」

問2＜適語選択＞独身男性より長生きする既婚男性の特徴として，「より(more)健康的に食べる」と「とるリスクがより少ない(fewer)」と考えられる。risks となっているように，この risk は‘数えられる名詞’なので less は使えない。

問3＜適所選択＞挿入文の意味は「この〔これの〕理由は十分にはわかっていない」である。空欄ア～エの前にはそれぞれある事柄が述べられており，空欄ア，ウ，エの後にはそれぞれその理由が述べられている。空欄イの後のみ，理由となる可能性のある事柄が複数続いているので，ここに入れるのが適切。

問4＜文の区切り＞文の述語動詞は are で，その前までが主語に当たる部分。このように主語が長い場合は，その前で区切って読む。

問5＜整序結合＞she was で始め，‘too ～ to …’「～すぎて…できない」の形を続ける。‘～’には proud を，‘…’には ask を当てはめ，その後は‘ask＋人＋to ～’「〈人〉に～するよう頼む」の語順にまとめる。 … she was too proud to ask other people to do it …

問6＜内容真偽＞(1)「彼女は長い間タバコを吸っていたが，ジャンヌ・カルマンは122歳まで生きた」…○　第1段落第4文に一致する。live to be ～ で「～歳まで生きる」。　(2)「フランスは世界で2番目に平均寿命が長い」…×　このような記述はない。　(3)「国の医療と教育が向上すれば平均寿命は上昇する」…○　第3段落最終文に一致する。　(4)「遺伝子のおかげで男性は女性より長生きできる」…×　第4段落空欄イの次の文参照。　(5)「既婚女性は独身女性より長生きする」…×　第5段落第2文参照。　(6)「ジャンヌ・カルマンは100歳で自転車に乗り始めた」…×　最終段落第3文参照。「100歳でまだ乗っていた」のである。

問7＜表題選択＞本文全体が冒頭の「長生きの秘訣は何だろう」という問いかけに答える内容である。したがって，(エ)の「長生きの秘けつ」が最も適切。

2〔音声総合〕

〔A〕＜単語の発音＞

(ア) hobby[ɑ]　broken[ou]　(イ) machine[ʃ]　coach[tʃ]　(ウ) lighthouse[ai]　island[ai]

(エ) through[θ]　though[ð]　(オ) missed[t]　walked[t]　(カ) animals[æ]　whales[ei]

(キ) mushrooms[ʌ]　discovered[ʌ]

〔B〕＜単語のアクセント＞

1．(ア) ín-ter-est　(イ) de-cí-sion　(ウ) néws-pa-per　(エ) é-le-phant

2．(ア) ad-vén-ture　(イ) im-pór-tance　(ウ) com-pú-ter　(エ) vol-un-téer

3．(ア)　phó-to-graph　　(イ)　hánd-ker-chief　　(ウ)　suc-céss-ful　　(エ)　hám-burg-er

3〔長文読解─適語選択─物語〕

≪全訳≫❶「お名前は？」とコックス医師がきいた。❷ベッドの中の男は答えなかった。❸「目を開けて」とコックス医師が言った。❹ベッドの男は目を開けた。彼は医師を見た。❺「質問の意味がわかりますか？」とコックス医師がきいた。❻「はい」とベッドの男は言った。「わかります」❼「よろしい」と再度コックス医師が言った。医師は男に笑いかけた。それはすてきな笑顔だった。「それで，自分の名前はわかりますか？」❽「いいえ」とベッドの男は言った。「私は自分の名前が何かわかりません」❾ベッドの男は少しの間何も言わなかった。医師は待ち，彼を見ていた。❿「この男は誰だろう？」とコックス医師は考えた。「彼が誰か，どこから来たのか私にはわからない。女性が昨日道で彼を発見したことは知っている。その女性は警察に電話し，警察が彼をこの病院に連れてきた。彼がブルージーンズとジャケット，緑のシャツを着て黒い靴下と靴を履いていたことは知っている。彼の衣類は清潔だったが，お金や書類は全く持っていなかった」⓫「私は医者のフィリップ・コックスです」とコックス医師は男に言った。「フィリップと呼んでいいですよ」⓬「あなたはお医者さん」と男は言った。彼は医師を見た。「そしてここは病院」　ベッドの男は非常にゆっくりしゃべった。⓭「はい」とコックス医師は答えたが，今度は彼は笑わなかった。「この男はどこが悪いのだろう？」とコックス医師は思った。「彼は言語を持っている。彼は言葉を理解するが自分が誰か，どこから来たのかわからない。彼は記憶があるのか，それともないのか。警察は彼が誰かを知らない。私は彼が誰かを知らない。そして我々はこれらのことを知る必要がある。どこかで誰かが彼を待っている」⓮「ある男を見て，何がわかる？」とコックス医師は考えた。「ほとんど何もわからない。言語を持たない男を知るのは簡単ではない。言葉が必要だ，名前と場所が必要だ。人には家族や友達がいる。例えば，私は誰だ？」と彼は考えた。⓯「私は医者だ。そう，これが私の仕事だ。病院では私はコックス先生だ。しかし私の友人や妻は私のことをフィリップとして知っており，私の子どもたちは私をパパとして知っている。彼らはコックス先生を知らない。コックス先生，フィリップ，そしてパパ。彼らは全て私だ，しかし彼らは同じではない。家族や友達がいないとしたら，さらに仕事がないとしたら，私は誰なのだろう？　私はもっと，ずっと多くのことをこの男について知る必要がある」と彼は考えた。彼は再び男に話しかけた。

＜解説＞①最初の質問に対して返事がなかったことを受けての言葉。　②空欄の前に to がないので‘人’は入らない。nothing を入れて「何も言わなかった」とする。　③男が身元不明であるということから，身分証明書などの「書類」を意味する papers が適切。　④What's the problem with ～？で「～はどうしたのか，～の何が問題なのか」。　⑤次の段落にある my wife と my children は，この family に対応している。　⑥the same で「同じ」。直前にある３つのキャラクターは全て自分だが，それらは同じではない，ということ。

4〔対話文完成─適文選択〕

≪全訳≫❶インタビュアー(Ｉ)：いつもこの質問をされることと思いますが，ペティット博士，おききしなければなりません。①あなたは宇宙に行ったことがありますか？❷ペティット博士(Ｐ)：はい，あります。私はエクスペディション６の乗組員で，②国際宇宙ステーションに５か月半滞在しました。我々はそれをISSと呼んでいます。❸Ｉ：③スペースシャトルには何度乗ったことがありますか？❹Ｐ：２度スペースシャトルに乗ってISSに行きました。❺Ｉ：④宇宙にいることで一番良い点は何でしたか？❻P：浮かぶことができることです。それは一番悪い点でもありました。❼I：⑤NASAで働いている間に他にどこかおもしろい場所に行きましたか？❽P：ええと，ISSへの飛行訓練をしている間，私は約２年間ロシアに住んでいました。南極大陸にも行ったことがあります。❾I：⑥そんなことを言える人は多くありませんよ！　あなたは道具を使って仕事をするのがお好きと聞いています。⑦何か発明したことはありますか？❿P：はい，２度目の宇宙旅行の間に，⑧宇宙で飲めるように特別なコーヒーカップをつくりました。コーヒーを小さな袋からストローで飲むのにどうしても慣れることができなかったのです！⓫I：私もそれに慣れることはできないと思います。でも⑨以前はどうしてそんなふうにコーヒーを飲まなければならなかったのですか？⓬P：袋か私の特別なカップを使わなければ，コーヒーも宇宙で浮かんでしまうのです。⓭I：それはそうですね！　では，あなたはたくさんのことを達成したのですね，ペティット博士。それを全部考慮すると，一番わくわくしたことは何ですか？⓮P：⑩双子の男の子が生まれるのを目にしたことです。⓯I：すごい，何という人生でしょう！　お話をどうもありがとうございました，ペティット博士。

＜解説＞①Have you で始まる疑問文が入る。次の応答の内容から，宇宙へ行ったことがあるかを尋ねる(カ)が適切。　②直後の文の it は(イ)にある the International Space Station を受けている。‘call＋*A*＋*B*’「*A*を*B*と呼ぶ」　③これに対して「２回」と答えているので，回数を尋ねたと考えられる。　④これに対して「浮くことができること」と答えているので，「何でしたか」と尋ねる(ク)が適切。　⑤ロシアや南極大陸という答えの内容より，場所について尋ねている(オ)が適切。⑥「南極大陸」という答えに驚きを示す(ウ)が適切。　⑦・⑧この後，宇宙でコーヒーを飲む話題に移っている。⑧の後ろの内容から，ペティット博士はコーヒーカップを考案したとわかる。⑦にはこの内容を導く質問が入る。　⑨これに答えて，袋からストローで飲む理由を述べている。　⑩「一番わくわくしたこと」に対する答えである。

5〔長文読解―適語句・適文選択―説明文〕

≪全訳≫❶1952年の12月初旬，ロンドンの天気は非常に寒かった。人々は家で①暖をとるために火を起こした。路上では，彼らは②仕事に行くために車やバスや列車に乗った。風はほとんどなかったので，③冷たい空気は市を覆って滞留した。火や乗り物から出る汚染物質も空気中にとどまった。12月５日の朝，人々が目覚めたとき，④彼らは濃霧を見た。❷ロンドン市民は何百年もの間，濃霧を経験してきた。これらの濃霧はpea-souper「黄色の濃霧」と呼ばれた，というのも⑤その色が黄色い豆からつくられたスープに似ていたからだ。しかし1952年のグレート・スモッグはかつてないひどさだった。非常に濃く暗かったので，⑥運転手は他の車のライトが見えず，通りで⑦人々は互いにぶつかり合い，誰も太陽を見ることができなかった。❸12月９日の火曜日までに⑧霧は消えたが，その影響は続いた。空気の質は非常に悪かったので⑨何千人もの人々が亡くなり，約10万人が病気になった。幸運にも影響の全てが否定的なものではなかった。グレート・スモッグの後まもなく，政府は大気浄化法を制定した。全国で汚染レベルを低減することによって人々が呼吸しやすくするのに⑩この法律は役立った。

＜解説＞①lit fires「火を起こした」理由となる(オ)を選ぶ。　②車や電車を利用してどこに行くのかを考える。　③直前の so「だから」に着目。風がほとんどなかったことによる結果が入る。④冷たい空気と汚染物質が滞留して濃霧が発生した。　⑤pea-souper と呼ばれた理由が入る。⑥・⑦‘so ～ that …’「とても～なので…」の構文。濃霧による影響が入る。　⑧直後の‘逆接’の

but に着目。「濃霧は晴れた，だがその影響は続いた」という文脈。　⑨ひどい空気がもたらした結果が入る。　⑩(ウ)の this law は直前の the Clean Air Act を受けている。

6〔適語(句)選択〕

1．since ～「～以来」は通例，現在完了形とともに使われる。「ニューヨークにいる」という文脈なので has gone は不可。　「高橋さんは日本を離れています。彼は 4 月以来ニューヨークにいます」

2．if「もし～」や when「～とき」の後ろでは，未来の事柄も現在形で表す。　「もし明日が雨なら，私たちはピクニックを延期しなければならないだろう」

3．must には「～に違いない」の意味がある。　「まあ，あなたは今朝朝食を食べていないのですか。おなかがすいているでしょうね！」

4．made in ～ で「～でつくられた，～製の」。　「私の腕時計はスイス製だ」

5．‘It is ～ to …’ の形式主語構文で，‘～’ に kind, careless など ‘人の性格・評価’ を表す形容詞がくるとき，to不定詞の意味上の主語は ‘for —’ ではなく ‘of —’ で示す。‘It is ～ of — to …’ で「…するとは—は～だ」となる。　「かぎを車に置いてくるなんて，あなたは不注意だった」

6．「道路が渋滞している／すいている」は The traffic is heavy/light. と表す。　「ホワイト先生は今日は早く学校に来た，なぜなら道路がいつもよりすいていたからだ」

7．‘make＋目的語＋動詞の原形’「～に…させる」の形にする。　「ドロシーは息子に毎日バイオリンを練習させるが，彼は実のところ音楽にそんなに興味がない」

8．‘so that＋主語＋can ～’ で「～できるように」と ‘目的’ を表せる。　「私にわかるようにもっとゆっくり話してください」

9．文意より，‘理由’ を表す because が適切。　「コーヒーの価格は下がりつつある。これは世界中でその生産を始める国がますます増えてきたからだ」

10．shoes の代用として複数形の ones が適切。　「この靴は私には小さすぎます。もっと大きいのはありますか」

11．‘Some ～, others …’ で「～な人もいれば，…な人もいる」。　「動物が大好きな人もいるが，そうでない人もいる」

12．‘時’ の意味で「～の間に」を意味する前置詞 during が適切。while は接続詞なので，後ろに ‘主語＋動詞’ がくる。　「昨日誰かが私の留守中に電話してきた」

7〔誤文訂正〕

1．前置詞 without の後ろに動詞が続く場合は動名詞(～ing)になる。　remember→remembering　「これらの写真を見ると必ず高校時代を思い出す」

2．speak to ～「～に話しかける」の受け身形は be spoken to by … と spoken の後ろに to が残る。　were spoken→were spoken to　「姉〔妹〕と私は知らない人に話しかけられて驚いた」

3．that の後ろの内容が ‘普遍的事実’ なので，learn が過去形でも travel は現在形のままでよい。「私は光が音より速く伝わると習った」

4．‘want＋人＋to ～’ で「〈人〉に～してほしい」。I'm having は ‘近い未来の予定’ を表す現在進行形で，誤りではない。　come→to come　「今週末パーティーを開くので，暇だったら来てほしい」

5．almost「ほぼ，ほとんど」は副詞なので almost of の形では使えない。 Almost→Most 「シンガポールのほとんどの人が2つ以上の言語を話す」

6．coffee は‘数えられない名詞’で単数扱いなので，動詞の is も a lot of coffee という表現も誤りではない。 「ポットにまだコーヒーがたくさんあるので，もっと飲んでもいいですよ」

7．2つのうちの一方を one とすると，もう一方は the other。 other→the other 「駐車場に車が2台あった。1台は白でもう1台は黒だった」

8〔整序結合〕

1．had better ～「～した方がよい」 as soon as possible「できるだけ早く」 You had better see your doctor as soon as possible.「できるだけ早く医者に診てもらった方がいいよ」

2．Can you tell me の後ろに how far で始まる間接疑問(疑問詞＋主語＋動詞)を続ける。how far でひとまとまりなので，これを1つの疑問詞と見なす。 Can you tell me how far it is from your house to the station?「あなたの家から駅までどれくらい距離があるか教えてくれますか」

3．まず Do you know the man とし，この後に walking を続ける。‘with＋名詞＋前置詞句’で「～を…した状態で」という意味を表せるので，残りはこの形で with his hands in his pockets とまとめ，walking の後に続ける。 Do you know the boy walking with his hands in his pockets?「ポケットに両手を入れて歩いている少年を知っていますか」

4．エアバッグのついた車とついていない車の安全性を比べる文にする。主語を Cars with airbags とし，比較の対象を those without them「それら(＝エアバッグ)のついていないもの(＝車)」とする。この those は前に出ている複数形の名詞の代用となる用法。much は比較級を強調する「ずっと」の意味で使い，これは比較級の前に置く。 Cars with airbags are much safer than those without them.「エアバッグのついた車はついていない車よりずっと安全だ」

5．‘make it＋形容詞＋to ～’「～することを…にする」の形にする。it は to不定詞を受ける形式目的語。for us は to不定詞の意味上の主語として to の前に置く。 The heavy fog made it impossible for us to see anything in front of us.「濃い霧のせいで私たちは目の前のものが何も見えなかった」

6．whether ～ or not「～するかどうか」を主語とし(単数扱いとなる)，depends on …「…による」を続ける。 Whether you will succeed or not depends on your efforts.「あなたが成功するかどうかはあなたの努力にかかっている」

7．‘How＋形容詞＋主語＋動詞!’の形の感嘆文をつくる。‘It is ～ to …’の形式主語構文と組み合わせた形になる。 How interesting it is to read a novel written in English!「英語で書かれた小説を読むのはなんとおもしろいのでしょう！」

8．‘形容詞＋enough to ～’「～するほど十分…」の形にまとめる。 ‘help＋人＋with ～’「〈人〉の～を手伝う」 Most of them were kind enough to help me with my homework.「彼らの大半は親切に私の宿題を手伝ってくれた」

数学解答

1 (1) ア…1　イ…2
(2) ウ…5　エ…3　オ…2　カ…6
(3) キ…3　ク…2　ケ…4　コ…5
(4) サ…3　シ…2　ス…2

2 (1) ア…3　イ…2　ウ…3　エ…2
(2) オ…1　カ…4
(3) キ…1　ク…2
(4) ケ…1　コ…3

3 (1) ア…7　イ…0
(2) ウ…1　エ…8　オ…1　カ…5
(3) キ…5　ク…0
(4) ケ…1　コ…0　サ…7
(5) シ…4　ス…5　セ…1　ソ…6

4 (1) ア…7　イ…8
(2) ウ…1　エ…2

5 (1) ア…7　イ…2
(2) ウ…1　エ…2　オ…2　カ…0

6 (1) ア…1　イ…4　ウ…6
(2) エ…1　オ…4
(3) カ…1　キ…2

1 〔独立小問集合題〕

(1)＜数の計算＞与式 $=(-8-9)\div\left(\frac{5}{3}-\frac{1}{4}\right)=-17\div\left(\frac{20}{12}-\frac{3}{12}\right)=-17\div\frac{17}{12}=-17\times\frac{12}{17}=-12$

(2)＜平方根の計算＞与式 $=\sqrt{6}-2\sqrt{3}-3\sqrt{2}+2\sqrt{3}+(3-2\sqrt{6}+2)=\sqrt{6}-3\sqrt{2}+5-2\sqrt{6}=5-3\sqrt{2}-\sqrt{6}$

(3)＜式の計算＞与式 $=\frac{27}{5}xy^6\times\frac{8}{27}x^9y^3\div\left(\frac{1}{15}\times16x^6y^4\right)=\frac{27}{5}xy^6\times\frac{8}{27}x^9y^3\div\frac{16}{15}x^6y^4=\frac{27xy^6}{5}\times\frac{8x^9y^3}{27}\times\frac{15}{16x^6y^4}=\frac{27xy^6\times8x^9y^3\times15}{5\times27\times16x^6y^4}=\frac{3}{2}x^4y^5$

(4)＜平方根の計算＞$\frac{1}{4}-\sqrt{2}=M$，$\frac{1}{2}+\sqrt{2}=N$ とおくと，与式 $=4M^2+4MN+N^2=(2M)^2+2\times2M\times N+N^2=(2M+N)^2$ となる。M，N をもとに戻して，与式 $=\left\{2\left(\frac{1}{4}-\sqrt{2}\right)+\left(\frac{1}{2}+\sqrt{2}\right)\right\}^2=\left(\frac{1}{2}-2\sqrt{2}+\frac{1}{2}+\sqrt{2}\right)^2=(1-\sqrt{2})^2=1-2\sqrt{2}+2=3-2\sqrt{2}$ となる。

2 〔独立小問集合題〕

(1)＜因数分解＞与式 $=9a^2-6a-6ab+4b=3a(3a-2)-2b(3a-2)$ として，$3a-2=A$ とおくと，与式 $=3aA-2bA=(3a-2b)A$ となる。A をもとに戻して，与式 $=(3a-2b)(3a-2)$ となる。

(2)＜式の値＞$(2x-y):(2y-x)=2:3$ より，$3(2x-y)=2(2y-x)$，$6x-3y=4y-2x$，$8x=7y$ となるので，$\frac{64x^2+16xy+35y^2}{8xy}=\frac{(8x)^2+8x\times2y+35y^2}{8x\times y}=\frac{(7y)^2+7y\times2y+35y^2}{7y\times y}=\frac{49y^2+14y^2+35y^2}{7y^2}=\frac{98y^2}{7y^2}=14$ となる。

(3)＜連立方程式の応用＞$2x-3y=-6$……①，$\frac{a}{x}-y=-\frac{4xy}{a}+4$……②，$3x-2y=1$……③とする。①，②の連立方程式の解が③を満たすことから，方程式①，②，③は全て共通の解を持つ。①，③を連立方程式として解くと，①×3−③×2 より，$-9y-(-4y)=-18-2$，$-5y=-20$，$y=4$ となり，これを③に代入して，$3x-8=1$，$3x=9$，$x=3$ となる。$x=3$，$y=4$ は①，②の連立方程式の解であるから，②に代入して，$\frac{a}{3}-4=-\frac{4\times3\times4}{a}+4$，$\frac{a}{3}-4=-\frac{48}{a}+4$，両辺に $3a$ をかけて，$a^2-12a=-144+12a$，$a^2-24a+144=0$，$(a-12)^2=0$ となり，$a=12$ である。

(4)＜数の性質＞$\frac{9x-9-3(2x+1)}{9}<\frac{6x+1}{9}$ より，$9x-9-3(2x+1)<6x+1$，$9x-9-6x-3<6x+1$，

$3x-12<6x+1$ となる。$3x-12=6x+1$ になるときを考えると，$-3x=13$，$x=-\frac{13}{3}$ となる。$3x-12$，$6x+1$ はともに x の値が増加すると増加し，$6x+1$ の方が増加する割合は大きいので，$x>-\frac{13}{3}$ のとき，$3x-12<6x+1$ を満たす。x は絶対値が8以下の整数だから，x の値は，-4，-3，-2，-1，0，1，2，3，4，5，6，7，8の13個ある。

3〔独立小問集合題〕

(1)＜**場合の数**＞2つの数の積が5の倍数のとき，その2つの数は，ともに5の倍数か，一方が5の倍数でもう一方が5の倍数でない数である。1から20までの20個の自然数のうち，5の倍数は5，10，15，20の4個だから，2つの数がともに5の倍数となる場合は，(5，10)，(5，15)，(5，20)，(10，15)，(10，20)，(15，20)の6通りある。2つの数のうち，一方が5の倍数でもう一方が5の倍数でない数の場合は，5の倍数が4個，5の倍数でない数が $20-4=16$(個)だから，$4\times16=64$(通り)ある。よって，積が5の倍数となる2つの数の選び方は，$6+64=70$(通り)ある。

(2)＜**数の性質**＞$m^2-n^2=99$ より，$(m+n)(m-n)=99$ となる。m，n が自然数より，$m+n>m-n$ なので，$m+n$，$m-n$ の組は $(m+n,\ m-n)=(99,\ 1)$，$(33,\ 3)$，$(11,\ 9)$ の3通りある。$m+n=99$……①，$m-n=1$……②のとき，①＋②より，$2m=100$，$m=50$ となり，①－②より，$2n=98$，$n=49$ となる。同様にして，$m+n=33$，$m-n=3$ のとき，$m=18$，$n=15$ となり，$m+n=11$，$m-n=9$ のとき，$m=10$，$n=1$ となる。これらの自然数 m，n の組の中で最大公約数が1でないものは，$m=18$，$n=15$ である。

(3)＜**数の性質**＞$\sqrt{49-3n}$ が整数となるとき，$49-3n$ は整数の2乗になる。n は自然数より，$49-3n$ は49より小さい整数だから，36，25，16，9，4，1，0が考えられる。$49-3n=36$ のとき $n=\frac{13}{3}$，$49-3n=25$ のとき $n=8$，$49-3n=16$ のとき $n=11$，$49-3n=9$ のとき $n=\frac{40}{3}$，$49-3n=4$ のとき $n=15$，$49-3n=1$ のとき $n=16$，$49-3n=0$ のとき $n=\frac{49}{3}$ だから，$\sqrt{49-3n}$ が整数となる自然数 n は，$n=8$，11，15，16である。よって，求める和は，$8+11+15+16=50$ となる。

(4)＜**図形―角度**＞右図1のように，弦ADを引くと，$\overset{\frown}{\mathrm{CD}}$ に対する円周角より，$\angle\mathrm{DAC}=\angle\mathrm{DBC}=43^\circ$ となる。また，$\overset{\frown}{\mathrm{DE}}$ に対する円周角より，$\angle\mathrm{EAD}=\angle\mathrm{EBD}=\angle\mathrm{ECD}=32^\circ$ となる。AE∥BDより錯角は等しいので，$\angle\mathrm{AEF}=\angle\mathrm{EBD}=32^\circ$ となり，$\angle\mathrm{EAF}=\angle\mathrm{DAC}+\angle\mathrm{EAD}=43^\circ+32^\circ=75^\circ$ となるので，△AEFで内角と外角の関係から，$\angle\mathrm{AFB}=\angle\mathrm{EAF}+\angle\mathrm{AEF}=75^\circ+32^\circ=107^\circ$ となる。

図1

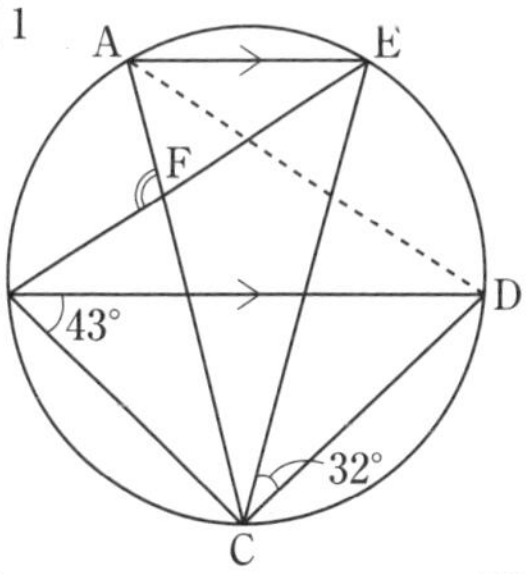

(5)＜**図形―面積比**＞右下図2のように，辺BAの延長と，点Cを通り線分ADに平行な直線との交点をFとすると，AD∥FCより，同位角，錯角は等しいので，$\angle\mathrm{AFC}=\angle\mathrm{BAD}$，$\angle\mathrm{ACF}=\angle\mathrm{DAC}$ となる。また，$\angle\mathrm{BAD}=\angle\mathrm{DAC}$ だから，$\angle\mathrm{AFC}=\angle\mathrm{ACF}$ となり，△ACFは $\mathrm{AF}=\mathrm{CA}=4$ の二等辺三角形となる。よって，$\mathrm{BD}:\mathrm{DC}=\mathrm{BA}:\mathrm{AF}=5:4$ となるので，$\triangle\mathrm{ABD}:\triangle\mathrm{ACD}=\mathrm{BD}:\mathrm{DC}=5:4$ となり，$\triangle\mathrm{ACD}=\frac{4}{5}\triangle\mathrm{ABD}$ である。次に，△ABD，△ADEで内角と外角の関係から，$\angle\mathrm{ADC}=\angle\mathrm{BAD}+\angle\mathrm{ABD}$，$\angle\mathrm{DEC}=\angle\mathrm{DAC}+\angle\mathrm{ADE}$ であり，$\angle\mathrm{BAD}=\angle\mathrm{DAC}$，$\angle\mathrm{ABD}=\angle\mathrm{ADE}$ だから，$\angle\mathrm{ADC}=\angle\mathrm{DEC}$ となる。また，

図2

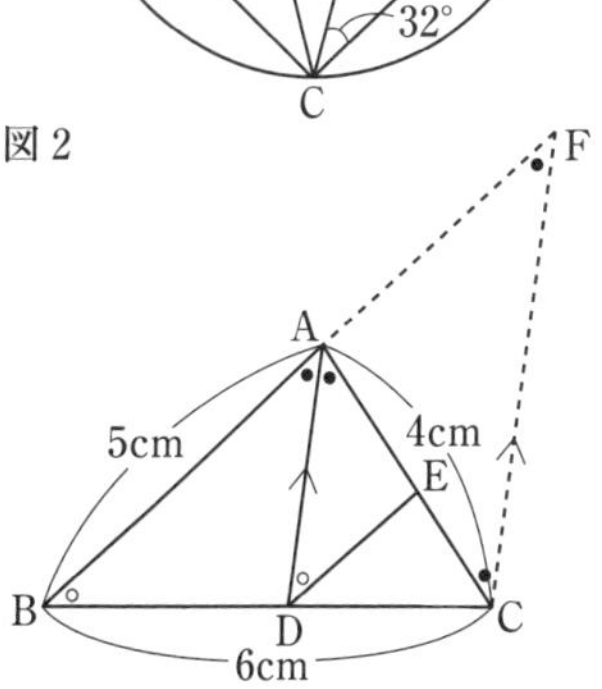

$\angle ACD=\angle DCE$ だから，$\triangle ACD \backsim \triangle DCE$ となる。$DC=\frac{4}{5+4}BC=\frac{4}{9}\times 6=\frac{8}{3}$ だから，$\triangle ACD$ と $\triangle DCE$ の相似比は $AC:DC=4:\frac{8}{3}=3:2$ であり，$\triangle ACD:\triangle DCE=3^2:2^2=9:4$ である。したがって，$\triangle DCE=\frac{4}{9}\triangle ACD=\frac{4}{9}\times\frac{4}{5}\triangle ABD=\frac{16}{45}\triangle ABD$ となるので，$\triangle ABD:\triangle DCE=\triangle ABD:\frac{16}{45}\triangle ABD=45:16$ である。

4〔平面図形―三角形〕

(1)＜**面積―中点連結定理**＞右図で，$CE=EA$ より，$\triangle CEF=\triangle AEF=13$ となり，$\triangle ACF=\triangle AEF+\triangle CEF=13+13=26$ となる。また，2点D，Eを結ぶと，点D，点Eはそれぞれ辺BC，CAの中点なので，$\triangle ABC$ で中点連結定理より，$ED /\!/ AB$，$ED:AB=1:2$ となる。$\triangle DEF \backsim \triangle ABF$ となるから，$DF:AF=ED:AB=1:2$ となり，$\triangle DCF:\triangle ACF=1:2$ である。よって，$\triangle DCF=\frac{1}{2}\triangle ACF=\frac{1}{2}\times 26=13$ となり，$\triangle ACD=\triangle ACF+\triangle DCF=26+13=39$ となる。$BD=DC$ より，$\triangle ABD=\triangle ACD=39$ だから，$\triangle ABC=\triangle ABD+\triangle ACD=39+39=78(cm^2)$ となる。

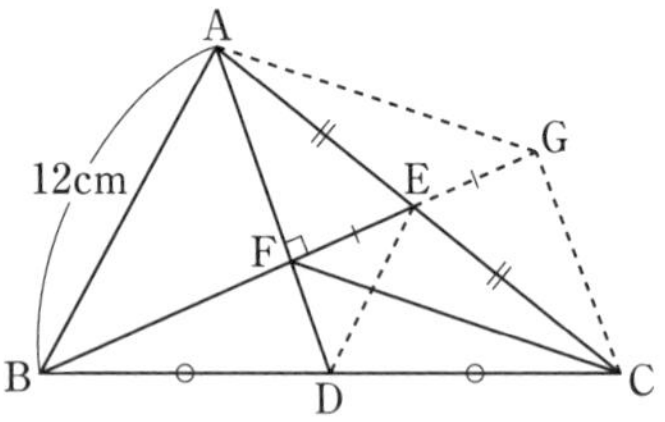

(2)＜**長さ**＞右上図のように，線分BEの延長上に，$EG=EF$ となる点Gをとり，点Gと2点A，Cを結ぶ。$AE=CE$ だから，四角形AFCGは平行四辺形となる。よって，$CF=AG$ である。また，$\triangle DEF \backsim \triangle ABF$ より，$EF:BF=ED:AB=1:2$ となるので，$EG=EF=\frac{1}{2}BF$ となり，$GF=EG+EF=\frac{1}{2}BF+\frac{1}{2}BF=BF$ となる。したがって，$AF=AF$，$\angle AFB=\angle AFG=90°$，$BF=GF$ より，$\triangle ABF\equiv\triangle AGF$ となるので，$AG=AB=12$ となり，$CF=AG=12(cm)$ である。

5〔平面図形―円〕

(1)＜**角度**＞右図で，$\overset{\frown}{AP}:\overset{\frown}{PQ}=1:2$ より，$\angle AOP=x$，$\angle POQ=2x$ と表せる。$AP /\!/ OQ$ より錯角は等しいので，$\angle APO=\angle POQ=2x$ となり，$\triangle OAP$ は $OA=OP$ の二等辺三角形だから，$\angle PAO=\angle APO=2x$ となる。$\triangle OAP$ で，$\angle AOP+\angle APO+\angle PAO=180°$ より，$x+2x+2x=180°$ が成り立つので，$5x=180°$，$x=36°$ となる。よって，$\angle POQ=2x=2\times 36°=72°$ となる。

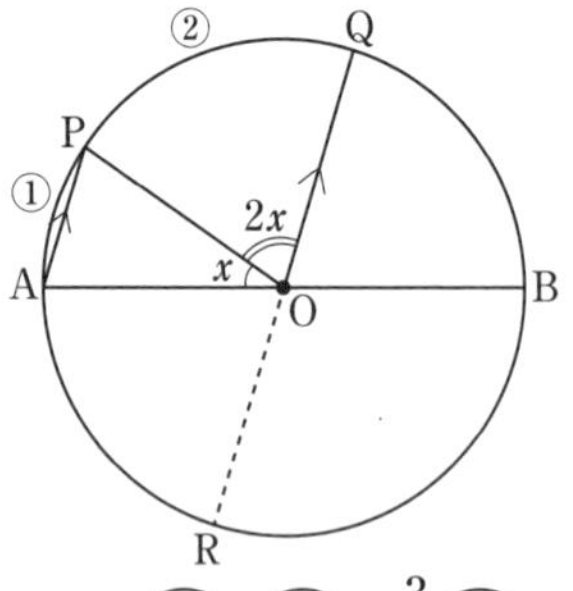

(2)＜**長さ**＞右図で，$\angle BOR=\angle AOQ$ より，おうぎ形OBRとおうぎ形OAQは合同だから，$\overset{\frown}{BR}=\overset{\frown}{AQ}$ である。$\overset{\frown}{AQ}:\overset{\frown}{PQ}=(1+2):2=3:2$ だから，$\overset{\frown}{BR}=\overset{\frown}{AQ}=\frac{3}{2}\overset{\frown}{PQ}=\frac{3}{2}\times 8\pi=12\pi$ (cm)となる。また，(1)より，$\angle POQ=72°$ だから，円Oの半径を r cmとすると，$\overset{\frown}{PQ}$ の長さについて，$2\pi r\times\frac{72°}{360°}=8\pi$ が成り立つ。これより，$r=20$ となるので，円Oの半径は20cmである。

6〔関数―関数 $\boldsymbol{y=ax^2}$ と直線，反比例〕

(1)＜**比例定数**＞次ページの図で，2点A，Bは放物線 $y=ax^2$ 上にあり，x 座標はそれぞれ -2，4なので，$y=a\times(-2)^2=4a$，$y=a\times 4^2=16a$ となり，$A(-2,\ 4a)$，$B(4,\ 16a)$ となる。これより，直線ABの傾きは $\frac{16a-4a}{4-(-2)}=2a$ となる。直線ABの傾きは $\frac{1}{2}$ なので，$2a=\frac{1}{2}$ が成り立ち，$a=\frac{1}{4}$

となる。$4a=4\times\frac{1}{4}=1$だから，A$(-2,\ 1)$となる。直線ABの式を$y=\frac{1}{2}x+n$とおくと，点Aを通るから，$1=\frac{1}{2}\times(-2)+n$より，$n=2$となり，直線ABの式は$y=\frac{1}{2}x+2$である。点Cはこの直線上にあって，$x$座標が$-6$なので，$y=\frac{1}{2}\times(-6)+2=-1$となり，C$(-6,\ -1)$となる。点Cは双曲線$y=\frac{b}{x}$上の点でもあるので，$-1=\frac{b}{-6}$より，$b=6$となる。

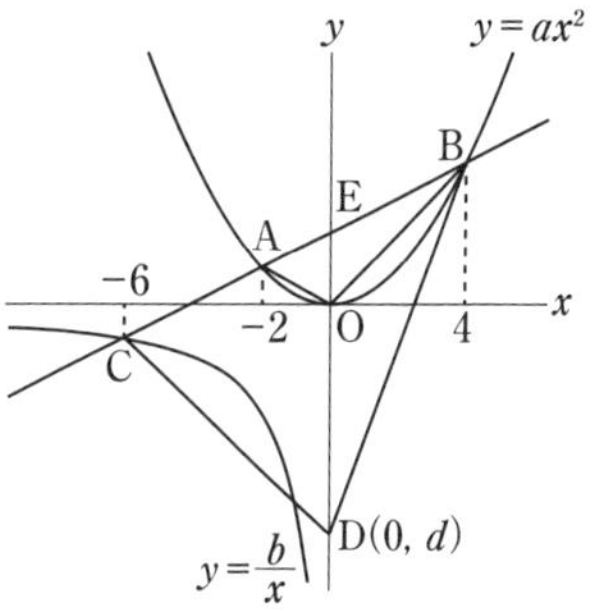

(2)＜**座標**＞右上図で，直線ABとy軸との交点をEとすると，〔四角形OACD〕=△ECD−△EAOとなる。(1)より，直線ABの切片は2なので，E$(0,\ 2)$となり，$\mathrm{OE}=2$となる。△EAOの底辺をOEと見ると，点Aのx座標より，高さは2となるので，△EAO$=\frac{1}{2}\times2\times2=2$となる。また，D$(0,\ d)$とすると，$\mathrm{DE}=2-d$となり，△ECDの底辺をDEと見ると，点Cの$x$座標より，高さは6となる。これより，△ECD$=\frac{1}{2}\times(2-d)\times6=6-3d$となる。よって，〔四角形OACD〕$=(6-3d)-2=4-3d$と表せる。これが46であることから，$4-3d=46$が成り立ち，$d=-14$となるので，D$(0,\ -14)$である。

(3)＜**座標**＞右上図で，(2)と同様に，D$(0,\ d)$とすると，$\mathrm{OD}=0-d=-d$となり，ODを底辺と見ると，△ODBの高さは4となるので，△ODB$=\frac{1}{2}\times(-d)\times4=-2d$となる。(2)より，〔四角形OACD〕$=4-3d$なので，〔四角形OACD〕：△ODB$=5:3$より，$(4-3d):(-2d)=5:3$が成り立つ。これを解くと，$(4-3d)\times3=(-2d)\times5$，$12-9d=-10d$，$d=-12$となるので，D$(0,\ -12)$である。

国語解答

一 問1 エ　問2 ア　問3 エ
問4 (1)…エ　(2) a…オ　b…ウ
問5 ㋓
問6 a…ア　b…エ　c…カ
問7 エ　問8 イ
問9 a…ア　b…イ　c…キ
問10 ア　問11 イ，オ　問12 イ
問13 (a)…エ　(b)…ウ　(c)…ウ　(d)…ア
(e)…イ　(f)…ウ

二 問1 イ，エ　問2 エ
問3 イ
問4 (1)…ウ　(2)…イ　(3)…エ
問5 エ
問6 (1)…イ　(2)…イ，ウ，エ
問7 エ→イ→ウ→ア
問8 ア，イ，エ　問9 ウ
問10 イ　問11 (1)…ア　(2)…ウ
問12 イ
問13 A…ウ　B…エ　C…イ　D…イ

三 問1 ウ　問2 イ　問3 エ
問4 ②…イ　③…ア　⑦…ア
問5 ア
問6 ①…ア　④…ウ　⑤…イ　⑨…エ
⑩…ウ
問7 エ　問8 ア　問9 ウ

一 〔論説文の読解―社会学的分野―現代社会〕 出典；大久保孝治「現代社会と自由時間」（「教育」2014年７月号所収）。

≪本文の概要≫産業社会において，「時間を守れ」と言われている集団の時間の規範は，生産性の高い順に優先され，個人の時間は軽視される。また，「時間を無駄にするな」と言われる社会的資源としての時間は，表面上は平等であるが，現実には，社会的強者が弱者から安く買いたたくこともできる不平等な時間である。自分の所有する個人の時間をどのように使うかという自由は，職業選択や結婚の自由と同程度に重要である。自由時間は制度的に認められたものであるが，現実的には自由時間の中に権力の介入がある。本来，自由時間にするべきことは，休むことである。だが，社会の現状としては，休むには相当な決意がいる。このような現状を変え，システムに対する個人の自立性を担保するために，我々は決然として休むことが大切であり，その自由時間にシステムからの要請で歪んでしまっている時間志向を補正する活動を行うことが肝要である。まず，自分の時間志向のありようを反省し，そのバランスを回復するにはどうしたらよいかを考えることから始めたい。

問１＜文章内容＞「家族といえども，ずっと同じ屋根の下で生活しているわけでは」なく，各自の所属する集団や組織に加わるために，毎日家を出ていくものなので，「各自の生活時間と家族の時間を同調させることで，家族は家族としての共同性を維持」できるのである。

問２＜文章内容＞「『時間を守れ』という規範」は，産業社会において，「産業活動の主要な担い手である会社の時間を他の集団の時間よりも上位に置く考え方につながって」おり，「学校の時間も会社の時間に準じるものとして優先的な地位を占める」というように，守るべき時間の規範に，生産性の高さに基づく優先順位がある。

問３＜文章内容＞会社や学校など「産業活動」に直接的または間接的に関わる社会的な時間の規範が「優先的な地位を占める」一方で，生産活動に直結しない各自の時間は軽視される。

問4＜文章内容＞(1)時間は，「誰にとっても，一日は二四時間であり，一週間は七日間であり，一年は三六五日である」から，表向きには「平等な資源」といえるが，現実的には「富者や強者は貧者や弱者から彼らが所有する時間をお金や権力によって購入したり剝奪したりすることができる」ので，「搾取」が行われる可能性もある「不平等な資源」である。　(2)自由時間は「制度的に認められた」ものなのに，その「自由時間のなかに権力が介入してくること」がある。

問5＜文章内容＞「『自由に使ってよい』時間」は，名目上は「制度的に認められた」ものであるが，実際には「権力が介入してくる」不自由な時間である(エ…×)。

問6＜文章内容＞「休む」ことは，「心身の疲労」を回復させるだけでなく，「社会システムへの従属状態から一時的に距離をとることができる」という意味を持つゆえに(a…ア)，「システムに対する個人の自律性を担保するため」に(b…エ)，「決然として『休む』ことが大切」であり，休んで得た自由時間は，「システムからの要請で歪んでしまっている時間志向を補正するものであることが肝要」である(c…カ)。

問7＜文章内容＞「労働力の養成機関」である「学校」で，小学生たちが「産業社会の人間のメタファー」である「時計」の勤勉さをたたえる歌を斉唱している光景は，産業のための機械的な労働力を量産している工場のように見えて不気味である。

問8＜文章内容＞時計をはじめ，「機械」は「ちっともやすまず／いきをもつかずに」働き続けるが，人間が「休む」ということは，人間は機械と同じではないことを「確認し，機械の歯車としてシステムに組み込まれ埋没してしまうことを拒否すること」を意味する。

問9＜文章内容＞近代社会は「基本的に未来志向の社会」であるため，「現在を未来に従属させ」たり，「過去を振り返ることを無意味なこと，ネガティブなこととして切り捨て」たりする傾向がある(a…ア，b…イ)。しかし，人間とは本質的に「時間軸の上を行ったり来たりしながら生きている」存在なので，我々はこうした本来の柔軟な時間の感覚を取り戻すような活動に自由時間を使うべきである(c…キ)。

問10＜文章内容＞物理的な時間は，「過去→現在→未来」と一方向に流れ，逆戻りすることはないが，人間は「時間軸の上を行ったり来たりしながら生きている」のである。

問11＜文章内容＞近代社会の「未来志向」には，「経済が右肩下がりの時代」になると，「過去を理想化して懐かしむ懐旧主義的な過去志向」が流行するというデメリットがあり(イ…○)，「経済が右肩上がりだった時代」には，「過度の未来志向」により「過去を振り返ることを無意味なこと，ネガティブなこととして切り捨てる」風潮や，「欲求の充足の先延ばし」をして「現在を未来に従属させ」る風潮といったデメリットがある(オ…○)。

問12＜要旨＞「休む」ことは，「職場の人間関係を良好に保ちたい」と考えている我々にとって，「決して楽なことではない」が，その「現状を変えるため」，さらに「システムに対する個人の自律性を担保するため」にこそ，「決然として」言わなければならない言葉の例として「お先に帰らせていただきます」という言葉が挙げられている(イ…×)。

問13＜漢字＞(a)「根幹」と書く。アは「警察官」，イは「戴冠式」，ウは「勘当」。　(b)「円滑」と書く。アは「枯渇」，イは「活躍」，エは「管轄」。　(c)「遂行」と書く。アは「衰退」，イは「生粋」，エは「推敲」。　(d)「剝奪」と書く。イは「脱帽」，ウは「先達」，エは「ご鞭撻」。　(e)「無為」

と書く。アは「虎の威」，ウは「特異」，エは「畏怖」。　⒡「発揮」と書く。アは「軌道」，イは「決起集会」，エは「奇」。

二〔**小説の読解**〕出典；加能作次郎『恭三の父』。

問１＜文章内容＞「田舎の生活に退屈と軽蔑を感じ」て「毎日毎日単調無味な生活に苦しんで」いる恭三は，「東京の学友との知的な交流が恋しく」て，「毎日友人からの音信を心待ちにしていた」ので，それぞれ帰省している大学の友達へ手紙を書くのを日々の「仕事」としていたのである(イ…○)。それはまた，田舎の方言で会話する家族や，古めかしい「拝啓とか頓首とかお定り文句ばかり」で手紙を書く田舎の人々への軽蔑があり，「言文一致」で手紙をやりとりする自分は，東京の大学生として田舎の人々とは違うのだと一線を画すことによって，久々の田舎暮らしで自分が古い田舎の共同体に引き戻されそうになる不快感を，拭い去ろうとしている(エ…○)。

問２＜心情＞恭三があえて「夕飯後」に「村を一周」する散歩に出かけるのは，恭三が，自分以外は婚姻と血縁の関係を持つ「三人暮らし」の家族の中に自分が割り込むことにいたたまれなさを感じており，夕飯後の団欒の時間を家族と共に過ごしたくないからだと考えられる。

問３＜文章内容＞端書に熟語を書いて漢語の知識を友人に見せつけることで，自分が「知的な交流」の相手としてふさわしいことを示している。

問４⑴**＜文章内容＞**恭三以外の三人の家族は，もう寝るばかりにして「蚊帳に入って」いた。　⑵**＜慣用句＞**「蚊帳の外」は，自分だけが事情を知らされず仲間外れにされている状態のこと。「家のもの」は「蚊帳の中」にいて，恭三以外の三人は家族という仲間意識で結束しているが，恭三だけが「蚊帳の外」で，家族という仲間から外れているという状況が表されている。　⑶**＜慣用句＞**「家のもの」は「蚊帳の中」で，恭三だけが「蚊帳の外」という恭三の仲間外れの心境が表されている。

問５＜心情＞家族に疎外感を覚え，義母の子である浅七を父が自分以上にかわいがっているというひがみのある恭三は，頼みごとがあるときだけやさしげに言い掛ける父の態度が気に入らず，こんな簡単な手紙なら父の気に入りの浅七に読ませればよいではないかという不満を抱いたのである。

問６＜文章内容＞⑴恭三が言った「浅七，お前読まなんだのかい」という言葉は，父を怒らせようとしたものではなかったが，その言葉に現れてしまった恭三の父への不満が，意外にも鋭く父を刺激し，父が急に口調を荒らげて恭三に怒鳴ったことに，「恭三はハッとした」のである。　⑵「無学」で自ら「明盲」と称する父には手紙が二通も来て，大学の学友たちからの手紙を心待ちにしている自分には今日は一通も来なかったという失望のため，恭三は素直な気持ちになれないでいる(イ…○)。また，手紙を「一寸読んで見て呉れ」と頼むときには「やさしく言った」父が，「浅七，お前読まなんだのかい」という恭三の不平の言葉で急に機嫌を損ねて声を荒らげ怒鳴ったことについても，恭三はものを頼む立場としておかしいと思っている(ウ…○)。さらに，父も「別に用事はないのやろうけれど」と言っているような親戚からの手紙を読む仕事は，東京の学友と知的なやりとりをする知識人の自分がすることはないという思いもあって(エ…○)，恭三はあっさり読む気になれなかったのである。

問７＜心情＞母が「浅七が蚊帳に入ってから来たもんじゃさかい，読まなんだのやわいの」と，浅七が蚊帳の外に出なくて済むようにかばい(…エ)，「邪魔でも一寸読んで呉んさい」と母にまで言われて，浅七の代わりに自分が蚊に刺され，意味もない手紙を大学生の自分が読む羽目になったと思うと(…イ)，知的な大学生としてそれ相応の扱いを受けず，浅七でもできるようなことをさせられることで，家族から自分がのけ者にされている寂しさを感じ(…ウ)，折から「生温い灰の香が」鼻につき，「蚊」の羽音も耳につき，恭三の苛立ちはますます強くなったのである(…ア)。

問８＜心情＞京都にいる八重からの端書は暑中見舞い，清左衛門の次男からの手紙は村に行商に来たときの礼状で，「いくら長々と書いてあっても何にも意味のないことばかり」ではあったが，手紙が来ること自体，田舎の人々の父を気遣うやさしさにあふれており(ア…○)，字の読めない父には無用な手紙が二通も来るのに，知識人の自分には東京の学友からの返事も来ないということにおもしろくないものを感じ(イ…○)，ただでさえ家族に疎外感を覚えて田舎暮らしに退屈している恭三は，そのうえ，村という共同体からも疎外された気がして，いっそう孤独感を覚えた(エ…○)。

問９＜文章内容＞恭三は，父への反発などの複雑な思いから，手紙を読んでも「何時までも黙って」いて，父に細かな内容を教えなかった。恭三は，決まり文句ばかりを書いた「暑中見舞」と「礼状」で，特に聞かせるべき具体的な内容はないことを繰り返して，端書と手紙の要旨だけを伝えることで，自分は知的な大学生であることや無学な父への軽蔑を表している。

問10＜文章内容＞父がかんしゃくを起して母に枕を投げつけようとし，それを浅七が仲裁し，母が愚痴を言い，猫にまで腹いせに怒鳴る父を母子二人が笑うという，ちょっとしたいさかいとその円満な解決は，家族の日常の自然な姿であり，恭三は，自分だけがのけ者であることを強く感じさせられた。

問11＜文章内容＞(1)文盲の父は，手紙とは，「こんな明盲には一々詳しく読んで聞かして呉れるもん」であり，「同じ暑さ見舞でも」人によって「種々書き様が」あるものなのだから，書き手の言葉遣いのままに，「さあこう書いてある，あゝ書いてある」と「片端から読うで聞かして呉れりゃ嬉しい」ものだと考えている。　(2)父は，手紙を「一々」ていねいに，「さあこう書いてある，あゝ言うてある」と流れるように読んでもらいたいのである。

問12＜心情＞恭三は，父の，東京から恭三が送る手紙には「金を送って呉れって言うより外ね何もない」としても，「一々浅七に初めから」読ませて，それを聞くのが自分も母も「心持よく思う」のだという率直な言葉を聞いて，自分の疎外感が妙なこだわりだったことや，知的な東京の大学生ということで無学無教養な田舎の人々を見下していた態度について，考え直すところがあったのである。

問13. **A＜慣用句＞**「胸を躍らせる」は，喜びで胸をどきどきさせる，という意味。　**B＜表現＞**恭三は，手紙がどこにあるか，「大抵其在所が分って居た」が，父への反発心から，わざと「何処にありますか」と確かめた。　**C＜表現＞**恭三は，手紙を読んでも父に読んで聞かせてやらず，「八重さのは暑中見舞いですし，弟様のは礼状です」と，ごく簡略に手紙の用向きだけを答えた。
D＜慣用句＞「百も承知」は，十分わかっていること。

三〔古文の読解─物語〕出典；『伊勢物語』。

≪現代語訳≫昔，男がいた。(その男は)官位が低かったが，(その男の)母は内親王であった。その当時，(母は)長岡という所に住んでいらっしゃった。子は京で宮仕えしていたので，(母を)見舞おうとしたけれども，そうしょっちゅうは(母の元へ)伺うことはできなかった。(離れて暮らしているうえに)一人っ子でさえあったので，(母は子を)たいそうおかわいがりなさった。そうするうちに，十二月頃に，急なことというわけで(母から)お手紙が来る。(何かあったのではと，子が)驚いて見ると，歌が書いてある。／年をとると，避けられない死別というものがあるというので，(私が死ぬ前に)ますます会いたいあなただよ。／例の子が，ひどく泣いてよんだ(歌がこれである)。／この世の中に死別というものがないといいなぁ。(親には)千年でも(生きてほしい)と祈る，人の子のために。

問１＜古典文法＞係助詞「なむ」の結びは，連体形をとる。助動詞「けり」の連体形は，「ける」。

問２＜古典の知識＞陰暦十二月は，「師走」という。

問３＜古典文法＞「さらぬ別れのありといへば」の「の」と「雪の降りたるは」の「の」は，主格の格助詞。「竹取の翁」の「の」と「百千の家も」の「の」と「月のころは」の「の」は，連体修飾格の格助詞。

問４＜古文の内容理解＞②男の母が，「長岡といふ所」に住んでいらっしゃった。　③男が，母のもとへ伺おうとした。　⑦男が，母からの急な手紙を驚いて見た。

問５＜和歌の内容理解＞親には千年も長生きしてほしいと願う「人の子」とは，親にとっての子のことで，つまり，「男」のことである。

問６＜現代語訳＞①「いやし」は，身分が低い，という意味。　④「え」は，打ち消しの語を伴って，～(が)できない，という意味。「まうづ」は，参上する，という意味。「えまうでず」は，参上することができない，という意味。　⑤「かなしうす」は，かわいがる，という意味。　⑨誰もが避けることのできない別れとは，死に別れのことである。　⑩「もがな」は，願望の終助詞。「なくもがな」は，ないといいなぁ，という意味。

問７＜文学史＞『伊勢物語』は，平安時代に成立した，実在の歌人である在原業平と思われる男を主人公とした歌物語である。

問８＜和歌の内容理解＞Aの和歌は，母が子である男へ，年をとると誰でも死ぬものなので，そう思うとますます会いたいあなただよとよんだもので，なかなか会えない子に会いたい親心を伝えている。Bの和歌は，母からの急な手紙に，何か悪いことでもあったのかと驚いた男が，母が無事であることがわかって安心したものの，老い先短い自分だから死ぬ前にお前に会いたいという親心をよんだ歌に対して，親にはいつまででも長生きしてほしいという子の願いをよんだものである。

問９＜古文の内容理解＞母は，長岡に住んでいて，男は京での宮仕えがあったので，そうしょっちゅうは母の元へ参上できなかった。母は，十二月頃，男に，老い先短い自分だと思うとますますお前に会いたいという和歌を送った(ウ…○)。

高校を受験する生徒とご父母のための…

2025年度用 高校合格資料集

■首都圏有名書店にて今秋発売予定！

※表紙は昨年のものです。

内容目次

1 まず試験日はいつ？推薦ワクは？競争率は？

2 この学校のことはどこに行けば分かるの？

3 かけもち受験のテクニックは？

4 合格するために大事なことが二つ！

5 もしもだよ！試験に落ちたらどうしよう？

6 勉強しても成績があがらない

7 最後の試験は面接だよ！

定価1430円（税込）

当社発行物の無断使用は固くお断りいたします。御使用の前はまずご相談ください。

当社発行物には500点余の首都圏中・高過去問をはじめ、6点の学校案内、そのほかいくつかの情報誌などがございます。その多くが年度版で、限られたスタッフが来るべき受験シーズン前に余裕を持って受験生へ届けられるよう、日夜作業にあたり出版を重ねております。

最近、通塾生ご父母や塾内部からの告発によって、いくつかの塾が許諾なしに当社過去問を複写（コピー）し生徒に配布、授業等にも使用していることが発覚し、その一部が紛争、係争に至っております。過去問には原著作者や管理団体、代行出版等のほか、当社に著作権がございます。当社としましては、著作権侵害の発覚に対しては著作権を有するこれらの著作権関係者にその事実を開示して、マスコミにリリースする場合や法的な措置を取る場合がございます。その事例としましては、毎年当社過去問の発行を待って自由にシステム化使用していたA塾、個別教室でコピーを生徒に解かせ指導していたB塾、冊子化していたC社、生徒の希望によって書籍の過去問代わりにコピーを配布していたD塾などがあります。

当社発行物の全部もしくは一部を無断使用することは固くお断りいたします。

当社コンテンツの中にはリーズナブルな設定で紙面の利用を許諾している塾もたくさんございますので、ご希望の方は、お気軽にご相談くださいますようお願いします。同時に、当社発行物を無断で使用している会社などにつきましての情報もお寄せいただければ幸いです。

株式会社 声の教育社

スーパー過去問の **解説執筆・解答作成スタッフ（在宅）募集！** ※募集要項の詳細は、10月に弊社ホームページ上に掲載します。

2025年度用
高校スーパー過去問

■編集人 声の教育社・編集部
■発行所 株式会社 声の教育社
〒162-0814 東京都新宿区新小川町8-15
☎03-5261-5061㈹ FAX03-5261-5062
https://www.koenokyoikusha.co.jp

※本書の内容についての一切の責任は当社にあります。内容・解説・解答その他の質問等は文書にて当社に御郵送くださるようお願いいたします。

カコを追いかけ
ミライをつかめ
「今の説明、もう一回」を何度でも
web過去問
ストリーミング配信による入試問題の解説動画
声の教育社
詳しくはこちらから

青稜高等学校

別冊 解答用紙

丁寧に抜きとって、別冊としてご使用ください。

★合格者最低点

2024 年度	2023 年度	2022 年度	2021 年度
180	180	207	200

注意

○ 解答用紙は、収録の都合により縮小したものや、小社独自に作成したものもあります。
○ 学校配点は学校発表のもの、推定配点は小社で作成したものです。
○ 無断転載を禁じます。
○ 解答用紙を拡大コピーする場合、表示した拡大率に対応する用紙サイズは以下のとおりです。
101%～102%＝B5　103%～118%＝A4　119%～144%＝B4　145%～167%＝A3
（タイトルと配点表は含みません）

２０２４年度　青稜高等学校

英語解答用紙

評点	/100

氏名

受験番号

※受験番号の記入例　受験番号1番 → 0001 と書き入れ、その数字を正確に塗りつぶしなさい。

1　問1 ①　問2 【A】② 【B】③ 【C】④　問3 3番目⑤ 6番目⑥　問4 3番目⑦ 6番目⑧　問5 (1)⑨ (2)⑩ (3)⑪　問6 (1)⑫ (2)⑬

2　【A】 1① 2② 3③ 4④　【B】 1⑤ 2⑥ 3⑦ 4⑧

3　【A】 ①～⑦　【B】 ⑧

4　①～⑩

5　①～⑩

6　1①～13⑬

7　1①～8⑧

8　1 3番目① 6番目②　2 3番目③ 6番目④　3 3番目⑤ 6番目⑥　4 3番目⑦ 6番目⑧　5 3番目⑨ 6番目⑩　6 3番目⑪ 6番目⑫　7 3番目⑬ 6番目⑭　8 3番目⑮ 6番目⑯

※注意事項
1.記入は、必ずHB・Bの黒鉛筆を使用すること。
2.訂正の場合は完全に消しゴムで消し、くずはきれいに取り除くこと。
3.用紙を汚したり折り曲げたりしないこと。
4.マークの方法　良い例：●　悪い例：

（注）この解答用紙は実物を縮小してあります。Ａ３用紙に145％拡大コピーすると、ほぼ実物大で使用できます。（タイトルと配点表は含みません）

推定配点		計
	1 問1、問2 各1点×4 問3、問4 各2点×2 問5 各1点×3 問6 各2点×2 2、3 各1点×16 4、5 各2点×20 6～8 各1点×29〔8は各1点×8〕	100点

2024年度　青稜高等学校

数学解答用紙

評点
/100

1

(1)		(2)			(3)				(4)	
ア	イ	ウ	エ	オ	カ	キ	ク	ケ	コ	サ
1	1	1	1	1	1	1	1	1	1	1
2	2	2	2	2	2	2	2	2	2	2
3	3	3	3	3	3	3	3	3	3	3
4	4	4	4	4	4	4	4	4	4	4
5	5	5	5	5	5	5	5	5	5	5
6	6	6	6	6	6	6	6	6	6	6
7	7	7	7	7	7	7	7	7	7	7
8	8	8	8	8	8	8	8	8	8	8
9	9	9	9	9	9	9	9	9	9	9
0	0	0	0	0	0	0	0	0	0	0

2

(1)			(2)				(3)				(4)	
ア	イ	ウ	エ	オ	カ	キ	ク	ケ	コ	サ	シ	ス
1	1	1	1	1	1	1	1	1	1	1	1	1
2	2	2	2	2	2	2	2	2	2	2	2	2
3	3	3	3	3	3	3	3	3	3	3	3	3
4	4	4	4	4	4	4	4	4	4	4	4	4
5	5	5	5	5	5	5	5	5	5	5	5	5
6	6	6	6	6	6	6	6	6	6	6	6	6
7	7	7	7	7	7	7	7	7	7	7	7	7
8	8	8	8	8	8	8	8	8	8	8	8	8
9	9	9	9	9	9	9	9	9	9	9	9	9
0	0	0	0	0	0	0	0	0	0	0	0	0

3

(1)				(2)			(3)	(4)				(5)	
ア	イ	ウ	エ	オ	カ	キ	ク	ケ	コ	サ	シ	ス	セ
1	1	1	1	1	1	1	1	1	1	1	1	1	1
2	2	2	2	2	2	2	2	2	2	2	2	2	2
3	3	3	3	3	3	3	3	3	3	3	3	3	3
4	4	4	4	4	4	4	4	4	4	4	4	4	4
5	5	5	5	5	5	5	5	5	5	5	5	5	5
6	6	6	6	6	6	6	6	6	6	6	6	6	6
7	7	7	7	7	7	7	7	7	7	7	7	7	7
8	8	8	8	8	8	8	8	8	8	8	8	8	8
9	9	9	9	9	9	9	9	9	9	9	9	9	9
0	0	0	0	0	0	0	0	0	0	0	0	0	0

4

(1)					(2)			
ア	イ	ウ	エ	オ	カ	キ	ク	ケ
1	1	1	1	1	1	1	1	1
2	2	2	2	2	2	2	2	2
3	3	3	3	3	3	3	3	3
4	4	4	4	4	4	4	4	4
5	5	5	5	5	5	5	5	5
6	6	6	6	6	6	6	6	6
7	7	7	7	7	7	7	7	7
8	8	8	8	8	8	8	8	8
9	9	9	9	9	9	9	9	9
0	0	0	0	0	0	0	0	0

5

(1)			(2)	
ア	イ	ウ	エ	オ
1	1	1	1	1
2	2	2	2	2
3	3	3	3	3
4	4	4	4	4
5	5	5	5	5
6	6	6	6	6
7	7	7	7	7
8	8	8	8	8
9	9	9	9	9
0	0	0	0	0

6

(1)				(2)		(3)		
ア	イ	ウ	エ	オ	カ	キ	ク	ケ
1	1	1	1	1	1	1	1	1
2	2	2	2	2	2	2	2	2
3	3	3	3	3	3	3	3	3
4	4	4	4	4	4	4	4	4
5	5	5	5	5	5	5	5	5
6	6	6	6	6	6	6	6	6
7	7	7	7	7	7	7	7	7
8	8	8	8	8	8	8	8	8
9	9	9	9	9	9	9	9	9
0	0	0	0	0	0	0	0	0

受験番号

1	1	1	1
2	2	2	2
3	3	3	3
4	4	4	4
5	5	5	5
6	6	6	6
7	7	7	7
8	8	8	8
9	9	9	9
0	0	0	0

※受験番号の記入例
受験番号１番
↓
0001
と書き入れ,その数字を正確に塗りつぶしなさい。

※注意事項
1.記入は、必ずHB・Bの黒鉛筆を使用すること。
2.訂正の場合は完全に消しゴムで消し、くずはきれいに取り除くこと。
3.用紙を汚したり折り曲げたりしないこと。
4.マークの方法　良い例：●　悪い例：

氏　名

(注)　この解答用紙は実物を縮小してあります。Ｂ４用紙に141％拡大コピーすると、ほぼ実物大で使用できます。（タイトルと配点表は含みません）

推定配点	
1～6　各5点×20	
計	100点

二〇二四年度　青稜高等学校

国語解答用紙

評点
/100

※注意事項
1.記入は、必ずHB・Bの黒鉛筆を使用すること。
2.訂正の場合は完全に消しゴムで消し、くずはきれいに取り除くこと。
3.用紙を汚したり折り曲げたりしないこと。
4.マークの方法　良い例:●　悪い例:

三

設問	番号	選択肢
問1	1	㋐ ㋑ ㋒ ㋓ ㋔
問2	2	㋐ ㋑ ㋒ ㋓
問3	3	㋐ ㋑ ㋒ ㋓
問4	4	㋐ ㋑ ㋒ ㋓
問5	5	㋐ ㋑ ㋒ ㋓
問6	6	㋐ ㋑ ㋒ ㋓
問7	7	㋐ ㋑ ㋒ ㋓
問8	8	㋐ ㋑ ㋒ ㋓
問9	9	㋐ ㋑ ㋒ ㋓
問10	10	㋐ ㋑ ㋒ ㋓
問11A	11	㋐ ㋑ ㋒ ㋓
問11B	12	㋐ ㋑ ㋒ ㋓

二

設問	番号	選択肢
問1(ア)	1	① ② ③ ④
問1(イ)	2	① ② ③ ④
問1(ウ)	3	① ② ③ ④
問2(a)	4	① ② ③ ④ ⑤ ⑥
問2(b)	5	① ② ③ ④ ⑤ ⑥
問2(c)	6	① ② ③ ④ ⑤ ⑥
問3(1)	7	㋐ ㋑ ㋒ ㋓
問3(2)	8	㋐ ㋑ ㋒ ㋓
問4	9	㋐ ㋑ ㋒ ㋓
問5	10	㋐ ㋑ ㋒ ㋓
問6	11	㋐ ㋑ ㋒ ㋓
問7	12	㋐ ㋑ ㋒ ㋓
問8	13	㋐ ㋑ ㋒ ㋓
問9	14	㋐ ㋑ ㋒ ㋓
問10	15	㋐ ㋑ ㋒ ㋓
問11	16	㋐ ㋑ ㋒ ㋓
問12(1)Ⅰ	17	㋐ ㋑ ㋒ ㋓ ㋔ ㋕ ㋖ ㋗
問12(1)Ⅱ	18	㋐ ㋑ ㋒ ㋓ ㋔ ㋕ ㋖ ㋗
問12(1)Ⅲ	19	㋐ ㋑ ㋒ ㋓ ㋔ ㋕ ㋖ ㋗
問12(1)Ⅳ	20	㋐ ㋑ ㋒ ㋓ ㋔ ㋕ ㋖ ㋗
問12(2)a	21	㋐ ㋑ ㋒ ㋓ ㋔ ㋕ ㋖ ㋗ ㋘ ㋙
問12(2)b	22	㋐ ㋑ ㋒ ㋓ ㋔ ㋕ ㋖ ㋗ ㋘ ㋙
問12(2)c	23	㋐ ㋑ ㋒ ㋓ ㋔ ㋕ ㋖ ㋗ ㋘ ㋙
問12(2)d	24	㋐ ㋑ ㋒ ㋓ ㋔ ㋕ ㋖ ㋗ ㋘ ㋙

一

設問	番号	選択肢
問1a	1	㋐ ㋑ ㋒ ㋓
問1b	2	㋐ ㋑ ㋒ ㋓
問1c	3	㋐ ㋑ ㋒ ㋓
問1d	4	㋐ ㋑ ㋒ ㋓
問1e	5	㋐ ㋑ ㋒ ㋓
問1f	6	㋐ ㋑ ㋒ ㋓
問1g	7	㋐ ㋑ ㋒ ㋓
問1h	8	㋐ ㋑ ㋒ ㋓
問1i	9	㋐ ㋑ ㋒ ㋓
問1j	10	㋐ ㋑ ㋒ ㋓
問2(1)	11	㋐ ㋑ ㋒ ㋓
問2(2)	12	㋐ ㋑ ㋒ ㋓
問3	13	㋐ ㋑ ㋒ ㋓ ㋔
	14	㋐ ㋑ ㋒ ㋓ ㋔
問4	15	㋐ ㋑ ㋒ ㋓
問5	16	㋐ ㋑ ㋒ ㋓
問6	17	㋐ ㋑ ㋒ ㋓
問7	18	㋐ ㋑ ㋒ ㋓
問8	19	㋐ ㋑ ㋒ ㋓
問9	20	㋐ ㋑ ㋒ ㋓
問10	21	㋐ ㋑ ㋒ ㋓ ㋔
	22	㋐ ㋑ ㋒ ㋓ ㋔
問11	23	㋐ ㋑ ㋒ ㋓

（注）この解答用紙は実物を縮小してあります。Ｂ４用紙に137％拡大コピーすると、ほぼ実物大で使用できます。（タイトルと配点表は含みません）

受験番号			
①	①	①	①
②	②	②	②
③	③	③	③
④	④	④	④
⑤	⑤	⑤	⑤
⑥	⑥	⑥	⑥
⑦	⑦	⑦	⑦
⑧	⑧	⑧	⑧
⑨	⑨	⑨	⑨
⓪	⓪	⓪	⓪

※受験番号の記入例
受験番号１番
↓
0001
と書き入れ、その数字を正確に塗りつぶしなさい。

氏　　　名

推定配点	
一　問１　各１点×10　問２～問11　各２点×13	
二　問１、問２　各１点×６　問３～問12　各２点×18	
三　問１～問10　各２点×10　問11　各１点×２	
100点	計

２０２３年度　青稜高等学校

英語解答用紙

評点
／100

氏名

8			
1	3番目 ①	㋐ ㋑ ㋒ ㋓ ㋔ ㋕ ㋖ ㋗
	6番目 ②	㋐ ㋑ ㋒ ㋓ ㋔ ㋕ ㋖ ㋗
2	3番目 ③	㋐ ㋑ ㋒ ㋓ ㋔ ㋕ ㋖ ㋗
	6番目 ④	㋐ ㋑ ㋒ ㋓ ㋔ ㋕ ㋖ ㋗
3	3番目 ⑤	㋐ ㋑ ㋒ ㋓ ㋔ ㋕ ㋖ ㋗
	6番目 ⑥	㋐ ㋑ ㋒ ㋓ ㋔ ㋕ ㋖ ㋗
4	3番目 ⑦	㋐ ㋑ ㋒ ㋓ ㋔ ㋕ ㋖ ㋗
	6番目 ⑧	㋐ ㋑ ㋒ ㋓ ㋔ ㋕ ㋖ ㋗
5	3番目 ⑨	㋐ ㋑ ㋒ ㋓ ㋔ ㋕ ㋖ ㋗
	6番目 ⑩	㋐ ㋑ ㋒ ㋓ ㋔ ㋕ ㋖ ㋗
6	3番目 ⑪	㋐ ㋑ ㋒ ㋓ ㋔ ㋕ ㋖ ㋗
	6番目 ⑫	㋐ ㋑ ㋒ ㋓ ㋔ ㋕ ㋖ ㋗
7	3番目 ⑬	㋐ ㋑ ㋒ ㋓ ㋔ ㋕ ㋖ ㋗
	6番目 ⑭	㋐ ㋑ ㋒ ㋓ ㋔ ㋕ ㋖ ㋗
8	3番目 ⑮	㋐ ㋑ ㋒ ㋓ ㋔ ㋕ ㋖ ㋗
	6番目 ⑯	㋐ ㋑ ㋒ ㋓ ㋔ ㋕ ㋖ ㋗

6		
1	①	㋐ ㋑ ㋒ ㋓
2	②	㋐ ㋑ ㋒ ㋓
3	③	㋐ ㋑ ㋒ ㋓
4	④	㋐ ㋑ ㋒ ㋓
5	⑤	㋐ ㋑ ㋒ ㋓
6	⑥	㋐ ㋑ ㋒ ㋓
7	⑦	㋐ ㋑ ㋒ ㋓
8	⑧	㋐ ㋑ ㋒ ㋓
9	⑨	㋐ ㋑ ㋒ ㋓
10	⑩	㋐ ㋑ ㋒ ㋓
11	⑪	㋐ ㋑ ㋒ ㋓
12	⑫	㋐ ㋑ ㋒ ㋓
13	⑬	㋐ ㋑ ㋒ ㋓

7		
1	①	㋐ ㋑ ㋒ ㋓ ㋔
2	②	㋐ ㋑ ㋒ ㋓ ㋔
3	③	㋐ ㋑ ㋒ ㋓ ㋔
4	④	㋐ ㋑ ㋒ ㋓ ㋔
5	⑤	㋐ ㋑ ㋒ ㋓ ㋔
6	⑥	㋐ ㋑ ㋒ ㋓ ㋔
7	⑦	㋐ ㋑ ㋒ ㋓ ㋔
8	⑧	㋐ ㋑ ㋒ ㋓ ㋔

3		
【A】	①	㋐ ㋑ ㋒ ㋓ ㋔ ㋕ ㋖ ㋗ ㋘ ㋙
	②	㋐ ㋑ ㋒ ㋓ ㋔ ㋕ ㋖ ㋗ ㋘ ㋙
	③	㋐ ㋑ ㋒ ㋓ ㋔ ㋕ ㋖ ㋗ ㋘ ㋙
	④	㋐ ㋑ ㋒ ㋓ ㋔ ㋕ ㋖ ㋗ ㋘ ㋙
	⑤	㋐ ㋑ ㋒ ㋓ ㋔ ㋕ ㋖ ㋗ ㋘ ㋙
	⑥	㋐ ㋑ ㋒ ㋓ ㋔ ㋕ ㋖ ㋗ ㋘ ㋙
	⑦	㋐ ㋑ ㋒ ㋓ ㋔ ㋕ ㋖ ㋗ ㋘ ㋙
【B】	⑧	㋐ ㋑ ㋒ ㋓

4	
①	㋐ ㋑ ㋒ ㋓ ㋔ ㋕ ㋖ ㋗ ㋘ ㋙
②	㋐ ㋑ ㋒ ㋓ ㋔ ㋕ ㋖ ㋗ ㋘ ㋙
③	㋐ ㋑ ㋒ ㋓ ㋔ ㋕ ㋖ ㋗ ㋘ ㋙
④	㋐ ㋑ ㋒ ㋓ ㋔ ㋕ ㋖ ㋗ ㋘ ㋙
⑤	㋐ ㋑ ㋒ ㋓ ㋔ ㋕ ㋖ ㋗ ㋘ ㋙
⑥	㋐ ㋑ ㋒ ㋓ ㋔ ㋕ ㋖ ㋗ ㋘ ㋙
⑦	㋐ ㋑ ㋒ ㋓ ㋔ ㋕ ㋖ ㋗ ㋘ ㋙
⑧	㋐ ㋑ ㋒ ㋓ ㋔ ㋕ ㋖ ㋗ ㋘ ㋙
⑨	㋐ ㋑ ㋒ ㋓ ㋔ ㋕ ㋖ ㋗ ㋘ ㋙
⑩	㋐ ㋑ ㋒ ㋓ ㋔ ㋕ ㋖ ㋗ ㋘ ㋙

5	
①	㋐ ㋑ ㋒ ㋓ ㋔ ㋕ ㋖ ㋗ ㋘ ㋙
②	㋐ ㋑ ㋒ ㋓ ㋔ ㋕ ㋖ ㋗ ㋘ ㋙
③	㋐ ㋑ ㋒ ㋓ ㋔ ㋕ ㋖ ㋗ ㋘ ㋙
④	㋐ ㋑ ㋒ ㋓ ㋔ ㋕ ㋖ ㋗ ㋘ ㋙
⑤	㋐ ㋑ ㋒ ㋓ ㋔ ㋕ ㋖ ㋗ ㋘ ㋙
⑥	㋐ ㋑ ㋒ ㋓ ㋔ ㋕ ㋖ ㋗ ㋘ ㋙
⑦	㋐ ㋑ ㋒ ㋓ ㋔ ㋕ ㋖ ㋗ ㋘ ㋙
⑧	㋐ ㋑ ㋒ ㋓ ㋔ ㋕ ㋖ ㋗ ㋘ ㋙
⑨	㋐ ㋑ ㋒ ㋓ ㋔ ㋕ ㋖ ㋗ ㋘ ㋙
⑩	㋐ ㋑ ㋒ ㋓ ㋔ ㋕ ㋖ ㋗ ㋘ ㋙

1		
問1	【A】①	㋐ ㋑ ㋒
	【B】②	㋐ ㋑ ㋒
	【C】③	㋐ ㋑ ㋒
問2	④	㋐ ㋑ ㋒ ㋓
問3	3番目 ⑤	㋐ ㋑ ㋒ ㋓ ㋔ ㋕ ㋖ ㋗
	6番目 ⑥	㋐ ㋑ ㋒ ㋓ ㋔ ㋕ ㋖ ㋗
問4	3番目 ⑦	㋐ ㋑ ㋒ ㋓ ㋔ ㋕ ㋖ ㋗
	6番目 ⑧	㋐ ㋑ ㋒ ㋓ ㋔ ㋕ ㋖ ㋗
問5	(1) ⑨	㋐ ㋑ ㋒ ㋓ ㋔
	(2) ⑩	㋐ ㋑ ㋒ ㋓ ㋔
	(3) ⑪	㋐ ㋑ ㋒ ㋓ ㋔
	(4) ⑫	㋐ ㋑ ㋒ ㋓ ㋔
	(5) ⑬	㋐ ㋑ ㋒ ㋓ ㋔

2		
【A】	①	㋐ ㋑ ㋒ ㋓
	②	㋐ ㋑ ㋒ ㋓
	③	㋐ ㋑ ㋒ ㋓
	④	㋐ ㋑ ㋒ ㋓
【B】	⑤	㋐ ㋑ ㋒
	⑥	㋐ ㋑ ㋒
	⑦	㋐ ㋑ ㋒
	⑧	㋐ ㋑ ㋒

受験番号			
①	①	①	①
②	②	②	②
③	③	③	③
④	④	④	④
⑤	⑤	⑤	⑤
⑥	⑥	⑥	⑥
⑦	⑦	⑦	⑦
⑧	⑧	⑧	⑧
⑨	⑨	⑨	⑨
⓪	⓪	⓪	⓪

※受験番号の記入例
受験番号１番
↓
０００１
と書き入れ、その数字を正確に塗りつぶしなさい。

※注意事項
1.記入は、必ずHB・Bの黒鉛筆を使用すること。
2.訂正の場合は完全に消しゴムで消し、くずはきれいに取り除くこと。
3.用紙を汚したり折り曲げたりしないこと。
4.マークの方法　良い例:●　悪い例:⊘ ⊙ ⓪ ①

（注）この解答用紙は実物を縮小してあります。Ａ３用紙に147%拡大コピーすると、ほぼ実物大で使用できます。（タイトルと配点表は含みません）

推定配点

1 問1　各2点×3　問2、問3　各1点×2　問4　2点
問5　各1点×5
2、3　各1点×16
4、5　各2点×20
6～8　各1点×29〔8は各1点×8〕

計	100点

２０２３年度　青稜高等学校

数学解答用紙

評点	
	/100

受験番号			
1	1	1	1
2	2	2	2
3	3	3	3
4	4	4	4
5	5	5	5
6	6	6	6
7	7	7	7
8	8	8	8
9	9	9	9
0	0	0	0

※受験番号の記入例
受験番号１番
↓
０００１
と書き入れ,その数字を正確に塗りつぶしなさい。

1

(1)		(2)		(3)				(4)	
ア	イ	ウ	エ	オ	カ	キ	ク	ケ	コ
1	1	1	1	1	1	1	1	1	1
2	2	2	2	2	2	2	2	2	2
3	3	3	3	3	3	3	3	3	3
4	4	4	4	4	4	4	4	4	4
5	5	5	5	5	5	5	5	5	5
6	6	6	6	6	6	6	6	6	6
7	7	7	7	7	7	7	7	7	7
8	8	8	8	8	8	8	8	8	8
9	9	9	9	9	9	9	9	9	9
0	0	0	0	0	0	0	0	0	0

2

(1)				(2)				(3)			(4)			
ア	イ	ウ	エ	オ	カ	キ	ク	ケ	コ	サ	シ	ス	セ	ソ
1	1	1	1	1	1	1	1	1	1	1	1	1	1	1
2	2	2	2	2	2	2	2	2	2	2	2	2	2	2
3	3	3	3	3	3	3	3	3	3	3	3	3	3	3
4	4	4	4	4	4	4	4	4	4	4	4	4	4	4
5	5	5	5	5	5	5	5	5	5	5	5	5	5	5
6	6	6	6	6	6	6	6	6	6	6	6	6	6	6
7	7	7	7	7	7	7	7	7	7	7	7	7	7	7
8	8	8	8	8	8	8	8	8	8	8	8	8	8	8
9	9	9	9	9	9	9	9	9	9	9	9	9	9	9
0	0	0	0	0	0	0	0	0	0	0	0	0	0	0

3

(1)		(2)				(3)			(4)			(5)			
ア	イ	ウ	エ	オ	カ	キ	ク	ケ	コ	サ	シ	ス	セ	ソ	タ
1	1	1	1	1	1	1	1	1	1	1	1	1	1	1	1
2	2	2	2	2	2	2	2	2	2	2	2	2	2	2	2
3	3	3	3	3	3	3	3	3	3	3	3	3	3	3	3
4	4	4	4	4	4	4	4	4	4	4	4	4	4	4	4
5	5	5	5	5	5	5	5	5	5	5	5	5	5	5	5
6	6	6	6	6	6	6	6	6	6	6	6	6	6	6	6
7	7	7	7	7	7	7	7	7	7	7	7	7	7	7	7
8	8	8	8	8	8	8	8	8	8	8	8	8	8	8	8
9	9	9	9	9	9	9	9	9	9	9	9	9	9	9	9
0	0	0	0	0	0	0	0	0	0	0	0	0	0	0	0

※注意事項
1.記入は、必ずHB･Bの黒鉛筆を使用すること。
2.訂正の場合は完全に消しゴムで消し、くずはきれいに取り除くこと。
3.用紙を汚したり折り曲げたりしないこと。
4.マークの方法　良い例：●　悪い例：

氏　　　名

4

(1)		(2)		
ア	イ	ウ	エ	オ
1	1	1	1	1
2	2	2	2	2
3	3	3	3	3
4	4	4	4	4
5	5	5	5	5
6	6	6	6	6
7	7	7	7	7
8	8	8	8	8
9	9	9	9	9
0	0	0	0	0

5

(1)			(2)				
ア	イ	ウ	エ	オ	カ	キ	ク
1	1	1	1	1	1	1	1
2	2	2	2	2	2	2	2
3	3	3	3	3	3	3	3
4	4	4	4	4	4	4	4
5	5	5	5	5	5	5	5
6	6	6	6	6	6	6	6
7	7	7	7	7	7	7	7
8	8	8	8	8	8	8	8
9	9	9	9	9	9	9	9
0	0	0	0	0	0	0	0

6

(1)					(2)		(3)			
ア	イ	ウ	エ	オ	カ	キ	ク	ケ	コ	サ
1	1	1	1	1	1	1	1	1	1	1
2	2	2	2	2	2	2	2	2	2	2
3	3	3	3	3	3	3	3	3	3	3
4	4	4	4	4	4	4	4	4	4	4
5	5	5	5	5	5	5	5	5	5	5
6	6	6	6	6	6	6	6	6	6	6
7	7	7	7	7	7	7	7	7	7	7
8	8	8	8	8	8	8	8	8	8	8
9	9	9	9	9	9	9	9	9	9	9
0	0	0	0	0	0	0	0	0	0	0

(注)　この解答用紙は実物を縮小してあります。Ｂ４用紙に139％拡大コピーすると、ほぼ実物大で使用できます。（タイトルと配点表は含みません）

推定配点	
1～6　各5点×20	
100点	計

二〇二三年度　青稜高等学校

国語解答用紙

評点	/100

※注意事項
1.記入は、必ずHB・Bの黒鉛筆を使用すること。
2.訂正の場合は完全に消しゴムで消し、くずはきれいに取り除くこと。
3.用紙を汚したり折り曲げたりしないこと。
4.マークの方法　良い例:●　悪い例:◐ ⊙ ◑

(注) この解答用紙は実物を縮小してあります。Ｂ４用紙に135%拡大コピーすると、ほぼ実物大で使用できます。(タイトルと配点表は含みません)

三

問	番号	選択肢
問1 A	1	㋐ ㋑ ㋒ ㋓
問1 B	2	㋐ ㋑ ㋒ ㋓
問1 C	3	㋐ ㋑ ㋒ ㋓
問1 D	4	㋐ ㋑ ㋒ ㋓
問2	5	㋐ ㋑ ㋒ ㋓
問3	6	㋐ ㋑ ㋒ ㋓
問4	7	㋐ ㋑ ㋒ ㋓
問5	8	㋐ ㋑ ㋒ ㋓
問6	9	㋐ ㋑ ㋒ ㋓
問7	10	㋐ ㋑ ㋒ ㋓
	11	㋐ ㋑ ㋒ ㋓
	12	㋐ ㋑ ㋒ ㋓
問8	13	ⅰ ⅱ ⅲ
問9	14	㋐ ㋑ ㋒ ㋓

二

問	番号	選択肢
問1	1	㋐ ㋑ ㋒ ㋓
問2	2	㋐ ㋑ ㋒ ㋓
問3	3	㋐ ㋑ ㋒ ㋓
問4	4	㋐ ㋑ ㋒ ㋓
問5	5	㋐ ㋑ ㋒ ㋓
問6	6	㋐ ㋑ ㋒ ㋓
問7	7	㋐ ㋑ ㋒ ㋓
問8(1)	8	㋐ ㋑ ㋒ ㋓
問8(2)	9	㋐ ㋑ ㋒ ㋓ ㋔
	10	㋐ ㋑ ㋒ ㋓ ㋔
問9	11	㋐ ㋑ ㋒ ㋓
問10	12	㋐ ㋑ ㋒ ㋓
問11	13	㋐ ㋑ ㋒ ㋓

一

問	番号	選択肢
問1	1	㋐ ㋑ ㋒ ㋓
問2	2	㋐ ㋑ ㋒ ㋓
問3	3	① ② ③ ④ ⑤ ⑥ ⑦ ⑧ ⑨ ⑩ ⑪ ⑫ ⑬ ⑭ ⑮ ⑯
問4	4	㋐ ㋑ ㋒ ㋓
問5	5	㋐ ㋑ ㋒ ㋓
問6	6	㋐ ㋑ ㋒ ㋓
問7	7	ⅰ ⅱ ⅲ ⅳ ⅴ
問8	8	Ⓐ Ⓑ Ⓒ Ⓓ Ⓔ
問9	9	㋐ ㋑ ㋒ ㋓ ㋔ ㋕ ㋖ ㋗
	10	㋐ ㋑ ㋒ ㋓ ㋔ ㋕ ㋖ ㋗
	11	㋐ ㋑ ㋒ ㋓ ㋔ ㋕ ㋖ ㋗
問10	12	㋐ ㋑ ㋒ ㋓
問11	13	㋐ ㋑ ㋒ ㋓
	14	㋐ ㋑ ㋒ ㋓
	15	㋐ ㋑ ㋒ ㋓
問12	16	㋐ ㋑ ㋒ ㋓
問13	17	ⓐ ⓑ ⓒ ⓓ
	18	ⓐ ⓑ ⓒ ⓓ
問14 a	19	㋐ ㋑ ㋒ ㋓
問14 b	20	㋐ ㋑ ㋒ ㋓
問14 c	21	㋐ ㋑ ㋒ ㋓
問14 d	22	㋐ ㋑ ㋒ ㋓
問14 e	23	㋐ ㋑ ㋒ ㋓
問14 f	24	㋐ ㋑ ㋒ ㋓
問14 g	25	㋐ ㋑ ㋒ ㋓

氏名	

受験番号			
①	①	①	①
②	②	②	②
③	③	③	③
④	④	④	④
⑤	⑤	⑤	⑤
⑥	⑥	⑥	⑥
⑦	⑦	⑦	⑦
⑧	⑧	⑧	⑧
⑨	⑨	⑨	⑨
⓪	⓪	⓪	⓪

※受験番号の記入例
受験番号1番
↓
0001
と書き入れ、その数字を正確に塗りつぶしなさい。

推定配点		計
	問一 問1～問7 各2点×7 問8 3点 問9 各1点×3 問10 3点 問11～問13 各2点×6 問14 各1点×7 問二 問1～問9 各2点×11 問10、問11 各3点×2 問三 問1～問4 各2点×7 問5 3点 問6～問8 各2点×5 問9 3点	100点

２０２２年度　青稜高等学校

英語解答用紙

評点　／100

氏名

8

1	3番目 ①	ア	イ	ウ	エ	オ	カ	キ
	5番目 ②	ア	イ	ウ	エ	オ	カ	キ
2	3番目 ③	ア	イ	ウ	エ	オ	カ	キ
	5番目 ④	ア	イ	ウ	エ	オ	カ	キ
3	3番目 ⑤	ア	イ	ウ	エ	オ	カ	キ
	5番目 ⑥	ア	イ	ウ	エ	オ	カ	キ
4	3番目 ⑦	ア	イ	ウ	エ	オ	カ	キ
	5番目 ⑧	ア	イ	ウ	エ	オ	カ	キ
5	3番目 ⑨	ア	イ	ウ	エ	オ	カ	キ
	5番目 ⑩	ア	イ	ウ	エ	オ	カ	キ
6	3番目 ⑪	ア	イ	ウ	エ	オ	カ	キ
	5番目 ⑫	ア	イ	ウ	エ	オ	カ	キ
7	3番目 ⑬	ア	イ	ウ	エ	オ	カ	キ
	5番目 ⑭	ア	イ	ウ	エ	オ	カ	キ
8	3番目 ⑮	ア	イ	ウ	エ	オ	カ	キ
	5番目 ⑯	ア	イ	ウ	エ	オ	カ	キ

6

1	①	ア	イ	ウ	エ
2	②	ア	イ	ウ	エ
3	③	ア	イ	ウ	エ
4	④	ア	イ	ウ	エ
5	⑤	ア	イ	ウ	エ
6	⑥	ア	イ	ウ	エ
7	⑦	ア	イ	ウ	エ
8	⑧	ア	イ	ウ	エ
9	⑨	ア	イ	ウ	エ
10	⑩	ア	イ	ウ	エ
11	⑪	ア	イ	ウ	エ
12	⑫	ア	イ	ウ	エ
13	⑬	ア	イ	ウ	エ

7

1	①	ア	イ	ウ	エ	オ
2	②	ア	イ	ウ	エ	オ
3	③	ア	イ	ウ	エ	オ
4	④	ア	イ	ウ	エ	オ
5	⑤	ア	イ	ウ	エ	オ
6	⑥	ア	イ	ウ	エ	オ
7	⑦	ア	イ	ウ	エ	オ
8	⑧	ア	イ	ウ	エ	オ

3

①	ア	イ	ウ	エ
②	ア	イ	ウ	エ
③	ア	イ	ウ	エ
④	ア	イ	ウ	エ
⑤	ア	イ	ウ	エ
⑥	ア	イ	ウ	エ

4

①	ア	イ	ウ	エ	オ	カ	キ	ク	ケ	コ
②	ア	イ	ウ	エ	オ	カ	キ	ク	ケ	コ
③	ア	イ	ウ	エ	オ	カ	キ	ク	ケ	コ
④	ア	イ	ウ	エ	オ	カ	キ	ク	ケ	コ
⑤	ア	イ	ウ	エ	オ	カ	キ	ク	ケ	コ
⑥	ア	イ	ウ	エ	オ	カ	キ	ク	ケ	コ
⑦	ア	イ	ウ	エ	オ	カ	キ	ク	ケ	コ
⑧	ア	イ	ウ	エ	オ	カ	キ	ク	ケ	コ
⑨	ア	イ	ウ	エ	オ	カ	キ	ク	ケ	コ
⑩	ア	イ	ウ	エ	オ	カ	キ	ク	ケ	コ

5

①	ア	イ	ウ	エ	オ	カ	キ	ク	ケ	コ
②	ア	イ	ウ	エ	オ	カ	キ	ク	ケ	コ
③	ア	イ	ウ	エ	オ	カ	キ	ク	ケ	コ
④	ア	イ	ウ	エ	オ	カ	キ	ク	ケ	コ
⑤	ア	イ	ウ	エ	オ	カ	キ	ク	ケ	コ
⑥	ア	イ	ウ	エ	オ	カ	キ	ク	ケ	コ
⑦	ア	イ	ウ	エ	オ	カ	キ	ク	ケ	コ
⑧	ア	イ	ウ	エ	オ	カ	キ	ク	ケ	コ
⑨	ア	イ	ウ	エ	オ	カ	キ	ク	ケ	コ
⑩	ア	イ	ウ	エ	オ	カ	キ	ク	ケ	コ

1

問1	3番目 ①	ア	イ	ウ	エ	オ	カ	キ	ク
	6番目 ②	ア	イ	ウ	エ	オ	カ	キ	ク
問2	③	ア	イ	ウ	エ				
問3	④	ア	イ	ウ	エ	オ			
	⑤	ア	イ	ウ	エ	オ			
問4	⑥	ア	イ	ウ	エ				
問5	⑦	ア	イ						
	⑧	ア	イ						
	⑨	ア	イ						
	⑩	ア	イ						
	⑪	ア	イ						

2

【A】	①	ア	イ	ウ	エ
	②	ア	イ	ウ	エ
	③	ア	イ	ウ	エ
	④	ア	イ	ウ	エ
【B】	⑤	ア	イ	ウ	
	⑥	ア	イ	ウ	
	⑦	ア	イ	ウ	
	⑧	ア	イ	ウ	

受験番号

①	①	①	①
②	②	②	②
③	③	③	③
④	④	④	④
⑤	⑤	⑤	⑤
⑥	⑥	⑥	⑥
⑦	⑦	⑦	⑦
⑧	⑧	⑧	⑧
⑨	⑨	⑨	⑨
⓪	⓪	⓪	⓪

※受験番号の記入例
受験番号１番
↓
０００１
と書き入れ、その数字を正確に塗りつぶしなさい。

※注意事項
1.記入は、必ずHB・Bの黒鉛筆を使用すること。
2.訂正の場合は完全に消しゴムで消し、くずはきれいに取り除くこと。
3.用紙を汚したり折り曲げたりしないこと。
4.マークの方法　良い例：●　悪い例：

（注）この解答用紙は実物を縮小してあります。Ａ３用紙に145%拡大コピーすると、ほぼ実物大で使用できます。（タイトルと配点表は含みません）

推定配点

1 問1、問2 各1点×2　問3 各2点×2　問4 1点　問5 各2点×5
2、3 各1点×14
4、5 各2点×20
6～8 各1点×29〔8は各1点×8〕

計　100点

2022年度　青稜高等学校

数学解答用紙

受験番号			
1	1	1	1
2	2	2	2
3	3	3	3
4	4	4	4
5	5	5	5
6	6	6	6
7	7	7	7
8	8	8	8
9	9	9	9
0	0	0	0

※受験番号の記入例
受験番号１番
↓
0001
と書き入れ，その数字を正確に塗りつぶしなさい。

1

(1)		(2)			(3)		(4)	
ア	イ	ウ	エ	オ	カ	キ	ク	ケ
1	1	1	1	1	1	1	1	1
2	2	2	2	2	2	2	2	2
3	3	3	3	3	3	3	3	3
4	4	4	4	4	4	4	4	4
5	5	5	5	5	5	5	5	5
6	6	6	6	6	6	6	6	6
7	7	7	7	7	7	7	7	7
8	8	8	8	8	8	8	8	8
9	9	9	9	9	9	9	9	9
0	0	0	0	0	0	0	0	0

2

(1)		(2)		(3)				(4)			
ア	イ	ウ	エ	オ	カ	キ	ク	ケ	コ	サ	シ
1	1	1	1	1	1	1	1	1	1	1	1
2	2	2	2	2	2	2	2	2	2	2	2
3	3	3	3	3	3	3	3	3	3	3	3
4	4	4	4	4	4	4	4	4	4	4	4
5	5	5	5	5	5	5	5	5	5	5	5
6	6	6	6	6	6	6	6	6	6	6	6
7	7	7	7	7	7	7	7	7	7	7	7
8	8	8	8	8	8	8	8	8	8	8	8
9	9	9	9	9	9	9	9	9	9	9	9
0	0	0	0	0	0	0	0	0	0	0	0

3

(1)				(2)		(3)			(4)					(5)		
ア	イ	ウ	エ	オ	カ	キ	ク	ケ	コ	サ	シ	ス	セ	ソ	タ	チ
1	1	1	1	1	1	1	1	1	1	1	1	1	1	1	1	1
2	2	2	2	2	2	2	2	2	2	2	2	2	2	2	2	2
3	3	3	3	3	3	3	3	3	3	3	3	3	3	3	3	3
4	4	4	4	4	4	4	4	4	4	4	4	4	4	4	4	4
5	5	5	5	5	5	5	5	5	5	5	5	5	5	5	5	5
6	6	6	6	6	6	6	6	6	6	6	6	6	6	6	6	6
7	7	7	7	7	7	7	7	7	7	7	7	7	7	7	7	7
8	8	8	8	8	8	8	8	8	8	8	8	8	8	8	8	8
9	9	9	9	9	9	9	9	9	9	9	9	9	9	9	9	9
0	0	0	0	0	0	0	0	0	0	0	0	0	0	0	0	0

4

(1)		(2)			
ア	イ	ウ	エ	オ	カ
1	1	1	1	1	1
2	2	2	2	2	2
3	3	3	3	3	3
4	4	4	4	4	4
5	5	5	5	5	5
6	6	6	6	6	6
7	7	7	7	7	7
8	8	8	8	8	8
9	9	9	9	9	9
0	0	0	0	0	0

5

(1)		(2)	
ア	イ	ウ	エ
1	1	1	1
2	2	2	2
3	3	3	3
4	4	4	4
5	5	5	5
6	6	6	6
7	7	7	7
8	8	8	8
9	9	9	9
0	0	0	0

6

(1)		(2)		(3)	
ア	イ	ウ	エ	オ	カ
1	1	1	1	1	1
2	2	2	2	2	2
3	3	3	3	3	3
4	4	4	4	4	4
5	5	5	5	5	5
6	6	6	6	6	6
7	7	7	7	7	7
8	8	8	8	8	8
9	9	9	9	9	9
0	0	0	0	0	0

※注意事項
1.記入は、必ずHB・Bの黒鉛筆を使用すること。
2.訂正の場合は完全に消しゴムで消し、くずはきれいに取り除くこと。
3.用紙を汚したり折り曲げたりしないこと。
4.マークの方法　良い例：●　悪い例：

氏　名

評点
/100

（注）この解答用紙は実物を縮小してあります。Ｂ４用紙に141％拡大コピーすると、ほぼ実物大で使用できます。（タイトルと配点表は含みません）

推定配点	
1 各4点×4　**2**～**5** 各5点×13　**6** (1) 5点　(2) 各4点×2　(3) 6点	
100点	計

二〇二三年度　青稜高等学校

国語解答用紙

評点	/100

※注意事項
1.記入は、必ずHB・Bの黒鉛筆を使用すること。
2.訂正の場合は完全に消しゴムで消し、くずはきれいに取り除くこと。
3.用紙を汚したり折り曲げたりしないこと。
4.マークの方法　良い例：● 悪い例：⊘ ⊙ ◑

受験番号			
①〜⓪	①〜⓪	①〜⓪	①〜⓪

※受験番号の記入例
受験番号1番
↓
0001
と書き入れ、その数字を正確に塗りつぶしなさい。

氏名	

一

問	番号	選択肢
問1	1	ア イ ウ エ
問2	2	ア イ ウ エ
問3	3	ア イ ウ エ
問4	4	ア イ ウ エ
問5(1)	5	ア イ ウ エ
問5(2)	6	ア イ ウ エ
問5(3)	7	ア イ ウ エ
問6(1)	8	ア イ ウ エ オ カ キ ク
問6(2)	9	ア イ ウ エ オ カ キ ク
問6(3)	10	ア イ ウ エ オ カ キ ク
問6(4)	11	ア イ ウ エ オ カ キ ク
問7	12	ア イ ウ エ オ
	13	ア イ ウ エ オ
問8	14	ア イ ウ エ
問9	15	ア イ ウ エ オ
	16	ア イ ウ エ オ
問10a	17	ア イ ウ エ
問10b	18	ア イ ウ エ
問10c	19	ア イ ウ エ
問10d	20	ア イ ウ エ
問10e	21	ア イ ウ エ
問10f	22	ア イ ウ エ

二

問	番号	選択肢
問1	1	ア イ ウ エ オ
	2	ア イ ウ エ オ
問2	3	ア イ ウ エ
問3	4	ア イ ウ エ
問4	5	ア イ ウ エ
問5	6	ア イ ウ エ
問6	7	ア イ ウ エ
問7a	8	ア イ ウ エ オ
問7b	9	ア イ ウ エ オ
問8	10	ア イ ウ エ
問9	11	ア イ ウ エ
問10A	12	ア イ ウ エ
問10B	13	ア イ ウ エ
問11	14	ア イ ウ エ
問12	15	ア イ ウ エ

三

問	番号	選択肢
問1a	1	ア イ ウ エ オ
問1b	2	ア イ ウ エ オ
問1c	3	ア イ ウ エ オ
問1d	4	ア イ ウ エ オ
問1e	5	ア イ ウ エ オ
問2Ⅰ	6	ア イ ウ エ
問2Ⅱ	7	ア イ ウ エ
問3	8	ア イ ウ エ
問4	9	ア イ ウ エ
問5	10	ア イ ウ エ
問6	11	ア イ ウ エ
問7	12	ア イ ウ エ
問8A	13	ア イ ウ エ オ カ キ ク ケ コ
問8B	14	ア イ ウ エ オ カ キ ク ケ コ
問8C	15	ア イ ウ エ オ カ キ ク ケ コ
問9	16	ア イ ウ エ

（注）この解答用紙は実物を縮小してあります。Ｂ４用紙に137％拡大コピーすると、ほぼ実物大で使用できます。（タイトルと配点表は含みません）

推定配点	計
一 問1〜問9　各2点×16　問10　各1点×6 二、三　各2点×31	100点

２０２１年度　青稜高等学校

英語解答用紙

評点
／100

氏名	

受験番号			
①	①	①	①
②	②	②	②
③	③	③	③
④	④	④	④
⑤	⑤	⑤	⑤
⑥	⑥	⑥	⑥
⑦	⑦	⑦	⑦
⑧	⑧	⑧	⑧
⑨	⑨	⑨	⑨
⓪	⓪	⓪	⓪

※受験番号の記入例
受験番号１番
↓
０００１
と書き入れ、その数字を正確に塗りつぶしなさい。

1

問1	a ①	㋐	㋑	㋒	㋓	㋔		
	b ②	㋐	㋑	㋒	㋓	㋔		
	c ③	㋐	㋑	㋒	㋓	㋔		
	d ④	㋐	㋑	㋒	㋓	㋔		
問2	⑤	㋐	㋑	㋒	㋓			
問3	⑥	㋐	㋑	㋒	㋓			
問4	⑦	㋐	㋑	㋒	㋓			
問5	3番目 ⑧	㋐	㋑	㋒	㋓	㋔	㋕	㋖
	5番目 ⑨	㋐	㋑	㋒	㋓	㋔	㋕	㋖
問6	⑩	㋐	㋑					
	⑪	㋐	㋑					
	⑫	㋐	㋑					
	⑬	㋐	㋑					
	⑭	㋐	㋑					
	⑮	㋐	㋑					
問7	⑯	㋐	㋑	㋒	㋓			

2

〔A〕	①	㋐	㋑	㋒	㋓	㋔	㋕	㋖
	②	㋐	㋑	㋒	㋓	㋔	㋕	㋖
	③	㋐	㋑	㋒	㋓	㋔	㋕	㋖
〔B〕	④	㋐	㋑	㋒	㋓			
	⑤	㋐	㋑	㋒	㋓			
	⑥	㋐	㋑	㋒	㋓			

3

①	㋐	㋑	㋒	㋓
②	㋐	㋑	㋒	㋓
③	㋐	㋑	㋒	㋓
④	㋐	㋑	㋒	㋓
⑤	㋐	㋑	㋒	㋓
⑥	㋐	㋑	㋒	㋓

4

①	㋐	㋑	㋒	㋓	㋔	㋕	㋖	㋗	㋘	㋙
②	㋐	㋑	㋒	㋓	㋔	㋕	㋖	㋗	㋘	㋙
③	㋐	㋑	㋒	㋓	㋔	㋕	㋖	㋗	㋘	㋙
④	㋐	㋑	㋒	㋓	㋔	㋕	㋖	㋗	㋘	㋙
⑤	㋐	㋑	㋒	㋓	㋔	㋕	㋖	㋗	㋘	㋙
⑥	㋐	㋑	㋒	㋓	㋔	㋕	㋖	㋗	㋘	㋙
⑦	㋐	㋑	㋒	㋓	㋔	㋕	㋖	㋗	㋘	㋙
⑧	㋐	㋑	㋒	㋓	㋔	㋕	㋖	㋗	㋘	㋙
⑨	㋐	㋑	㋒	㋓	㋔	㋕	㋖	㋗	㋘	㋙
⑩	㋐	㋑	㋒	㋓	㋔	㋕	㋖	㋗	㋘	㋙

5

①	㋐	㋑	㋒	㋓	㋔	㋕	㋖	㋗	㋘	㋙
②	㋐	㋑	㋒	㋓	㋔	㋕	㋖	㋗	㋘	㋙
③	㋐	㋑	㋒	㋓	㋔	㋕	㋖	㋗	㋘	㋙
④	㋐	㋑	㋒	㋓	㋔	㋕	㋖	㋗	㋘	㋙
⑤	㋐	㋑	㋒	㋓	㋔	㋕	㋖	㋗	㋘	㋙
⑥	㋐	㋑	㋒	㋓	㋔	㋕	㋖	㋗	㋘	㋙
⑦	㋐	㋑	㋒	㋓	㋔	㋕	㋖	㋗	㋘	㋙
⑧	㋐	㋑	㋒	㋓	㋔	㋕	㋖	㋗	㋘	㋙
⑨	㋐	㋑	㋒	㋓	㋔	㋕	㋖	㋗	㋘	㋙
⑩	㋐	㋑	㋒	㋓	㋔	㋕	㋖	㋗	㋘	㋙

6

1	①	㋐	㋑	㋒	㋓
2	②	㋐	㋑	㋒	㋓
3	③	㋐	㋑	㋒	㋓
4	④	㋐	㋑	㋒	㋓
5	⑤	㋐	㋑	㋒	㋓
6	⑥	㋐	㋑	㋒	㋓
7	⑦	㋐	㋑	㋒	㋓
8	⑧	㋐	㋑	㋒	㋓
9	⑨	㋐	㋑	㋒	㋓
10	⑩	㋐	㋑	㋒	㋓
11	⑪	㋐	㋑	㋒	㋓
12	⑫	㋐	㋑	㋒	㋓

7

1	①	㋐	㋑	㋒	㋓	㋔
2	②	㋐	㋑	㋒	㋓	㋔
3	③	㋐	㋑	㋒	㋓	㋔
4	④	㋐	㋑	㋒	㋓	㋔
5	⑤	㋐	㋑	㋒	㋓	㋔
6	⑥	㋐	㋑	㋒	㋓	㋔
7	⑦	㋐	㋑	㋒	㋓	㋔

8

1	3番目 ①	㋐	㋑	㋒	㋓	㋔	㋕	㋖
	5番目 ②	㋐	㋑	㋒	㋓	㋔	㋕	㋖
2	3番目 ③	㋐	㋑	㋒	㋓	㋔	㋕	㋖
	5番目 ④	㋐	㋑	㋒	㋓	㋔	㋕	㋖
3	3番目 ⑤	㋐	㋑	㋒	㋓	㋔	㋕	㋖
	5番目 ⑥	㋐	㋑	㋒	㋓	㋔	㋕	㋖
4	3番目 ⑦	㋐	㋑	㋒	㋓	㋔	㋕	㋖
	5番目 ⑧	㋐	㋑	㋒	㋓	㋔	㋕	㋖
5	3番目 ⑨	㋐	㋑	㋒	㋓	㋔	㋕	㋖
	5番目 ⑩	㋐	㋑	㋒	㋓	㋔	㋕	㋖
6	3番目 ⑪	㋐	㋑	㋒	㋓	㋔	㋕	㋖
	5番目 ⑫	㋐	㋑	㋒	㋓	㋔	㋕	㋖
7	3番目 ⑬	㋐	㋑	㋒	㋓	㋔	㋕	㋖
	5番目 ⑭	㋐	㋑	㋒	㋓	㋔	㋕	㋖
8	3番目 ⑮	㋐	㋑	㋒	㋓	㋔	㋕	㋖
	5番目 ⑯	㋐	㋑	㋒	㋓	㋔	㋕	㋖

※注意事項
1.記入は、必ずHB・Bの黒鉛筆を使用すること。
2.訂正の場合は完全に消しゴムで消し、くずはきれいに取り除くこと。
3.用紙を汚したり折り曲げたりしないこと。
4.マークの方法　良い例：⬮　悪い例：⦰ ⊙ ⦶ ⦶

（注）この解答用紙は実物を縮小してあります。Ａ３用紙に145%拡大コピーすると、ほぼ実物大で使用できます。（タイトルと配点表は含みません）

推定配点	
1 問１～問５　各１点×８〔問５は完答〕　問６　各２点×６　問７　１点 2、3　各１点×12 4、5　各２点×20 6～8　各１点×27〔8は各１点×８〕	
100点	計

2021年度　青稜高等学校

数学解答用紙

推定配点
1 各4点×4
2〜4 各5点×11〔3(2)は完答〕
5 (1) 5点 (2) 各4点×2
6 (1) 各3点×2 (2)、(3) 各5点×2
100点　計

受験番号

1	1	1	1
2	2	2	2
3	3	3	3
4	4	4	4
5	5	5	5
6	6	6	6
7	7	7	7
8	8	8	8
9	9	9	9
0	0	0	0

※受験番号の記入例
受験番号1番
↓
0001
と書き入れ、その数字を正確に塗りつぶしなさい。

1

(1)		(2)				(3)				(4)		
ア	イ	ウ	エ	オ	カ	キ	ク	ケ	コ	サ	シ	ス
1	1	1	1	1	1	1	1	1	1	1	1	1
2	2	2	2	2	2	2	2	2	2	2	2	2
3	3	3	3	3	3	3	3	3	3	3	3	3
4	4	4	4	4	4	4	4	4	4	4	4	4
5	5	5	5	5	5	5	5	5	5	5	5	5
6	6	6	6	6	6	6	6	6	6	6	6	6
7	7	7	7	7	7	7	7	7	7	7	7	7
8	8	8	8	8	8	8	8	8	8	8	8	8
9	9	9	9	9	9	9	9	9	9	9	9	9
0	0	0	0	0	0	0	0	0	0	0	0	0

2

(1)				(2)		(3)		(4)	
ア	イ	ウ	エ	オ	カ	キ	ク	ケ	コ
1	1	1	1	1	1	1	1	1	1
2	2	2	2	2	2	2	2	2	2
3	3	3	3	3	3	3	3	3	3
4	4	4	4	4	4	4	4	4	4
5	5	5	5	5	5	5	5	5	5
6	6	6	6	6	6	6	6	6	6
7	7	7	7	7	7	7	7	7	7
8	8	8	8	8	8	8	8	8	8
9	9	9	9	9	9	9	9	9	9
0	0	0	0	0	0	0	0	0	0

3

(1)		(2)				(3)		(4)			(5)			
ア	イ	ウ	エ	オ	カ	キ	ク	ケ	コ	サ	シ	ス	セ	ソ
1	1	1	1	1	1	1	1	1	1	1	1	1	1	1
2	2	2	2	2	2	2	2	2	2	2	2	2	2	2
3	3	3	3	3	3	3	3	3	3	3	3	3	3	3
4	4	4	4	4	4	4	4	4	4	4	4	4	4	4
5	5	5	5	5	5	5	5	5	5	5	5	5	5	5
6	6	6	6	6	6	6	6	6	6	6	6	6	6	6
7	7	7	7	7	7	7	7	7	7	7	7	7	7	7
8	8	8	8	8	8	8	8	8	8	8	8	8	8	8
9	9	9	9	9	9	9	9	9	9	9	9	9	9	9
0	0	0	0	0	0	0	0	0	0	0	0	0	0	0

※注意事項
1.記入は、必ずHB・Bの黒鉛筆を使用すること。
2.訂正の場合は完全に消しゴムで消し、くずはきれいに取り除くこと。
3.用紙を汚したり折り曲げたりしないこと。
4.マークの方法　良い例：●　悪い例：

4

(1)		(2)	
ア	イ	ウ	エ
1	1	1	1
2	2	2	2
3	3	3	3
4	4	4	4
5	5	5	5
6	6	6	6
7	7	7	7
8	8	8	8
9	9	9	9
0	0	0	0

5

(1)		(2)			
ア	イ	ウ	エ	オ	カ
1	1	1	1	1	1
2	2	2	2	2	2
3	3	3	3	3	3
4	4	4	4	4	4
5	5	5	5	5	5
6	6	6	6	6	6
7	7	7	7	7	7
8	8	8	8	8	8
9	9	9	9	9	9
0	0	0	0	0	0

6

(1)			(2)		(3)	
ア	イ	ウ	エ	オ	カ	キ
1	1	1	1	1	1	1
2	2	2	2	2	2	2
3	3	3	3	3	3	3
4	4	4	4	4	4	4
5	5	5	5	5	5	5
6	6	6	6	6	6	6
7	7	7	7	7	7	7
8	8	8	8	8	8	8
9	9	9	9	9	9	9
0	0	0	0	0	0	0

評点　/100

二〇二一年度　青稜高等学校

国語解答用紙

推定配点
一 問1〜問12 各2点×19　問13 各1点×6
二 問1〜問3 各2点×3　問4 各1点×3　問5〜問12 各2点×10　問13 各1点×4
三 問1〜問4 各1点×6　問5、問6 各2点×6　問7 1点　問8、問9 各2点×2
100点　計

氏　名

受験番号

1	1	1	1
2	2	2	2
3	3	3	3
4	4	4	4
5	5	5	5
6	6	6	6
7	7	7	7
8	8	8	8
9	9	9	9
0	0	0	0

※受験番号の記入例
受験番号1番
↓
0001
と書き入れ、その数字を正確に塗りつぶしなさい。

※注意事項
1.記入は、必ずHB・Bの黒鉛筆を使用すること。
2.訂正の場合は完全に消しゴムで消し、くずはきれいに取り除くこと。
3.用紙を汚したり折り曲げたりしないこと。
4.マークの方法　良い例：●　悪い例：

一

問1	1	ア イ ウ エ
問2	2	ア イ ウ エ
問3	3	ア イ ウ エ
問4(1)	4	ア イ ウ エ
問4(2)	5	ア イ ウ エ オ カ キ
	6	ア イ ウ エ オ カ キ
問5	7	ア イ ウ エ
問6a	8	ア イ ウ エ オ カ キ ク
問6b	9	ア イ ウ エ オ カ キ ク
問6c	10	ア イ ウ エ オ カ キ ク
問7	11	ア イ ウ エ
問8	12	ア イ ウ エ
問9a・b	13	ア イ ウ エ オ カ キ ク
	14	ア イ ウ エ オ カ キ ク
問9c	15	ア イ ウ エ オ カ キ ク
問10	16	ア イ ウ エ
問11	17	ア イ ウ エ オ
問12	18	ア イ ウ エ オ
問13(a)	19	ア イ ウ エ
問13(b)	20	ア イ ウ エ
問13(c)	21	ア イ ウ エ
問13(d)	22	ア イ ウ エ
問13(e)	23	ア イ ウ エ
問13(f)	24	ア イ ウ エ

二

問1	1	ア イ ウ エ
問2	2	ア イ ウ エ
問3	3	ア イ ウ エ
問4(1)	4	ア イ ウ エ
問4(2)	5	ア イ ウ エ
問4(3)	6	ア イ ウ エ
問5	7	ア イ ウ エ
問6(1)	8	ア イ ウ エ
問6(2)	9	ア イ ウ エ オ
問7	10	ア イ ウ エ
	11	ア イ ウ エ
	12	ア イ ウ エ
	13	ア イ ウ エ
問8	14	ア イ ウ エ オ
問9	15	ア イ ウ エ
問10	16	ア イ ウ エ
問11(1)	17	ア イ ウ エ
問11(2)	18	ア イ ウ エ
問12	19	ア イ ウ エ
問13A	20	ア イ ウ エ
問13B	21	ア イ ウ エ
問13C	22	ア イ ウ エ
問13D	23	ア イ ウ エ

三

問1	1	ア イ ウ エ
問2	2	ア イ ウ エ
問3	3	ア イ ウ エ
問4②	4	ア イ ウ エ
問4③	5	ア イ ウ エ
問4⑦	6	ア イ ウ エ
問5	7	ア イ ウ エ
問6①	8	ア イ ウ エ
問6④	9	ア イ ウ エ
問6⑤	10	ア イ ウ エ
問6⑨	11	ア イ ウ エ
問6⑩	12	ア イ ウ エ
問7	13	ア イ ウ エ
問8	14	ア イ ウ エ
問9	15	ア イ ウ エ

評点　/100

声の教育社　〒162-0814　東京都新宿区新小川町8-15
TEL 03(5261)5061(代)　FAX 03(5261)5062
https://www.koenokyoikusha.co.jp

高校後見返し